RESEARCH ON THE INFLUENCE MECHANISM OF INTER-FIRM NETWORK,
KNOWLEDGE SEARCH AND ITS AMBIDEXTERITY
ON INNOVATION PERFORMANCE

国际化过程中企业网络、知识搜寻双元均衡对创新绩效的影响机制研究

in the Process of Enterprise Internationalization

范雅楠◎著

中国经济出版社
CHINA ECONOMIC PUBLISHING HOUSE
北 京

图书在版编目（CIP）数据

国际化过程中企业网络、知识搜寻双元均衡对创新绩效的影响机制研究／范亚楠著．
北京：中国经济出版社，2018.6
ISBN 978－7－5136－5171－4

Ⅰ.①国… Ⅱ.①范… Ⅲ.①企业绩效—研究 Ⅳ.①F272.5

中国版本图书馆 CIP 数据核字（2018）第 074644 号

责任编辑　张梦初　杨元丽
责任印制　马小宾
封面设计　华子设计

出版发行　中国经济出版社
印 刷 者　北京九州迅驰传媒文化有限公司
经 销 者　各地新华书店
开　　本　710mm×1000mm　1/16
印　　张　18.75
字　　数　265 千字
版　　次　2018 年 6 月第 1 版
印　　次　2018 年 6 月第 1 次
定　　价　58.00 元
广告经营许可证　京西工商广字第 8179 号

中国经济出版社 **网址** www.economyph.com **社址** 北京市西城区百万庄北街 3 号 **邮编** 100037
本版图书如存在印装质量问题，请与本社发行中心联系调换（联系电话：010－68330607）

国家自然科学基金青年项目“国际创业企业知识搜寻双元策略及其对机会识别的影响机制研究：基于双重网络嵌入的视角”（项目编号：71702086）阶段性研究成果

丛书序言

从“黑天鹅”频发到“灰犀牛”来袭，当今全球经济和政治格局正在发生深刻变化，人类社会正处在大变革和大创新的关键时期。国际经济环境的复杂性和动荡性日益加剧，全球化已经处在一个关键的时间节点上。新一轮科技和产业革命方兴未艾，国际分工体系加速演变，全球价值链深度重塑，新兴市场和新兴中产阶级迅速崛起，全球性贸易保护主义升级，海外投资环境日趋严峻，消费者心理及行为特征发生重大变化。面对各种机遇和挑战并存，全球需要新共识，中国需要新智慧，企业的国际化之路需要新战略和新方案。

习近平总书记提出的“一带一路”倡议带来了新的增长模式和理念，突出了互利共赢、包容、公平与全球普惠，给全球带来名副其实的“中国智慧”和“中国方案”。应对逆全球化思潮和世界经济形势的挑战，“一带一路”倡议不仅为沿途各国的经济发展创造了更为广阔的空间，也给中国企业国际化发展创造了千载难逢的历史机遇。十八大以来，随着我国“创新驱动发展”和“一带一路”倡议的不断深入实施，越来越多的中国企业在中国智慧的指引下发挥中国企业的能动性，不断提升企业国际市场竞争力，为世界经济持续发展注入新的动力，以实际行动重塑全球化。

联合国贸易与发展会议（UNCTAD）2017 年最新的世界投资报告显示，2016 年中国的对外投资飙升 44%，达到 1830 亿美元，首次成为全球第二大投资国。2017 年进入世界 500 强的中国企业已达到 115 家，成为全球市场的有力争夺者。与此同时，来自发展中国家和新兴市场的对外直接投资占全球对外直接投资的比重也已超过 40%，越来越多的来自发展中国家和新兴市场的跨国公司已经在本土及全球市场上与传统跨国巨头全面展开竞争。传统的企业国际化理论和方法聚焦于传统的跨国公司，不能完全满足解释新兴国际化企业的需要，研究者提出应该开发新的理论和方法，新兴国家及新兴国际化企业已经成为一个重要的研究情境（Gu，Hung and Tse，2008；Hoskisson et. al.，2000；Dunlap，et al.，2016；Raghunath and Rose，2017）。对传统跨国公司和新兴的国际化企业来说，应该在国际化战略、创新管理、营销策略等方面重新思考现有的理论和实践。理论研究应该深入探寻以中国企业为代表的新兴国际化企业带来的实践启示。

新兴国际化企业要适应当前动荡、无常、复杂、模糊（VUCA）的不确定国际市场环境，必须增强企业自身的动态能力，才能不断地跟随外界环境的变化，达成自身的演化与发展。企业一方面需充分利用现有资源，实施战略调整以提升适应性；另一方面则需要不断突破，发展新的能力和竞争优势。管理学大师马奇（March，1991）将这两类学习机制或战略选择定义为开发（Exploitation）与探索（Exploration），认为这两类活动是企业获取和维持竞争优势的关键因素，在组织学习、战略管理、创新等研究领域受到广泛关注。实现“二者兼具”的双元均衡（Ambidexterity）被认为是新兴市场上的国际化企业最适合的战略选择之一。中国从来不缺乏应对矛盾的智慧，传统哲学强调“和谐”“平衡”“阴阳转化”的理念，其背后的悖论思维和解决思维与双元性理论强调兼顾和平衡的观点不谋而合。“一带一路”倡议体现了中国传统哲学中“求同”和“存异”的辩证思维。“和而不同”“因地制宜”也体现在中国企业的国际市场竞争实践中。因此越来越多的研究者将目光投向中国传统的管理哲学，开始探讨使用阴阳等思维、中庸等东方管理理论来指导企业实践，并尝试提高传统管理理论的科学性和普适性，以更好地实现与西方管理学者的对接（Tan and Meyer，2011；Luo and Bu，2017）。近年来有研究者指出营销领域也需要借鉴这一理论视角，用来解释如何通过探索与开发以提升企业市场竞争优势的问题，因此将营销探索与开发引入企业国际化及国际市场营销研究具有重要的理论及实践意义。

创新与国际化是未来中国企业发展的必经之路，是当前中国企业思想最活跃和思想丰富的领域，也是理论研究急需关注和深入探讨的领域。本系列研究关注“国际化”和“创新”两个主题，在整合资源基础观（RBV）、动态能力（DC）、知识观（CK）、“结构—行为—绩效”（SCP）等理论及整合框架的基础上，结合国际市场的动态特征和企业国际化存在的现实问题，引入营销探索与营销开发、营销双元性、国际化知识、知识搜寻、国际市场适应性的概念，针对企业如何通过能力和战略提高国际市场适应性和企业绩效的问题，构建全面的理论研究框架，对当前中国企业应对国际化挑战、提升国际竞争力提供了重要的理论借鉴。

我和指导的博士生研究团队共同对营销双元性、探索与开发、国际营销动态能力、国际市场适应性等相关问题进行了系列探讨，并取得了一系列卓有成效的研究成果。研究过程中，我们参考并借鉴了国内外相关领域学者的大量研究成果，尤其是得到在国际商务与国际营销研究领域享有盛誉的邹绍明教授（The University of Missouri - Columbia，Robert J. Trulaske，Sr. College of Business）的大力支持与帮助，邹教授在全球营销等方面的突出成就为我们的研究奠定了坚实的理论基础。丛书是在我和邹绍明教授共同申请的国家自然科学基金项目“企业营销探索与开发战略及其对国际市场适应性的影响研究：基于能力—战略匹配视角（项目编号：71472097）”的基础上完成的阶段性研究成果。邹教授作为丛书的总顾问，对课题的研究及丛书的写作给予了很多有价值的建议，并亲自为丛书撰写英文序言。在此代表我个人及研究团队的成员向邹教授表示由衷的感谢！

许　晖
南开大学商学院
教授、博士生导师
美国富布赖特高级研究及驻学访问学者
2017 年 12 月 26 日

Introduction

When expanding into the global market, the emerging markets firms can't avoid fast changing global market conditions due to intensified competition, rapid technological advancement, and shifting international political and economic landscapes. They have to compete with not only traditional international firms from developed countries but also unorthodox competitors from emerging markets with aggressive and nontraditional strategies. To survive and prosper in the uncertain and fast changing global markets, international firms from emerging markets must rapidly develop a strong adaptability in various international markets. A firm's adaptability in international markets is an ability to quickly adjust its products, marketing strategies, and organization to fit the changing demand and market conditions of foreign markets.

Unfortunately, research on how emerging market firms develop adaptability in international markets has been scarce. Little knowledge is available as to how international market adaptability is developed and how it can be sustained in the uncertain and fast changing global market. It is against this background that the current research series on emerging market firms' marketing exploration, exploitation, and ambidexterity initiated and supervised by Professor XU Hui and completed by her doctoral students represents an extremely timely and critical contribution to the international business knowledge and literature. The four volumes in this book series are designed to tackle different issues involved in understanding and fostering the development of international market adaptability by emerging market firms. Collectively, they present an insightful and comprehensive perspective of how emerging market firms develop their international market adaptability through marketing exploration, exploitation, and ambidexterity. Indeed, this series forms a solid foundation upon which future research can be conducted and practical application can be made.

Volume 1 in this series, which is skillfully completed by Dr. XU Shouren, deals with the importance of duality of marketing exploration and marketing exploitation in emerging market firms' creation of international market adaptability and attainment of superior performance. Specifically, Dr. Xu carefully examined the conceptual domains and underlying dimensions of marketing exploration, which involves gaining new knowledge and introducing innovations in international markets, and marketing exploitation, which focuses on using existing knowledge and competitive advantages to grow in international markets. Combining case research method and cross-sectional survey, Dr. Xu has found that both marketing exploration and marketing exploitation have positive effects on emerging market firms' adaptability and performance in international markets, and more importantly that firms seeking ambidexterity by balancing marketing exploration and marketing exploitation tend to have the best performance. Dr. Xu's research findings are very significant because, while past research has made an attempt to examine the effects of marketing exploration and marketing exploitation, most have treated the two strategies as mutually exclusive. Dr. Xu's research has presented a new perspective that marketing exploration and exploitation can and should be pursued simultaneously and in a balanced way.

Volume 2, diligentlydone by Dr. WANG Ruizhi, examines how marketing exploration and marketing exploitation serve as the underlying mechanisms for emerging market firms to develop their international market adaptability. In fact, Dr. Wang's research has made a couple of significant contributions to the international business literature. First, using a grounded theory approach, Dr. Wang has delineated the specific dimensions of marketing exploration and marketing exploitation. This has improved our understanding of the two popular concepts from a marketing perspective. Second, drawing from the "capability-strategy-performance" framework in the existing literature, Dr. Wang has developed a "marketing capability-marketing exploration and exploitation-international market adaptability" framework to link marketing exploration and marketing exploitation to emerging market firms' international market adaptability. This framework has enhanced our understanding of what drives an emerging market firm's marketing exploration and exploitation. Overall, the framework developed and tested in Dr. Wang's research is likely to spur future research on the boundary conditions under which the two mechanisms of marketing exploration and exploitation will be especially useful in developing emerging market firms' adaptability and performance in international markets.

Volume 3, finely crafted by Dr. FENG Yongchun, investigates how emerging market firms' internationalization knowledge affects their international market adaptability. Dr. Feng argued that internationalization knowledge is a strategic asset that needs to be acquired and accumulated continuously. Yet, the existing literature is void of studies that focus on the mechanisms through which a firm's internationalization knowledge can be converted into competitive advantages. Building on a mix of qualitative and quantitative research, Dr. Feng has found that emerging market firms have different needs for internationalization knowledge at different stages of internationalization and that various sources need to be tapped to obtain relevant internationalization knowledge. Moreover, Dr. Feng has found that a firm's learning capacity is key to converting internationalization knowledge into international market adaptability and that its knowledge integration capability moderates the effect of internationalization knowledge on its learning capacity. Dr. Feng has also discovered that market dynamism moderates the effect of emerging market firm's learning capacity on its international market adaptability. These findings offer valuable insight the role of internationalization knowledge in fostering emerging market firms' international market adaptability.

Volume 4, eloquently developed and contributed by Dr. FAN Yanan, is focused on emerging market firms' innovation performance in international markets as a key dimension of their adaptability in international markets. Specifically, Dr. Fan examined how knowledge search, both exploration and exploitation and ambidexterity, mediates the effects of emerging market firm's interfirm network on their innovation performance in international markets. While much has been said about the importance of interfirm network to a firm's international market performance, little is known in the international business literature about the mechanism by which interfirm network influence performance. Dr. Fan theorized that knowledge search through exploration and exploitation is an important intermediate mechanism through which interfirm network affects emerging market firms' innovation performance in international markets. Based on both qualitative and quantitative studies on Chinese internationalizing firms, Dr. Fan has found strong empirical support for her proposed theoretical framework. She also found that emerging market firms' absorptive capacity and the volatility of market conditions positively moderate the effect of knowledge search on innovation performance. Dr. Fan's research has significantly advanced the international business literature by identifying and supporting knowledge search as a key mediating mechanism by which interfirm network influence emerging market firms' innovation performance.

The four volumes in this research book series have combined to offer a fresh comprehensive perspective of how emerging market firms develop their adaptability and improve their performance in international markets. Given the fact that Chinese firms have been expanding aggressively in international markets and that these research projects were completed on Chinese international firms, the findings of these research projects offer a unique window into understanding how Chinese internationalizing firms are able to enhance their adaptability and achieve impressive performance in international markets. Since international firms from different emerging markets face similar challenges when they embark on the path to internationalization, there seems be a great potential that the findings reported in this book series can be generalized to other major emerging markets such as Brazil, India, Russia, and Turkey, and that this research series could conceivably help all emerging market firms to develop their adaptability and improve their performance in international markets. The book series should also form a solid theoretical and empirical foundation for future research to further advance the knowledge of how emerging market firms can be successful global competitors.

Overall, the four volumes in this research series are interrelated and complementary. The evidence presented is solid and rigorous; and the authors' presentations are refreshing and insightful. I believe this research series offers major insight to researchers and practitioners on internationalization of emerging market firms.

Shaoming Zou

Robert J. Trulaske, Sr. Professor and Professor of Marketing and International Business, University of Missouri - Columbia

Guest Professor, Nankai Business School

Distinguished Overseas Professor, Central University of Finance and Economics

Series Editor: *Advances in International Marketing*

前言

随着全球经济一体化的加快和新兴经济体的快速发展，国际市场竞争环境日益动荡和复杂，为应对日益加剧的环境不确定性带来的挑战，国际化企业需要重新审视自身所处的国际产业分工格局，在变革的产业组织形式和如今的开放式创新范式下积极参与全球竞争与合作，借助全球网络平台获取生存和发展所需的互补性资源并主动构建关键性的产业互动关联以实现向全球价值链高端的转移。对我国国际化企业而言，如何在复杂多变的国际环境中通过开展知识搜寻以获取创新所需互补性资源，从而挖掘和整合多样化和异质性的知识资源以提升自主创新能力，成为学术界和实践界共同关注的热点和难点问题。

在创新范式日益呈现开放式和网络化特征的背景下，企业网络对技术创新的重要意义已得到学术界的广泛认可，同时知识搜寻带来的组织学习与创新也成为我国本土企业在全球网络中实现自主创新能力提升和战略升级的关键途径。然而网络理论的现有研究文献对企业网络与知识搜寻作用于创新绩效的内在影响机制和作用情境仍不甚明了，并得出不一致的研究结论，形成了网络嵌入性悖论等矛盾和困境；同时学者们多从知识获取和组织学习的整体角度入手，并未深入探讨网络特征对知识获取过程中知识搜寻阶段的影响。此外，知识搜寻的相关研究主要强调其对企业创新的影响作用，但对知识搜寻策略的概念和分类标准模糊不清，既缺乏一个整合的概念加以协调，也并未系统考察知识搜寻不同策略间是否存在最佳平衡点、如何通过平衡来取得最佳的搜寻效果等问题。为此，本书试图打开企业网络对创新绩效作用机制的黑箱，整合网络理论和组织搜寻理论，结合我国企业国际化管理实践的研究情境，基于双元性视角对知识搜寻策略加以区分和界定，并深入探讨企业网络影响知识搜寻策略及创新绩效的内在机理和演化过程。

本书基于上述管理实践与研究背景，以我国国际化企业为研究对象，采用定性和定量研究相结合的混合研究方法围绕企业网络如何影响创新绩效这一核心问题展开探讨，并构建了“企业网络—知识搜寻—创新绩效”的理论框架。本书的结论主要包括（1）知识搜寻及其双元均衡正向影响企业创新绩效，企业网络通过知识搜寻策略进而作用于创新绩效；（2）企业所处环境动荡性越高，国际市场知识搜寻对创新绩效的促进作用越显著，而企业吸收能力越高，国内知识搜寻对创新绩效表现越大的正向影响作用；（3）企业网络与知识搜寻策略间存在耦合性和协同演化关系，国际化企业在技术和市场的职能域中采取探索性和开发性的知识搜寻活动，借助域内均衡和域间均衡等方式实现知识搜寻双元平衡，随着企业国际化进程的深化和企业网络结构的调整，二者的相互匹配和协同演化能持续提升企业创新绩效。本书的价值和创新之处主要体现在：第一，对知识搜寻的概念框架进行深化和拓展，从知识类型和知识距离的角度区分了知识搜寻策略，并检验了知识搜寻策略及其双元均衡对创新绩效的不同影响。第二，揭示了企业网络通过知识搜寻作用于创新绩效这一内在机制的黑箱，建立了“企业网络—知识搜寻—创新绩效”的理论框架，有助于解释网络嵌入性悖论，并综合了组织和环境的情境因素探讨企业在多种因素共同影响下的知识搜寻策略选择。第三，采用动态的研究视角，通过案例揭示企业网络与知识搜寻的相互耦合与协同演化及其对创新绩效的影响，有利于明确我国国际化企业在全球网络情境下的知识搜寻策略选择和创新能力提升路径。

本书共包括七部分内容，结构安排如下：第一章，介绍本书的现实背景和理论背景，明确研究问题和内容、研究方法以及总体的框架体系，并提出研究意义和创新点。第二章，系统梳理组织搜寻、企业网络和双元性理论的相关研究文献，为后续研究奠定文献基础和理论支撑。第三章，根据本书的研究目标和内容，构建整体研究模型并介绍本研究将采用的混合研究方法及整体研究设计思路。第四章，针对企业网络、知识搜寻及其双元均衡对创新绩效的影响机制进行理论推导，分别发展主效应和调节效应的假设关系。第五章，通过规范的量表开发和数据分析流程对理论模型和研究假设进行检验，以中国国际化企业样本数据验证企业网络通过知识搜寻对创新绩效的作用机制，并基于权变视角，考察不同的组织和环境情境下，知识搜寻对创新绩效的影响机制是否存在差异。第六章，采用纵向多案例研究方法选取了4家具有代表性的我国国际化企业展开案例分析，研究结果揭示了企业网络与知识搜寻相互耦合和协同演化的过程和路径。第七章，总结了本书的研究内容与研究结论，提出研究贡献和管理启示，并针对研究不足和局限指出未来的研究方向。

目录

图表目录

第一章 绪论

经济全球化为发展中国家充分参与国际分工、加快技术追赶和实现企业快速发展提供了契机。作为全球第二大经济体，中国日益成为全球价值链分工中的重要环节，国际化企业肩负我国产业结构调整和转型以及提升我国国际竞争力的重要使命和责任。与此同时，随着全球经济一体化和国际产业分工的深化，传统的产业组织形式正在发生根本性变革，由此推动了开放式创新范式的生成。当今全球网络平台下不仅推动了全球价值链的垂直分工和重新解构，而且使企业发展所需的创新性资源得以在全球范围内自由流动，为企业塑造和保持持续竞争优势提供了更为丰富和多样化的知识、资本、人才等关键资源。为此，如何更高效地构建自身创新网络，借助网络中的资源和信息创造性地开展技术创新活动，通过对外部知识来源的搜寻实现自身学习能力的提升以改善创新绩效对我国国际化企业而言至关重要。

基于上述背景，本书以我国国际化企业为研究对象，探讨日益动荡的全球市场环境和开放式网络化创新情境下企业如何通过知识搜寻实现创新绩效的提升，本书将在组织搜寻理论、双元性理论和网络理论的基础上，构建“企业网络—知识搜寻—创新绩效”的逻辑框架，试图打开企业网络影响创新绩效作用机制的黑箱，从而丰富和完善现有的企业国际化理论和组织搜寻理论，并为中国企业的国际化管理实践提供指导作用。本章意在阐述本研究的现实背景和理论背景，提炼研究问题，说明研究方法和论文的结构安排，并指出本书的意义和创新之处。

第一节　研究背景

本节主要从现实背景和理论背景两个方面对本研究的背景进行了介绍，现实背景展现了本书所针对的现实情况，包括国际化企业面临的挑战和机遇、网络化与开放式创新的发展以及中国企业的创新能现状；理论背景描述了本书所立足的理论情境，主要包括双元理论和知识搜寻理论。现实背景和理论背景为进一步提炼本书的科学问题奠定了基础。

一、现实背景

（一）我国国际化企业面临前所未有的发展机遇

在国际政治形势瞬息万变、国际金融秩序面临挑战、国际经济增长日趋缓慢的背景下，国际市场环境已然发生了深刻变化。国际企业不仅要为不同国家和地区的顾客服务，还需要充分尊重各地的政治、经济、文化环境，因多种因素重叠所导致的环境不确定性和复杂性骤增（Cavusgil and Cavusgil，2012），这些变化使中国企业的国际化和转型升级面临巨大挑战。与此同时，自 2008 年金融危机以来全球经济格局发生了重大变革，全球经济一体化重塑了全球产业分工体系并加速了知识分解和创新扩散的过程，使全球价值链被垂直分解和重新建构，这又为发展中国家企业进入国际分工体系并开展快速学习、创新与战略升级提供了重要途径和机会（王辑慈，2010），而我国作为世界第二大经济体的发展潜力也为我国企业国际化的发展提供了前所未有的重要发展机遇。

从宏观层面来看，中国目前已经成为全球第二大经济体。从对外投资数量上来看，中国已成为资本的净输出国。截至2016年底，我国2万余家境内企业在境外设立投资企业3万余家，对外直接投资存量超过1.3万亿美元，境外资产总额近5万亿美元。2012年至2016年，我国企业通过对外投资合作，累计实现境外销售收入7.2万亿美元，带动进出口1.9万亿美元。2017年全年，我国境内投资者共对全球174个国家和地区的6236家境外企业新增非金融类直接投资，累计实现投资1200.8亿美元，从纵向的历史发展来看，2000年中国企业“走出去”对外直接投资额尚不足10亿美元，中国对外投资总额15年间增长了近120倍，这说明了中国企业走出去已成为大势所趋。同时还须看到，虽然我国对外投资金额增长较多，增速较快，但行业结构有待优化，且我国经济总量偏大，对外投资在国民经济总量中的占比依然偏低，我国对外投资和吸收外来投资的规模都应该有很大的增长空间，未来潜力巨大。

从微观层面来看，我国企业的国际化发展已成为战略转型的重要方向，越来越多的企业开始结合国际市场发展来制定自身的战略发展规划。中国企业进军海外市场的方式和目的也在悄然发生变化。传统的中国企业在国际化的过程中，更多地看重国外资源在企业发展过程中所起的推动作用，通常以对外直接投资的方式来获取这种资源。而随着中国企业战略定位由资源获取逐渐转变为市场和技术的获取，企业在国际化的过程中开始采用更为多元化的投资方式，力求实现市场开拓、技术追赶和产业链整合。已有现实案例表明，很多国际化企业对外直接投资是为了获得销售渠道和营销服务的网络优势，进而谋求在国际价值链分工上的上移。同时还有情况表明在国际产业转移背景下中国企业转移生产能力的投资也在缓慢增长。另外，在FDI和跨国并购的企业类型和方向方面，民营企业对外直接投资活跃，成为对外投资的生力军，国有企业在FDI中的占比不断下降，国有企业和民营企业在境外并购中扬长避短、携手合作的案例越来越多。

（二）网络化与开放式创新范式的形成与发展

经济全球化的发展使在新的全球网络平台上，资本、技术和人才比过去任何时代都更能实现全球性流动，全球各地的企业可以更广泛地参与到企业的价值创造和增值活动中来，新的发展范式正在改变全球产业竞争格局。网络日益成为企业培养和塑造核心竞争力的关键（邬爱其，2007；Sigmund 等，2015），技术创新活动日趋网络化、国际化和复杂化，全球范围内的产品开发不仅需要企业投入更多资源，而且对愈发依赖网络所提供的知识和能力，因此技术创新同样无法脱离网络情境（王大洲，2006；Wei 等，2016）。网络这一开放式、扁平化的创新平台，能够有效地将用户、其他企业和高校等科研机构这三大类资源聚集在一起，用户资源不仅能够作为研发产品的潜在客户，还能够为产品的研发设计提供宝贵的意见，研发资源不仅有利于整合企业内部的技术信息，还能够为外部资源参与开放式创新搭建平台，有效降低研发成本，实现研发效率。而顾客和研发的结合，使企业能够将消费者的需求和企业的技术需求变成了企业独有的前端资源，并通过网络聚合和平台对话，实现与企业各研发人员和研发机构等后端资源的整合，从而高效地推进企业研发与创新。

随着全球知识的爆炸式增长，企业产品更新换代周期越来越短，而产品的技术却越来越复杂和先进，这导致企业的研发成本越来越高，创新竞争越来越激烈。在这种情况下，越来越多的企业开启强调对外部知识的获取，开放式创新正成为企业创新的新途径（Chesbrough，2007；Adner and Kapoor，2015）。信息技术的快速变革和全球网络平台的发展使如今的创新范式已进入开放式创新和网络化创新的全新阶段。“开放式创新”强调知识在内部创新过程中的流动，以及对外部创新的贡献（West and Bogers，2014）。从更宽泛的层面来讲，开放式创新是一种范式，它认为创新的来源在于企业内外部的创新，并结合市场路径来判断企业技术的适用性，从而获取满足市场需求的技术进步。三星在硅谷专门设有开放式创新中心，下属的四个团队分别负责战略合作、并购、投资以及早期项目孵化，飞利浦、IBM、英特尔等企业也在中国实施了开放式创新策略，而中国高科技企业在开放式创新领域的实践才刚刚开始，与欧美主流公司还有较大差距。事实上，企业的开放式创新不仅是目前中国科技创新生态环境的最大短板，还是“大众创新、万众创业”在资本以及创新层面实现闭环的最关键因素。

可见，资金、市场、技术和管理只是跨国企业成功的基本条件，而真正能够影响企业是否能够在跨国经营中实现成功的根本条件在于，企业的对外部知识的感知和获取、吸收能力以及为国际市场多样化顾客提供创新性产品的自主创新能力（Martín - de Castro，2015）。因此，我国企业生存和发展的根源正是通过构建有效的创新网络不断吸收、利用和创造性地探索新知识的能力（Lee 等，2010）。企业需要构筑更加开放和相对稳定的网络化创新系统（王辑慈，2010），主动与外部知识来源和创新主体（如供应商、客户、大学等）建立多样化的创新合作关系，将更多的创新主体纳入自身的创新系统中，从而促进企业的知识创造与创新，实现价值增长和创新绩效提升（Boschma and Ter Wal，2007；Eisingerich，Bell and Tracey，2010；Begona Lloria and Peris - Ortiz，2014）。

（三）中国企业的知识整合与创新能力亟待升级

近年来，中国以“中国制造”和“世界工厂”名冠全球，但随着全球产业转移的加剧，中国正面临前所未有的调整。中国在全球产业转移过程中既要面临发达国家的技术封锁挑战，还要面临泰国等东南亚国家成本优势的挤压，这使中国陷入了前有技术鸿沟，后有成本追兵的窘境。而中国谋求发展的唯一途径就是实现“中国制造”到“中国智造”的改变。但现实情况却令人担忧，在中国目前的制造业整体情况中，拥有自主知识产权核心技术的企业比例很低，诸多行业的对外技术依存度超过 50%，而作为前“世界工厂”的美国和日本，这一比例仅占 5% 左右。同时，中国企业产品在国际价值链分工中，因无自主品牌、无自主设计、无核心技术，仅靠代工生产来赚取微薄的利润。这种无授权状况下的生产，必然缺乏定价权，也导致中国制造始终处于产业链最末端。创新升级已成为我国企业乃至中国制造生死存亡亟待解决的大事。

然而反观我国本土企业却发现，即使是在中国经济飞速发展的背景下，我国国际化企业从总体上说仍是弱小者。首先，我国多数中小企业规模小、技术落后、创新能力不足，而仅有少数大型国有企业依靠垄断获得了相对优势；其次，在市场地位方面，大部分中国企业在全球市场中仍处于劣势地位，仅存在少数在全球细分市场中处于领先地位的企业。虽然凭借成本优势获得了业务增长、制造服务能力提高、工艺流程和产品升级，但并未获得核心技术和自主研发能力，难以塑造关键性的产业联动，较难实现更高层次的产业升级（Humphrey and Schmitz，2002 ；Malerba 等，2015）；再次，中国国际化企业缺乏品牌价值，中国企业的品牌只有极少数在全球市场有一定的知名度，在 Interbrand 发布的“全球最具价值品牌 100 强”中，2014 年之前未有一家中国企业上榜，华为和联想先后于 2014 和 2015 年进入榜单，但直到 2017 年进入百强的中国品牌仍然只有这两家中国企业。因此，提升品牌价值已成为中国企业国际化的必然选择，正确早日实现“中国制造”向“中国授权”“中国品牌”转变。这种转变在很大程度上要求中国企业实现包括研发水平、创意能力在内的综合研发创新能力的提升。然而，市场竞争的日趋激烈和内部资源的稀缺，使中国企业难以依赖自身有限的资源和能力培育自主创新能力，为了能在有限的资源条件下获得研发拓扑，并提升企业的市场竞争力，国际化企业创新的主要途径必然依靠对外部知识的获取。随着全球经济竞争的焦点从资源转向知识，不断地借助组织搜寻，将知识转化为产品和市场创新以适应国际市场需求及变化，进而提升企业对全球市场的适应性和响应能力成为我国国际化企业生产发展的必然选择。因此，本书将重点关注企业网络如何通过知识搜寻影响创新绩效，并从组织双元性视角出发探讨这一作用机制，以指导企业如何更为高效地开展国际化经营管理并日益提高自主创新能力，为中国企业的国际化管理实践提供理论洞见。

二、理论背景

在全球化和开放式创新的背景之下，企业的竞争越来越激烈，传统的内部研发和产品更新换代模式难以满足消费者日益增长的需求，企业有可能陷入基于自身传统能力研发的短视情况，难以实现创新突破。如何借助外部知识获取创新能力以提升国际市场适应能力已然成为中国跨国企业管理过程中不得不面对的关键战略性问题。因此，学界和业界开始探讨如何从组织外部搜寻知识来弥补组织现有技术和市场知识方面的补充，从而获得创新想法，进而改变创新落后的窘况（Chesbrough，2003；熊伟，2011）。近年来，学者不断探索提高企业竞争优势的新途径，继组织内部研发和外部收购之后，知识搜寻已成为第三条提高组织竞争优势的重要途径（Grant，1996；Katila and Ahuja，2002）。学者发现通过搜寻不同的知识基（knowledge base）和利用外部知识可以获取新的创意和知识，进而促进组织创新（Lee 等，2010；Fabrizio，2009；Randhawa 等，2016）。

（一）双元性理论在知识搜寻研究的应用与发展

“组织搜寻”这一概念最早是由 Cyert 和 March（1963）在《企业行为理论》一书中提出，在此之后，学者从资源、演化、能力等不同视角等对该构念进行了研究（熊伟等，2011）。知识搜寻能够有效地面对环境不确定性所带来的挑战，它作为组织学习活动的重要组成部分（Flores 等，2010），能够促进组织学习、实现问题解决和机会开发（Sidhu 等，2007），因此，从活动系统的视角来看，知识搜寻是企业为了提升现有知识和产品技术而从事的问题解决活动（Nelson and Winter，1982；Huber，1991）。探索和开发是 March（1991）用来描述组织学习不同形式的两种概念，探索和开发是相互存在悖论的一对概念，虽然他们所关注的对象均为知识（Levinthal and March，1993），但探索性学习是指从事试验、冒险、发现和更具创新性活动的能力，而开发性学习则是指从事提炼、选择、生产和实施等原有知识范围内活动的能力（March，1991；Simsek，2009）。探索和开发均会占用组织资源，并在一定程度上形成竞争关系，组织想要实现发展必须在探索和开展之间做出权衡，这导致探索与开发的关系探讨成为双元性研究的核心内容（Jansen 等，2012；Stettner and Lavie，2014）。Levinthal 和 March（1993）认为企业需要在原有知识基础上进行开发活动包括对本地知识的搜寻、对原有企业经验的总结和对现有知识进行深度整合；同时企业还需要在原有的知识基础之外进行能力知识探索，如进行协同研发、商业试验、干中学等活动（Vorhies 等，2011；Brucks，2015）。组织搜寻领域的部分学者从知识属性角度界定了知识搜寻的性质，将其区分为本地搜寻和远程搜寻，这组概念与 March（1991）提出的探索性学习和开发性学习类似（Laursen，2012）。可见关于知识搜寻范围，即本地搜寻和远程搜寻方面的研究最早起源于 March 探索与开发的双元性研究，知识搜寻行为和策略可以借助组织双元性理论加以解释和分析。

（二）知识搜寻策略及其双元平衡研究

从创新视角来看，知识搜寻是创新活动的一种，其主要方式是在不同的环境中通过探索和开发来获得各种不同类型的知识源（Laursen，2012；Hsieh and Tidd，2012；Li - Ying 等，2014；Terjesen and Patel，2017）。企业的知识搜寻行为受到内外部环境的影响，而且企业的知识搜寻策略和创新绩效之前存在一定的因果关系，知识搜寻策略的不同会形成具有差异性的创新绩效（Sofka and Grimpe，2010；Khler 等，2012；Henttonen，2011）。关于本地搜寻对创新的影响，有研究（Katila and Ahuja，2002；Ahuja and Katila，2004）认为本地搜寻在一定程度上能够有效地提高企业的创新绩效，其作用机制为知识的重组和整合，而另外一些研究则认为本地搜寻会对企业的创新绩效产生负面影响（Rosenkopf and Nerkar，2001；Ahuja and Lampert，2001），原因在于一是本地搜寻容易造成知识的边界效用递减，二是容易形成本地知识资源的累积，陷入经验主义的陷阱，造成过度依赖原有的成功经验，难以应对外部环境的快速变化，进而创新失败。而对远程搜寻对创新的影响，一些学者认为远程搜寻能够增加知识基的种类和来源，从而促进创新（Katila and Ahuja，2002；Sofka and Grimpe，2010；Danneels，2015），而另外一些学者则认为远程搜寻的过程本身会消耗掉大量的组织资源，提高创新的成本，因此，远程搜寻会在一定程度上降低组织绩效（Wu and Shanley，2009；Phene 等，2006）。现有相关研究并没有系统考察本地搜寻与远程搜寻之间的平衡问题，未能解答知识搜寻是否和如何影响组织吸收、转化和利用知识的问题，更没有探讨知识搜寻不同策略之间是否存在最佳平衡点，如何通过平衡来取得最佳搜寻绩效等问题。也就是说，将不同搜寻方向和不同知识类型考虑在内的知识搜寻策略与创新绩效之间的关系仍然是有待打开的“黑箱”。

此外，以往研究对搜寻概念及其类别界定上的混淆导致研究结果难以统一和整合，先前学者多是通过对知识距离的不同排列组合划分知识搜寻的不同策略，如组织与技术边界的组合、技术与时间边界的组合、地理与技术边界的组合等（Katila，2002；Rosenkopf and Nerkar，2001；Phene，2006），并探讨不同类型知识搜寻策略与企业创新间的关系，但这种视角将知识搜寻策略视作单一维度的活动，并未意识到企业在实施知识搜寻活动的不同阶段对技术、市场、科学等不同类型知识的搜寻和关注点是存在差异的，而上述对知识搜寻的界定和区分往往忽视了开展知识搜寻过程中企业需要首先明确搜寻知识类型这一问题，导致了搜寻知识类型与搜寻知识方式的割裂（Van de Vrande，2013；袁健红和龚天宇，2011；Olsen 等，2016；Piezunka and Dahlander，2015；Xie 等，2016），因而无法准确探查知识搜寻策略及其双元平衡对企业创新绩效的影响。

（三）知识搜寻网络前因的研究进展

知识和能力带来的竞争优势会随着时间的推移而消退，需要通过组织学习和知识开发得以提升（Vorhies and Morgan，2005），知识探索与开发在一定程度上是组织学习的一种形式，是有价值的、罕有的、独特的且不可替代的（Vorhies 等，2011），构成了企业适应性的重要能力，用以支撑并维持企业的竞争优势。虽然目前已有大量研究证实了为创新而开展的知识搜寻活动对于企业的重要作用，但研究者对知识搜寻的前因研究相对较少（Enkel 等，2009），多从企业特征、外部环境等因素入手考察知识搜寻的前因变量，如吸收能力（Salge 等，2012；Laursen and Slater，2006）、行业特征（Grimpe and Sofka，2009）、组织结构（Ihl and Wagner，2012；Jansen 等，2006）等为切入点展开，较为忽视开放式创新背景下网络情境对企业开展知识搜寻以提升创新能力的影响作用。然而值得注意的是，网络理论/联盟等方面的研究开始日渐扩展到组织搜寻研究领域，这为本书的开展提供了可供借鉴的文献基础，如 Tiwana（2008）认为，企业以往的联盟经验、企业与联盟伙伴的关系和互补性有利于企业选择恰当的跨界搜寻策略并提升搜寻效率。研究者还发现不同的网络特征会对知识搜寻活动产生差异化的影响，如强联结和弱联结能以不同方式促进搜寻绩效，前者能帮助企业搜寻多样化的新知识，后者有利于整合外部知识（Tortoriello and Krackhardt，2010）；占据网络位置中心度将推动企业开展知识搜寻的深度和宽度，结构洞位置或桥位置有利于企业汲取非冗余知识和信息，而网络成员间信任水平的提高能有效促使默会知识的搜寻和转移（Koka and Prescott，2008）。尽管网络特征影响知识搜寻及组织绩效的研究已经初见端倪，但并未引起学者的足够关注，从企业网络角度入手剖析知识搜寻的前置影响因素有助于更好地理解企业采取某种特定知识搜寻策略的根源。因此，本书将尝试从更为宏观的网络层次入手探讨知识搜寻的前置因素，同时结合以往研究对知识搜寻与创新绩效关系作用情境的成果，综合组织内外部的环境因素和组织特征等多方面因素，在网络情境下考察知识搜寻与创新绩效的逻辑关联，从而将知识搜寻的前因和结果变量统一整合到一个一体化的研究框架之中。

目前，运用组织双元性理论解释知识搜寻以提升创新能力和竞争优势的研究开始初见端倪，但相对于组织学习和创新领域，营销领域中对探索与开发的关注较少，特别是聚焦企业国际化的知识探索与开发研究仍属于理论研究的空白点，在营销文献中缺乏在创新情境下对知识探索与开发方面的研究。文献表明，市场知识和能力是企业绩效的重要驱动因素（Morgan 等，2009；Vorhies 等，2009），然而探讨企业如何借助知识开发与探索进而推动创新绩效的研究较为缺乏（Vorhies 等，2011），因此深入探讨企业国际化进程中知识搜寻策略双元性及其均衡，探究其内在理论逻辑有助于促进探索与开发的相关研究及在营销领域的发展，也有助于解释知识搜寻策略与国际化企业创新绩效之间的作用机制。

第二节 研究问题及内容框架

本书的核心议题包括检验企业网络通过知识搜寻影响创新绩效的作用机制，明确知识搜寻影响创新绩效的作用情境和边界，揭示我国国际化企业网络结构与知识搜寻双元均衡动态演化的机制与过程。本节将围绕这些议题，对研究目标、研究方法、理论和实践意义及创新点进行阐述。

一、研究问题及研究目标

（一）研究问题

基于前述研究背景可以发现，经济全球化和开放式创新要求国际化企业高效借助外部知识来源实现企业创新，而以往文献对整合知识距离、知识类型和知识搜寻特征的研究较为忽略，对国际化企业而言，地理/空间维度是企业选择和开展知识搜寻时十分重要的因素，地理上的邻近有助于降低企业的知识搜寻成本，增加组织间交流的频率，提高企业的创新绩效。同时，地理上的邻近还能够增加企业间的区域认同感，进而有利于促进企业间的信息沟通和传递。然而，国际化的竞争打破了地理邻近的优势，企业必须要面临国际化的挑战，并面临远程搜索的困难。只有在跨地理空间进行远程搜索才能实现资源和技术的多元化互补，抓住更多潜在的市场机会（Ahuja and Katila，2004）。企业网络相关研究、双元理论与组织搜寻理论的结合为国际化企业知识搜寻实践提供了十分契合的分析视角与理论基础。

综上所述，本书将主要聚焦于：整合组织搜寻理论、网络理论和组织双元性理论，借鉴组织学习和创新领域的研究进展，在现有文献研究的基础上，结合中国国际化企业的管理实践，深入剖析企业网络通过知识搜寻及其双元平衡策略对创新绩效的影响机制，揭示中国国际化企业如何实现知识搜寻策略双元平衡，以促进企业创新绩效和国际化成长。为了更好地就本书的主题开展探究，将其分解为以下三个子问题：（1）企业网络如何通过知识搜寻策略及其双元平衡影响国际化企业创新绩效？（2）不同的环境特点和组织特征对此作用机制有何影响？（3）企业网络与知识搜寻策略如何动态演变，国际化企业如何实现知识搜寻策略双元平衡？因此，本书将具体细分为以下三个子研究：

子研究一：企业网络对通过知识搜寻策略和创新绩效的作用机制

以往研究多从知识距离及其组合角度探讨知识搜寻策略对企业创新绩效影响，但却一方面忽视了对企业特定职能知识搜寻策略的研究，另一方面也较少关注知识距离中的地理搜寻特征，即本地搜寻（开发）和远程搜寻（探索）在其中发挥的重要影响作用。本书基于中国国际化企业的调研数据分析知识搜寻策略及其双元平衡对企业创新绩效的影响，明确国际化企业选择和实施何种知识搜寻双元平衡策略有助于企业创新绩效的提升。

子研究二：权变视角下知识搜寻策略对创新绩效的影响机制

本书认为分析知识搜寻策略对企业创新活动的作用时必须同时考虑企业的外部环境和其内部特征，现有研究多关注外部环境动荡性、竞争强度等外部因素以及冗余资源、企业年龄和企业规模等内部因素对知识搜寻策略的影响，本书将综合组织内外部情境因素考察组织特征方面的吸收能力和外部环境特点方面的环境动荡性对知识搜寻策略与创新绩效关系的影响。

子研究三：演变视角下企业网络与知识搜寻策略的动态演化

知识搜寻策略及其双元平衡对创新绩效影响关系的实证检验是基于静态截面数据开展的，探查了在给定的时间点知识搜寻策略及其双元均衡的影响，而中国国际化企业的海外经营历经多个发展阶段，企业知识搜寻策略必然具有一定的动态性特征，为此，本书将采用纵向多案例研究方法分析随着时间推移，企业网络特征以及知识搜寻策略的选择和实施过程及其转变和演化路径，对前述量化研究结果进行拓展和深化。通过比较不同类型企业在国际化经营不同阶段网络结构、知识搜寻策略的演进过程，及其创新绩效和国际化成长发展的内在机制，对具有典型国际案例的企业进行深入剖析。

（二）研究目标

根据研究问题，结合本书的研究主题和研究范围，应用当今组织管理和营销管理的主流学说和理论，预期达到以下研究目标：

（1）验证企业网络、知识搜寻策略及其双元均衡对国际化企业创新绩效的影响作用，借助知识搜寻策略厘清网络特征对创新绩效影响关系的内在逻辑关系，比较网络特征的差异和知识搜寻策略的不同双元性对创新绩效影响关系的差异。

（2）基于权变视角，探讨并明确知识搜寻策略及不同双元类型在不同环境不确定性情境和组织能力条件下对企业创新绩效的影响关系。借鉴知识搜寻相关研究，为明确知识搜寻影响创新绩效的理论边界和作用情境，引入环境动荡性和吸收能力实证检验环境和组织方面的情境因素如何调节知识搜寻对创新绩效的影响作用。

（3）揭示中国国际化企业网络特征与知识搜寻策略协同演化的机制和路径，探讨中国企业国际化进程中随着网络结构的变化，知识搜寻策略演变的具体路径和过程，明确企业如何通过战略性设计网络结构促进知识搜寻策略以获取国际化知识，促进创新绩效的提升和国际化发展。

二、研究框架及研究方法

（一）研究框架

为了实现以上研究问题及研究目标，本书的具体内容安排如下：

第一章：绪论。本章首先介绍了本书所处的现实背景和理论背景，进而提炼本研究所关注的科学问题，进而明确了本研究的目的、思路和方法，并提炼了本书的创新点和意义。

第二章：理论回顾与文献述评。本书将回顾组织搜寻、网络理论、组织双元性理论等方面的现有研究成果，重点对已有研究的理论成果进行了梳理，明确了本书的理论基础和现有成果、空白点，确定了进一步研究的方向，为理论框架和研究假设的提出奠定了基础。

第三章：模型构建与整体研究设计。本部分基于理论回顾和先前的相关研究结果，构建了以知识搜寻为核心的整体研究模型，并重点介绍混合方法研究的特点和类型，着重说明本书选择嵌入式混合研究的原因及研究设计。

第四章：企业网络对知识搜寻和创新绩效影响的实证检验。首先构建了知识搜寻与企业创新绩效之间的关系，探讨了知识搜寻的双元均衡与企业绩效之间的内在联系。其次构建了企业网络与知识搜寻之间的研究假设。最后引入了环境动荡性和吸收能力，构建了知识搜索与创新绩效之间的权变模型。

第五章：数据分析与假设检验。对第三章提出的理论模型和假设进行实证检验，按照量表开发的流程对模型中涉及的各潜变量进行界定，结合现有文献的成熟量表和探索性研究结果开发本研究的测量工具，通过预调研对量表问项进行调整和最后的确定，并选定正式调研的样本，验证中国国际化企业知识搜寻策略及其权变模型对企业创新绩效的影响关系。

第六章：企业网络与知识搜寻策略协同演化的案例研究。本部分以国际化企业为研究样本，通过案例研究方法深入分析案例企业的一手、二手资料，通过纵向的多案例研究设计揭示网络结构演进过程中的国际化企业知识搜寻双元均衡策略的实现路径和演化过程，对本书的量化研究结论进行进一步的拓展与深化。

第七章：研究结论及展望。本部分提炼了本研究的主要结论，并在此基础上提出管理启示，然后对研究局限和值得进一步探讨的方向进行梳理。

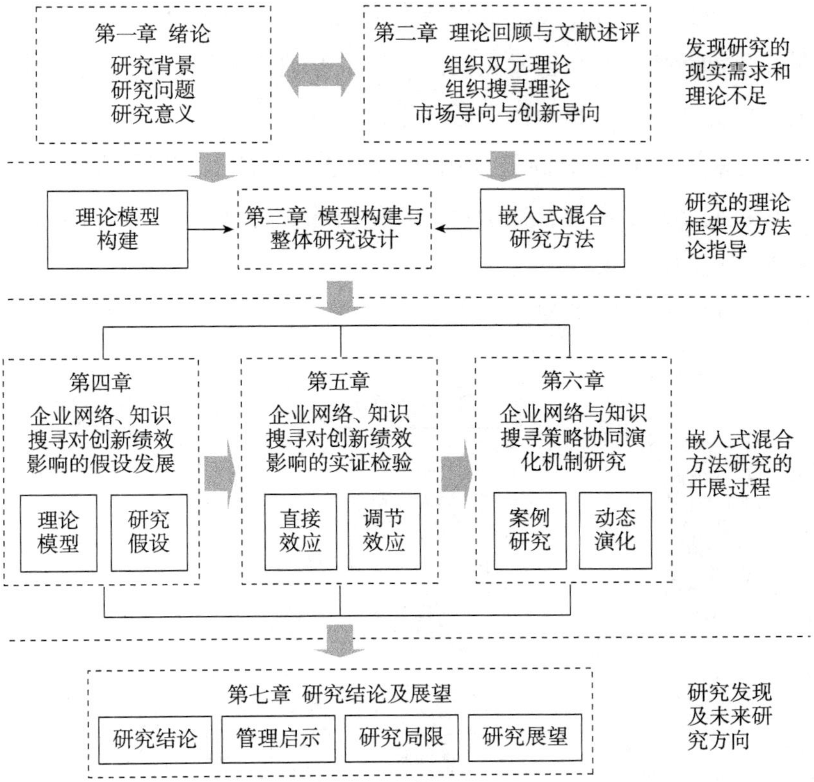

图 1.1　本书内容框架

（二）研究方法

本书主要采用了文献研究法、问卷调研法、实证分析技术与方法、案例分析方法等多种研究方法和技术。

文献研究方法：本书从组织搜寻、创新绩效、战略导向、组织双元性理论等方面在中外文期刊图书数据库中进行检索，在系统全面对现有文献进行阅读和评述的基础上寻找以往研究的不足和理论空白点，从而逐步形成和确定研究选题和分析框架。

问卷调研方法：本书将在现有成熟量表的基础上，构建了本书问题的量表，并采取直接发放、实地访问和网上发放等方式发放调研问卷来获取实证研究第一手数据。

实证分析技术：在取得实证调研数据之后，本书将首先检验正式调研数据的信度和效度，分析问卷数据的代表性和研究方法的科学性。其次采用多元回归分析方法分析对研究假设进行了检验。

案例分析法：通过对高绩效国际化企业营销实践一手资料的案例研究，开展纵向多案例研究，揭示案例企业国际化过程中知识搜寻双元平衡策略的实现机制和路径。

以下是本书的技术路线图。

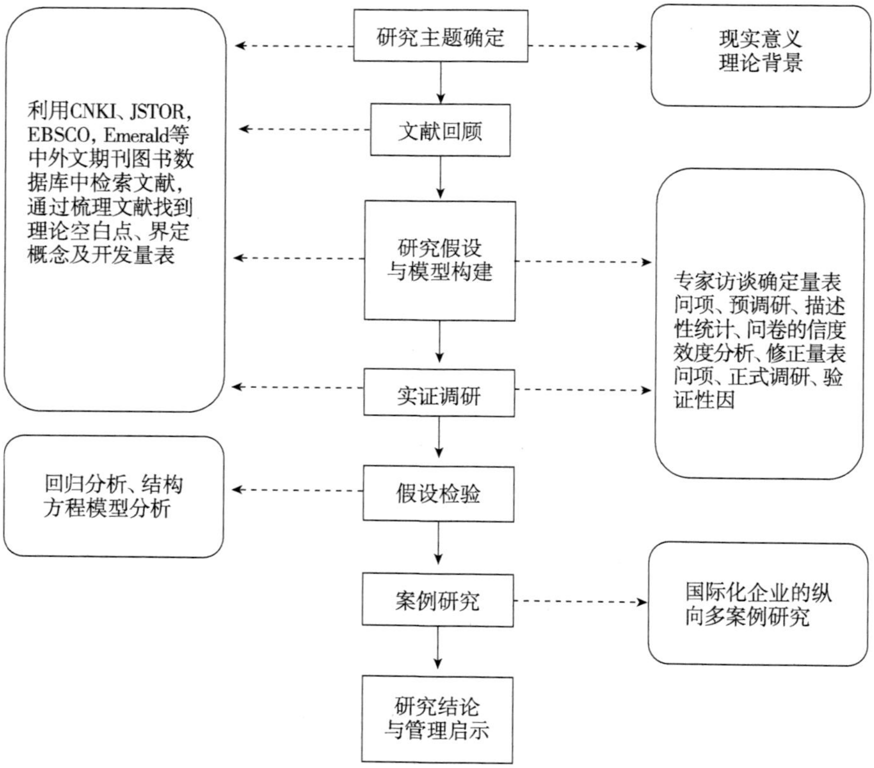

图 1.2　本书技术路线

第三节　研究意义及创新点

在全球开放式创新的背景下，探讨企业合作创新以参与产业全球化进程具有重要的现实意义。理论研究背景方面，对网络、学习与创新间逻辑关系的研究正蓬勃兴起并愈发深入，如何准确识别和感知国际市场环境特征，根据自身所处网络情境选择和构建最为合理和匹配的知识搜寻策略，以及如何平衡不同类型的知识搜寻策略，从而提升企业创新绩效、实现自主创新能力提升和企业转型升级已成为当今中国企业国际化进程中亟待解决的问题。本书以我国国际化企业为研究对象，对上述问题展开深入探讨将是对组织搜寻理论和网络理论的有益补充和完善，不仅具有重要的理论研究意义，还将对我国国际化参与全球竞争的管理实践有一定的现实启示。

一、理论意义

本书的理论意义体现在以新兴国际化企业为研究情境，将组织搜寻理论、网络理论和双元性理论有效结合，将我国国际化进程中的企业作为研究样本，探讨了企业网络通过知识搜寻及其双元平衡作用于创新绩效的作用机制，并基于权变和演化的视角对多种因素综合影响下的知识搜寻策略选择问题进行了深入剖析，本书的理论价值具体表现在以下三个方面：

（1）拓展了组织搜寻理论的相关研究。现有研究认为知识搜寻是企业用以解决问题的组织学习方式，本地搜寻与远程搜寻分别表征企业的开发性与探索性学习，本书基于组织双元性理论视角从知识距离和知识类型两个维度和层面对知识搜寻策略进行了界定和区分，并在此基础上探讨了知识搜寻及其双元均衡对创新绩效的影响作用，是对组织搜寻领域文献（Katila and Ahuja，2002；Rosenkopf and Almeida，2003；Laursen and Salter，2006；Fabrizio，2009；Leiponen and Helfat，2010；Lavie，Kang and Rosenkopf，2011）关于知识搜寻有利于企业创新能力和持续竞争优势培养与提升的有益补充和完善，并丰富了开发与探索平衡关系的研究。本书综合多方面因素考察了国际化企业的知识搜寻策略选择问题，由于企业采取特定的知识搜寻行动是出于对所处环境及自身内部特征的综合考量，所以本书在探讨知识搜寻策略对企业创新活动的影响时充分考虑了企业内外部因素，并将知识搜寻的前因和结果变量整合并纳入统一的、一体化的研究框架中，是对现有组织搜寻理论的深化和拓展。

（2）推进了企业网络对创新绩效作用机制的研究。虽然网络对企业创新活动的重要性已得到了广泛认可，但基于现有文献却可以发现学者的研究结果并未取得一致结论，相反却形成了企业网络研究领域的诸多悖论，这些悖论促使研究者认识到“网络二重性”的存在，并日益深入企业网络与创新绩效作用机制的研究中，同时从权变的视角探讨企业网络对创新所产生的具体影响，但现有研究仍未能有效解释企业网络二重性与创新绩效间的因果关系机制。为打开上述作用机制的“黑箱”，本书在知识搜寻领域引入组织双元性理论中的探索与开发这组对立统一的概念，区分不同类型的知识搜寻策略，并将其作为中介变量，同时融入权变管理的思想探讨了企业网络不同特征通过不同类型的知识搜寻策略作用于创新绩效的机制，从而在一定程度上有助于解决网络悖论困境，并推动现有企业网络与创新绩效关系研究的深化。

（3）深化了新兴国际化企业知识搜寻作用情境的研究。本书基于权变视角，引入组织特征以及外部环境动荡性探讨知识搜寻策略影响创新的作用边界和情境，整合组织内外部多种影响因素共同考察企业知识搜寻策略选择问题更为符合企业管理实践的现实，所获得的研究结论有助于深化对现有知识搜寻作用情境的理解。企业的知识搜寻策略不仅在不同国际化阶段有所差异，而且会根据所处网络情境的改变不断演变，这种演变过程与企业所处行业环境及其自身能力也具有一定的相关性，本书的纵向多案例研究表明，企业网络与知识搜寻策略间存在耦合性，二者均会随着时间推移和国际化进程的深化不断协同演化，两者的匹配和协同将促进创新绩效的不断提升，案例研究的发现拓展了对企业知识搜寻策略演化的认识和理解，进一步丰富了知识搜寻的研究视角。

二、实践意义

随着产业化全球进程的加快和全球市场环境日益加剧的动荡，我国国际化企业面临更为严峻的国际市场竞争压力和挑战，与发达国家的大型跨国企业相比，我国企业仍处于国际化初级阶段，从企业规模、资源和技术能力、国际化管理水平和经验等方面均处于劣势地位，为了改变产品成本低、技术水平和附加价值低的不利现状，企业亟须提升自身技术能力和自主创新能力，为此我国国际化企业需要积极主动地从外部搜寻重要的和新颖性的知识资源和信息，充分发掘新思想和新机会以有效帮助企业解决创新问题。因此，针对中国企业的国际化现实情境，本书的实践价值主要体现在以下几个方面：（1）采取并强化平衡性的知识搜寻策略以提升自主创新能力，需要根据知识类型和知识距离进行知识搜寻行动的平衡和选择，力图实现市场和技术知识的搜寻平衡，以及本地和远程知识的搜寻平衡；（2）战略性设计企业网络结构以推动知识搜寻，不仅应尽可能主动参与和嵌入本地和全球网络，还应根据自身资源和外部环境特点有针对性地选择恰当的网络结构；（3）动态合理调整企业知识搜寻以持续提升创新绩效，在全球网络环境中不断调整知识搜寻策略，以匹配和适应自身资源、战略与环境要求，从而实现更好的知识搜寻效果并持续提升创新绩效。

三、创新点

本书在借鉴组织双元性理论、组织搜寻理论、网络理论以及其他相关研究成果的基础上，遵循规范的管理研究方法考察我国企业国际化过程中企业网络通过知识搜寻策略对创新绩效的作用机制，以实现预期的研究目标，本书可能的创新点包括以下几个方面：

（一）从组织双元性角度深化知识搜寻策略的概念框架

现有组织搜寻的研究尽管从认知、空间、地理、时间等多种不同维度界定了知识搜寻策略类型及其对企业创新的作用（Rosenkopf and Nerkar，2001；Phene 等，2006；Katila，2002；Anuja and Lampert，2001：Katila and Ahuja，2002：Sidhu 等，2007；Cruz－González 等，2014），但这种脱离知识搜寻过程的定义无法准确解释知识搜寻策略的实质内容，本书认为对知识搜寻策略的定义应符合知识搜寻过程，具体而言包括搜寻何种类型知识以及具体的搜寻方式。考虑知识搜寻是企业用以解决问题的组织学习方式，本地搜寻与远程搜寻分别表征开发性学习与探索性学习（Levinthal，1995；Katila and Ahuja，2002；马如飞，2009；Laursen，2012），因此本书引入组织双元性中的探索与开发这组对立统一的概念以界定知识搜寻方式，结合知识搜寻过程对知识搜寻策略进行重新界定，从知识类型和知识距离两个角度区分出国内技术知识搜寻、国内市场知识搜寻、国际技术知识搜寻和国际市场知识搜寻四种搜寻策略，并以此为基础借鉴 Li，Vanhaverbeke 和 Schoenmakers（2008）以及 Lavie，Kang 和 Rosenkopf（2011）等学者的研究，从价值链的不同职能环节为切入点理解企业对于技术知识和市场知识的搜寻行为，同时结合本地搜寻与远程搜寻的二元关系，形成知识搜寻双元均衡策略，并深入探讨其对企业创新绩效的影响作用。

（二）构建“企业网络—知识搜寻—创新绩效”逻辑框架以解释网络悖论

尽管现有研究已广泛承认网络推动组织学习和创新绩效的重要作用，对企业技术创新的理解无法脱离网络情境，但关于企业网络与创新绩效关系的大量研究文献却得出了不一致的结论，并形成了企业网络研究领域的诸多悖论（Uzzi，2003；Perry－Smith 等，2003），这些悖论促使研究者日益深入企业网络与创新绩效作用机制的研究中，同时从权变的视角探讨企业网络对创新所产生的具体影响，但现有研究仍未能有效解释企业网络与创新绩效间因果关系的内在机制，这在一定程度上是由于现有研究对于知识获取和组织学习等中介变量概念界定的模糊不清造成的（Chesbrough，2006；Kaisa 等，2011），如用知识搜寻替代知识获取全过程探讨网络对创新绩效作用机制等。为此本书从知识获取中的知识搜寻这一特定阶段入手，在明确界定和划分知识搜寻策略类型的基础上将知识搜寻的前因和结果变量整合并纳入统一的、一体化的研究框架中，深入考察企业网络对创新绩效的影响作用，从而有助于解释网络悖论并打开企业网络与创新绩效间内在作用机制的黑箱。此外，由于企业采取特定的知识搜寻行动是出于对所处环境及自身内部特征的综合考量，本书还从权变视角出发探讨不同组织和环境情境下知识搜寻对创新绩效关系的差异化影响，从而结合组织内外多种因素综合分析知识搜寻策略的选择问题，研究结论在拓宽知识搜寻研究视角的同时丰富了创新网络理论的相关研究。

（三）揭示企业网络与知识搜寻的相互耦合与协同演化规律

以往研究多从吸收能力、环境因素、企业层面的技术战略和技术创新性等要素入手探讨知识搜寻的影响因素（Keupp and Gassmann，2009；Lichtenthaler and Ernst，2009；Drechsler and Natter，2012），但并未对知识搜寻的网络层次前因给予充分关注（Tortoriello and Krackhardt，2010；Koka and Prescott，2008；熊伟等，2011），为此本书通过实证研究验证了企业网络与知识搜寻策略间的相互匹配与耦合对企业创新绩效的影响。此外，现有研究主要基于静态视角研究知识搜寻策略的平衡，但本地搜寻与远程搜寻均属于企业持续的动态学习过程，因此应从动态视角出发探查二者的平衡过程（张文红等，2011），因此，为在国际化情境下进一步明确二者间关系的演变趋势以及知识搜寻策略在多种因素综合作用下的演化和发展过程，本书通过纵向多案例研究方法考察和揭示了知识搜寻双元均衡与网络结构的相互适应和协同演化规律，研究发现，企业的知识搜寻策略及其双元平衡在不同国际化阶段有所差异，而且会根据所处网络情境的改变不断演变，这种演变过程与企业所处行业环境及其自身能力也具有一定的相关性，这些研究发现有助深化企业国际化过程理论研究。

第二章 理论基础与文献综述

本章内容将围绕研究问题和研究内容系统回顾和综述本书开展的理论基础，为后续研究的进行明确理论方向，具体将归纳和梳理三部分的理论研究：企业网络理论的来源基础以及网络嵌入性维度的相关研究，组织搜寻的理论基础及其与创新关系的研究进展，以及探索与开发和组织双元性的理论基础和研究发展脉络，最后在总结现有研究成果的基础上阐明本书的研究思路和切入点。

第一节 网络嵌入性研究

一、企业网络及其社会学基础

从社会学角度出发，网络是参与者等特定个体间基于社会交换而形成的独特的联结关系，这种社会交换关系中包括了非商品交换，因此对参与其中的网络主体而言，不仅能够得到经济利益，而且还能获得互惠性服务、情感支持和帮助、信息和协同合作等支持（周小虎，2010）。从宽泛的层面来理解，网络参与的行动主体包含多个层次，而且早已超出个体关系范畴，既可以是个体社会成员，也可以是有个体构成的包括企业、政府等在内的群体性组织。联结关系由正式的制度联系和非正式的社会联系组成，其中制度联系包括法律、合同、契约、规定等，社会联系包含信任、情感、人际往来等，这些联系组合形成了网络行动主体之间的关系特征。网络分析时将社会结构界定为特定的网络系统，从网络行动主体所受到的结构性制约而非其内在驱动力出发解释网络主体的行为。从狭义角度来理解，将网络应用于企业这一社会群体组织，那么网络就是由企业作为网络参与者及其彼此间关系所构成，但企业网络仍是内嵌于社会网络系统中的，无法与社会网络完全区隔和分离开来（Chen 等，2014），因此在研究企业网络时应用社会网络理论及其分析技术已成为管理学研究的必然选择，而且也符合新经济社会学网络分析发展的趋势。

网络理论源自关系营销和新经济社会学"嵌入性"的思想，该理论强调企业经济行为与其他社会行为相同，都不是孤立存在的，而是深深嵌入其所处社会关系网络之中，这一观点可以归结为企业经济行为的社会嵌入性（Social Embeddedness）。通过关系网络，企业能获得所需的资源和信息（Granovetter，1985；Hakansson and Snehota，1995），Johanson 和 Mattson（1988）率先将上述思想运用于企业国际化的理论研究之中，提出企业所处的产业环境和市场环境本质上就是网络形式，企业国际化的过程正是不断嵌入全球网络联结关系的过程，因此研究企业国际化过程如果脱离企业网络情境仅从个体企业视角出发，将难以有效地解释企业国际化发展进程中的行为与结果绩效（Johanson and Vahlne，1990）。

二、嵌入性概念的提出和发展

作为新经济社会学研究领域的核心概念，“嵌入性”最早由 Polanyi 在《伟大的转折》（1944）中提出，由于经济活动其实是内嵌入经济与非经济制度之中的，而经济学家对非经济制度和社会体系的关注不足和缺乏使难以全面认识人类经济活动的嵌入性。具体来说，经济行为并非孤立和单独存在的，而是嵌入政治、文化、宗教等非经济因素所构成的社会关系之中，经济活动包括市场交易/交换、再分配和互惠三种类型，每类经济活动的嵌入方式会因制度环境的不同而有所差异。Polanyi 强调由于经济活动的发展繁荣使工业社会时期的市场日益拥有了控制自然环境和人类的力量，因此逐渐从社会中脱离并表现出非嵌入性，即经济活动在工业革命前后经历了由嵌入性向去嵌入化（disembedded）转变的过程，即由于市场机制调节经济活动，社会结构对经济活动影响的弱化使经济体制显现出去嵌入性的特征。

White（1981）在《市场源自哪里》中提出，只有在经济主体和经济行为人所处的社会关系中去理解市场问题，才能克服传统经济学理论的约束，实际上超出了“去嵌入化”观点的局限性。然而，真正确立嵌入性概念并对其进行全新阐述的学者是 White 的学生 Granovetter，他基于 Polanyi 的研究进一步确立了“嵌入性”的理论基础，从此“嵌入性”的概念成为经济社会学的重要思想基础。Granovetter（1985）在《经济行动和社会结构：嵌入性问题》中分析了新古典经济学理论存在“社会化不足”，而古典社会学（如以 Parson 等为代表的结构功能主义学派）又表现出“过分社会化”，并提出这两类观点应该均衡折衷发展，二者应相互支持与融合（Granovetter，1985）。嵌入的网络机制是信任（Granovetter，1985），人类行为嵌入在具体的、日益变化的人际关系互动中，而产生与人际互动关系的信任则形成了经济主体交易的基础，同时也对交易成本的高低产生了重要的影响，因此，组织及其经济行为都会受到社会关系的制约。由此，Granovetter（1992）认为企业经济行为是社会化且高度嵌入的，并将嵌入性界定为企业经济活动和经济行为是嵌入于其自身所处的特定社会网络和关系情境之中的，除企业自身理性决策外，还受到其他个体、组织与企业互动作用以及网络整体结构的影响，并认为应将网络分析作为经济社会学研究的主要方法。

综上可以发现，Granovetter 虽然赞同 Polanyi 关于经济嵌入社会的观点，但两位学者对“嵌入性”的认识仍存在一定差异：Polanyi 强调经济行动是一个制度化的过程，而 Granovetter 认为这个过程本质是人际互动，而来源于互动关系的信任则奠定企业交易的基础并影响交易成本；Granovetter 并不认同 Polanyi 所提出的嵌入性现象只存在于工业革命之前，以及将经济行为看作是独立于社会结构的且非嵌入性的观点，他认为所有的经济行为都是嵌入社会情境和社会网络系统的，只是嵌入的程度或水平有所不同。

后续学者在上述研究成果的基础上进一步界定了网络“嵌入性”的概念，如 Halinen 和 Tornroos（1995）将嵌入性界定为企业等网络主体间的关系或彼此依赖程度，并将嵌入性作为理论分析工具用以动态描述网络全生命周期的过程。Gulati（1998）认为网络理论的研究视角应建立在“网络主体的经济行为受到其所嵌入的社会情境及其所处网络位置的影响”观点的基础上，网络成员的行为会受到自身目标和利益诉求以及网络结构和关系强度的共同影响，并认为随着网络成员接触和联系密切程度的提高，网络成员间的关联会日渐稳定和规范。

基于上述学者对嵌入性内涵和概念的解析可以发现，网络成员主体既非完全的理性经济人，也并非完全被制度所制约而缺乏理性，网络主体的经济活动和行为高度嵌入于社会网络结构之中，而且在社会环境的变化中不断谋求自身的经济利益。（杨蕙馨和冯文娜，2008）。随着研究的深化，嵌入性这一概念不再仅仅是新经济社会学研究的核心，而且还被广泛应用于制度经济学、企业管理等其他学科中（Gualati，1998），并获得长足发展。

三、网络嵌入性类型

借助网络理论对企业行为开展研究离不开对其构成维度的分析，接下来将根据嵌入层次、范围以及主体和客体的差异回顾网络嵌入性研究的主要类型。

（一）Granovetter 的结构嵌入性和关系嵌入性

Granovetter（1992）将网络嵌入分为结构性维度和关系性维度，因此对网络行动主体的嵌入性研究也相应地由结构嵌入性（structural embeddedness）和关系嵌入性（relational embeddedness）两部分内容构成（Granovetter，1992；Gulati，1998）。

结构嵌入性。所谓结构嵌入性是基于网络结构的视角，强调网络中资源是以非均匀和随机的方式流动和扩散的，由于网络成员所处的网络结点类型、网络密度、联结关系特征等结构性差异的存在，导致其对资源的占有和分配是由网络结构所决定的，因此不同的网络成员所处的网络位置不同，获取网络资源的方式也有所差别。结构嵌入性方向的研究主要关注网络成员所处网络位置以及网络整体结构等因素对资源获取的影响作用（Granovetter，1992；Uzzi，1996；Gulati，1998；Nahapiet and Ghoshal，1998；Rowley 等，2000）。这一研究方向以具有代表性的是 Burt 的“结构洞”理论。所谓结构洞是指整体网络中联结关系稠密区中间的空洞位置，该位置中几乎不存在信息和资源流动，因此占据结构洞为网络成员提供了控制信息和保持信息的位置优势。此外，结构嵌入性要素还包括位置中心度和桥位置等度量网络主体所处网络位置的要素，以及整体网络方面的网络密度和网络规模等。所谓网络位置中心度是指与网络中绝大多数网络主体保持较近的网络联结关系，只需要经过更少的直接的联结就可以接触网络中大多数主体。桥位置代表该网络主体所处的网络位置所联结的网络中不存在冗余信息、主体间接触频率低且在地理位置和网络位置方面均存在显著性差异，可见结构洞本质上就是一种桥位置。网络规模是网络中行动主体间关系的数量，而网络密度一般用网络中行动主体间联结关系的实际数量与其所有可能的联结关系总数量间的比值，当两个数量越接近时，代表网络密度越大（Wasserman and Faust，1994）。

关系嵌入性。关系嵌入性关注二元交易关系，是网络参与的成员主体作为交易双方时对彼此需求和目标的重视程度，强调网络主体在二元交易关系中相互信赖、彼此协作和信息共享的程度。因此，关系嵌入性的观点认为网络行动主体是通过网络结点间的联结关系来获得信息利益，直接的黏着联结关系发挥着在交易主体间交换精细信息的机制（Granovetter，1992）。结构嵌入性维度的概念最早源自 Granovetter 所提出的“联结（tie）”观点。1973 年，Granovetter 在《弱联结的力量》中首次引入网络联结强度的概念，并认为联结可以分别强联结（strong tie）和弱联结（weak tie）两种类型，网络成员间密切、频繁的社会关系和联系构成的是强联结，反之则属于弱联结。Granovetter 所界定的联结关系较为具体，是指个体与个体间、组织与组织间、个体与组织间以及个体与社会系统间由于社会关系和接触而实际存在的联系，而且不同强度的联结关系在上述不同类型的网络主体间发挥截然不同的作用。

Granovetter 提出可以从网络结点间的互动频率和时间、情感强度、关系密切程度和互惠性服务这四个维度来度量关系联结强度，并从社会网络视角出发，认为强联结一般产生于社会经济特征相似的网络个体成员间，而社会经济特征差异显著的成员间更易形成弱联结。联结强度刻画了网络主体间的嵌入程度，是网络分析的重要构念，后续学者在 Granovetter 所提出的联结强度度量指标的基础上扩展了更多的维度，从更加丰富和全面的视角对联结强度及其所代表的关系嵌入性概念进行测量，如增加联系时间、信任、价值共享、共同解决问题等多个维度（Chetty and Holm，2000；Dhanaraj，2004；Uzzi，1997；McEvily and Marcus，2005）。

（二）其他嵌入性维度划分研究

Zukin 和 Dimaggio（1990）认为在研究嵌入性时需要关注文化和制度方面的因素，因此将两者整合到网络嵌入性维度分类标准中，最终形成结构嵌入性、认知嵌入性、文化嵌入性和政治嵌入性四种类型，其中结构嵌入性与 Granovetter 的观点保持一致，其他三个类型分别强调组织的社会认知过程、网络主体共同价值观/文化观念以及社会体制和行为模式。首先，行为主体的社会认知的不同会导致行为及绩效的差异（Zukin and DiMaggio，1990；Peteraf and Shanley，1997；Dacin，Ventresea and Beal，1999）；其次，网络成员会受共同的集体文化观念的影响，从而影响其行为、组织结构和管理过程。（Zukin and DiMaggio，1990；Dacin，Ventresea and Beal，1999；Hagedoom，2006）；最后，制度嵌入性体现在企业所处的社会结构和自身行为模式中，从而对经济行为和绩效产生影响（Zukin and DiMaggio，1990；Dacin，Ventresea and Beal，1999）。

Andersson，Forsgren 和 Holm（2002）根据组织层面的合作关系将嵌入性分为业务嵌入性（business embeddedness）和技术嵌入性（technology embeddedness）。前者是指客户和供应商之间的关系，后者是指企业间在产品和生产流程方面的技术依赖关系。技术嵌入性能够促进跨国公司的业绩和产品的研发及生产过程，外部技术嵌入性和外部业务嵌入性均会影响子公司的产品和生产流程以及市场绩效。

Zhao（2003）基于产业集群网络视角，认为网络嵌入性反映了同属一个产业集群的企业之间的关系及其密切程度，并根据影响产业集群竞争力的要素提出了集群嵌入性的三层次框架，即经济嵌入性（Economic embededness）、体制嵌入性（institutional embededness）以及社会嵌入性（social embededness）。经济嵌入性是指集群企业在供应链中与上下游企业之间的联系程度包括前向联系（forward）（即与客户需求端的联系）和后向联系（backward）（即与供应商企业的联系）两类。体制嵌入性代表产业集群企业与社会机构/组织间的关联，为企业提供了制度方面的保障。社会嵌入性指产业集群内成员间的人际关系与社会联系的情况，可以看作集群形成和所倚赖的社会基础，有助于强化集群成员间的经济合作行为（Granovetter，1982；Coleman，1990；Zhao，2003）。

Hagedoom（2006）认为网络成员间的合作关系会受其所处的国家与产业环境、企业的网络合作经验以及与合作伙伴间双边关系的影响，以此为基础将嵌入性分为环境嵌入性、组织间嵌入性以及双边嵌入性三个不同层次。环境嵌入性是指网络成员间的合作关系会受其所处国家与产业环境的影响，即宏观和中观环境对企业合作关系的影响（Park and Ungson，1997；Hagedoom，2006）。组织间嵌入性指网络成员间的合作关系网，既反映了企业与合作伙伴之间丰富的合作经验，也展现了企业参与多方合作的历史（Hagedoom，2006）。双边嵌入性是指网络合作成员间由于重复的合作关系而产生的彼此熟悉和信任会影响其现有合作关系的稳定性和持久性（Hagedoom，2006；Chung，Singh and Lee，2000；Chung 等，2000）。

表 2.1 网络嵌入性维度研究总结

研究者	研究视角和划分标准	嵌入性维度
Zukin and Dimaggio（1990）	网络成员的认知过程、文化和制度因素	结构嵌入性、认知嵌入性、文化嵌入性、政治嵌入性
Granovetter（1992）	网络节点连接质量和节点所形成的网络形态	关系嵌入性、结构嵌入性
Andersson 等（2002）	组织层次的合作关系	业务嵌入性与技术嵌入性
Zhao（2003）	产业集群网络、影响产业集群竞争力的要素	经济嵌入性、体制嵌入性和社会嵌入性

续表

研究者	研究视角和划分标准	嵌入性维度
Martin Hess（2004）	跨学科领域	社会嵌入性、网络嵌入性、地域嵌入性
Hagedoom（2006）	国家与产业环境、组织间历史背景、双边关系情景	环境嵌入性、组织间嵌入、双边嵌入性三个层次

资料来源：本书整理。

四、网络嵌入性对企业绩效的影响

从嵌入性视角出发，企业作为经济活动主体同样嵌入于其他网络主体共同构成的企业网络和社会网络中，无法脱离网络情境和社会关系而独立存在，一个行业就是由特定企业间的关系网络所构成的（王钦，2005）。以下将以企业国际化过程中的知识获取和企业绩效作为网络嵌入性的结果变量，通过梳理相关文献理清网络嵌入性对企业行为及其产出的作用机制。

（一）网络嵌入性、知识获取与企业国际化

传统的资源基础观局限于对企业内部资源和能力的研究，强调对资源的占有而忽视资源的外部获取，但网络理论的研究表明企业借助于所处外部网络中的资源能有效提升企业能力和绩效水平（McEvily and Marcus，2005；Gulati，1999；Operti and Carnabuci，2014），企业间关系网络使身处其中的参与者能够快速获得网络中的知识和资源，这是由于知识嵌入于网络之中，同时在网络中的流动和分布是非均衡的，而且具有扩散性，网络中的信任机制也极大地促进了知识的转移、扩散和创造，从而有助于网络中企业知识的获取，因此，从网络嵌入性视角研究企业行为及其绩效表现逐渐成为研究者关注的热点和焦点问题（Baum and Dutton，1996；Gulati，2000）。接下来将主要介绍不同的网络嵌入要素与网络嵌入性差异对企业知识获取的差异化影响。网络嵌入性包括结构与关系两类，这两类嵌入性

具体又包括网络规模、网络密度、网络中心性、联结强度等，这些要素对企业知识获取产生的影响有所不同。

1. 结构嵌入性与知识获取

从结构嵌入性维度来看，企业在网络中占据不同的位置会相应带来有所差异的信息优势，由此导致企业所能获取的知识和资源存在一定差异。一般而言，当占据中心位置、结构洞位置或处于密度大的网络中时，企业能更易于获得信息和资源控制优势，进而推动企业的知识获取和组织学习。"结构洞"位置为企业提供了获取网络信息收益和相对控制利益的位置优势，具体来说，结构洞位置意味着联结多个网络成员，从而有机会获得差异化信息和机会利益，而且由于控制了网络中信息和资源的流动方向和路径，企业获取资源和知识的效率显著提高，从而取得相对控制利益。处于网络中心位置的企业只需较少的直接联结就能到达网络中大多数成员，因此拥有更多通道获取网络资源，特别是信息和知识，因此能更快地获取资源并拥有更好的发展机会。与之类似，桥这一特殊位置由于没有冗余信息、成员接触频率低等特征，因此，能为企业提供更多接触和获取异质知识的机会。

网络整体特征方面，企业所嵌入网络发展水平越高，行业内企业联系较多时，越有利于企业从网络中获取知识，这是由于网络规模和密度较大代表企业间联结关系整体较为密集、彼此接触频率较高，网络中成员数量较多，因此包含了大量拥有异质性资源和知识的成员企业，蕴藏丰富的知识储备。

2. 关系嵌入性与知识获取

从关系嵌入性维度来看，网络成员会通过网络主体间相互联结的关系来获取信息和知识。Granovetter 认为，在知识等资源传递过程中，弱联结比强联结具有更好的效果，这是由于强联结往往是在相似的行动主体间形成的，由此导致通过强联结获取的信息具有较高的同质性，而弱联结分布范围广，行动主体的社会经济特征存在差异，提高了网络的多样性，网络中信息量充足，能够充当跨越社会界限去获取信息或其他资源的桥梁，即弱联结可以充当信息桥（Granovetter，1985，1992）。由此可见，弱联结能避免网络主体间的行为同化和组织刚性的形成，从而更利于新知识的创造，而强联结会使网络主体间彼此行为趋同、相互适应和协同，从而导致知识的同质性提高（Rogers，1980）。虽然弱联结作为信息桥梁和纽带是更发挥帮助企业获取异质性新知识的重要作用，更有利于简单信息和事实知识的共享和传递（VonHippe，1994），但资源并不一定总在弱联结中获取，网络中的知识流动往往发生于强联结之间，强联结与高度信任相关，更有利于技能和隐性知识的获取和传递，还能提升组织间的知识传递效率。这是因为隐性知识与个体观念、经验相联系，难以通过正式渠道远距离传播，只有通过干中学或亲自参与和实践得以习得，而强联结使行动者亲密接触且互相信任，从而有利于隐性知识的流动（王夏洁，2007）。

关于网络嵌入对国际化过程中知识获取影响的研究表明，企业在国际网络中获取和利用经验知识对企业国际化的发展起到了至关重要的作用（Coviello and Munro，1995；Holm 等，1996）。具体而言，国际关系网络能帮助企业获取和吸收特定市场知识（包括国际化商业知识与制度知识）和国际化运作知识（包括国际化专门技术知识和能力以及国际化运作经验等）。其中对特定市场知识的获取需要企业亲自参与东道国当地市场网络，通过设立子公司、在东道国与当地企业联盟等方式嵌入当地网络市场并发展网络关系以获取特定市场知识，而在当地网络的嵌入程度会显著促进跨国企业海外子公司学习和吸收新知识的能力（Andersson，1999）。由于国际市场的经验可以转化为知识并由于国际化相关问题的解决和决策（Richard，2003），对具有基础性作用的国际化运作知识，企业可以通过与国际领先企业建立联结关系，在母国嵌入全球生产网络以获取知识并开展组织学习，但由于这类知识本身所具有的复杂性和经验性特征（Eriksson 等，1997，2000），企业间通常需要构筑强联结。

企业嵌入特定网络中并通过网络获取发展所需知识资源，因此因循网络理论视角，企业国际化本质上可以看作是企业网络的跨国延伸和扩展，是国际化企业在国际市场范围内构建和发展网络关系的过程，并借助网络获取国际化相关知识，积累国际化经验和知识，不断调整自身在国际市场网络中的地位，将企业网络不断向国际市场延伸的过程。虽然不同的企业和行业可以跨越国界形成全球性产业内企业关系网络（Johanson and Mattson，1988），但大多数企业并非一开始就拥有全球性的关系网络，事实上，企业国际关系网络是在国际化知识学习和积累的推动作用下不断形成、发展和动态演化的。

（二）网络嵌入性与企业绩效

1. 关系嵌入性与企业绩效

现有文献从联结关系的强弱角度研究了关系嵌入性对绩效的影响。弱联结优势说以 Granovetter 为代表，他一直认为弱联结更多的个体或网络成员，更容易接触更广的网络，由此，更容易获得高异质性的网络资源、市场知识和信息等，从而更有可能发现有利的机会，提升其竞争优势和绩效；相反，强联结多的个体或成员由于接触或分享的都是高同质性的、甚至是高冗余的信息和知识，从而不利于获得差异性的资源，甚至会阻碍组织决策者对不断变化的环境情形的认知和有效应对，难以创造有利的竞争优势和好的绩效（Granovetter，1973，1974，1983）。Gallunic 和 Moran（1999）对财富 100 强企业的研究发现网络关系强度与企业绩效负相关。Cohen 和 Fields（1999）对硅谷的研究表明，弱联结的力量创造了硅谷技术企业的快速成长。Hakansson 和 Snehota（1998）认为企业在网络中嵌入程度过强时，网络嵌入性可能会对企业绩效起负作用。

相反，Dyer 和 Singh（1998）和 Dyer 和 Nobeoka（2000）认为相比弱联结，强联结更能促进网络中企业与主要供应商的合作与交流，尤其是相互间的信任度高带来隐形知识的共享和转移，就可以形成竞争者难以模仿的异质性资源，从而保证企业的好绩效。Argote（1999）和 VonHippel（1988）强调和主要消费者之间的强联结也是组织创新知识的重要来源。Uzzi（1996）和 McEvily 和 Marcus（2005）都用信任、信息共享与共同解决问题三个维度表征网络联结强度。McEvily 和 Marcus（2005）通过案例研究和234份制造型企业的样本数据分析，研究结果表明网络成员共同解决问题促进了复杂和难以编码的隐形知识的传递，从而有利于企业获取竞争性的能力。Moran（2005）通过对财富100医药公司的120产品和销售经理的相关数据为样本，研究结果表明强联结嵌入性更有利于新产品在过程创新中的管理表现。Guaiman Xu等（2012）通过对5家中国制造型企业的案例研究和228家中制造型企业的样本数据分析，研究发现在国际制造型网络中，中国企业的关系嵌入性通过探索性学习正向影响企业的技术创新绩效。具体说来，企业合作成员间的信任、信息共享和共同解决问题都有利于新知识的获取和应用，从而促进企业的技术创新绩效。Kraatz（1998）通过对230所私立高校的研究发现强联结能够增加与组织间的交流和信息共享，从而减轻不稳定性并促进对环境的适应性。

此外，Uzzi（1997）基于对美国23家制衣企业的深度调查，认为关系嵌入对企业绩效有“倒U型”的影响。他认为强联系在一定程度内可以通过信息共享、信任与共同解决问题等作用机制，有助于企业提升企业的绩效，但过度的关系嵌入则会限制网络成员的视野，从而阻碍绩效的提高。这就是所谓的关系嵌入性的悖论，并不是关系越强越有利于企业竞争力和绩效的提升。

Rowley，Behrens和Krackhardt（2000）综合了强联结和弱联结的观点，认为两者都有利于企业绩效的提高，但要取决企业所处的行业环境的情况。具体以钢铁和半导体行业为例，当行业趋于稳定时，企业倾向利用现有资源，此时，强联结正向影响企业绩效，当行业环境出现动荡时，企业更加倾向获取新机会、新资源，此时，弱联结有利于促进企业绩效的提高。

综上所述，网络的强联系与弱联系对企业绩效的提升都非常重要，企业到底需要建立何种外部联系，需要企业根据自身不同的发展需求和情景，获取有利的异质性资源。

2. 结构嵌入性与企业绩效

关于结构嵌入性对绩效的影响作用，现有文献分别从网络密度、结构洞、网络中心性以及网络中介性（或网络位差）等维度论述和验证，一般认为网络成员处于网络中心位置、网络密度、结构洞都有利于信息和资源的获取，从而以不同方式影响企业的发展机会和绩效的提升（Baum，Calabrese，and Silverman，2000；Coleman，1988；Burt，1992；McEvily and Zaheer，1999；Powell，1998）。

Burt（1992）的结构洞理论认为，企业可以和没有直接联接的企业维持联盟可以获得更高的创新绩效。这种与合作伙伴缺乏直接的联接（结构洞），意味着合作伙伴都是网络中不同的组成部分，他们拥有的异质性信息可能更多，那么焦点企业在异质性信息的交流中可能获得优势，并可能形成创新思想。如此一来，企业拥有更多的网络信息或资源流动的结构洞，便能形成网络中介优势（Brokerageadvantages），赢得竞争优势。换句话说，企业所处的网络越松散，企业就越能通过异质性信息获得中介优势。因此，网络成员不断拓新的结构洞获取新的资源和信息，最终有利于竞争优势的增加。Burt（1992）的这一观点与Granovetter（1985）的弱联系观点类似，两个节点之间的桥梁也是获取有价值资源的关键。

相反，Coleman（1988）认为企业的网络密度越高，其在网络中积累的社会资本越大，越能够促进企业之间的信任与合作，从而正向影响企业绩效。

McEvily 和 Zaheer（1999）研究表明网络非冗余程度越高、地理分散越分散，就越有利于企业获得竞争能力。Powell，Kogut 和 Smith – Doerr（1996）认为网络中心位置能够给焦点企业提供内部成长所需要的关键的信息和资源流，网络中心性同样保持和原有的研发联盟，也能够建立新的研发联盟；通过对近 400 家生物技术新创企业的面板数据回归分析，结果表明网络中心位置能够促进企业的增长绩效。Moran（2005）基于产品和销售经理在网络中的位置，研究发现结构嵌入性对管理销售绩效的影响更大。Zaheer 和 Bell（2005）认为处于高级网络结构中的企业使用内部资源的能力也越强，越有利于企业绩效的改进。

Rowley，Behrens 和 Krackhardt（2000）认为在分析嵌入性对绩效的影响时，需要考虑关系嵌入性与结构嵌入性的交互效应。关系嵌入性与结构嵌入性都对企业当前的经济绩效和未来的合作有直接的影响（Andersson，Forsgren and Holm，2002）。

第二节 组织搜寻理论研究概述

一、组织搜寻内涵

组织搜寻概念最早来源于 Cyert 和 March（1963）所著《企业行为理论》一书，Nelson 和 Winter（1982）提出组织搜索是组织在不确定的环境中为解决问题和发现机会而付出一定代价、比较有计划的可惯例化的过程。组织搜寻的特征表现为一种解决问题的活动，发生于复杂动态的环境中，搜寻是有成本的，可以计划并惯例化（Cyert and March，1963；Nelson and Winter，1982；March and Olsen，1976）。从演化经济学的角度出发，组织搜寻促使技术和知识的重新组合，从而创造多样性、解决问题并适应复杂剧烈的外部环境变化（Cyert and March，1963；Terjesen and Patel，2017；Wu and Wei，2013）。

组织搜寻不仅是一种解决问题的方法（Nigam 等，2016），同时也是一种组织学习方式（Huber，1991）。组织通过搜寻学习和开发新的技能（Makadok and Walker，1996），提高现有技术，从而适应复杂模糊的外部环境（March，1991）。March（1991）区分了探索和开发两种类型的组织学习，开发强调对现有能力的改进与延伸包括一些以“完善、抉择、生产、效率、挑选、实现、执行”等为特征的活动；探索强调对新能力的尝试包括一些以“变化、冒险、试验、尝试、灵活、发现、创新”等为特征的活动。探索和开发的概念已经广泛应用于组织学习、战略革新以及技术创新的研究中，对组织非常重要，保持二者之间适当的平衡是组织生存的重要因素（March，1991）。

经过长期的理论探讨，组织搜寻已经发展成为组织科学、行为科学、演化经济学和组织学习等诸多学科的核心概念，被认为是除内部研发和外部并购外第三条提升组织竞争优势的有效途径（Katila and Ahuja，2002；熊伟等，2011）。学者从不同视角对组织搜寻进行了概念界定，如创新与学习研究领域的学者将跨界搜寻定义为：企业为实现创新的目标创造性整合不同来源的技术知识元素以解决问题的活动（Katila and Ahuja，2002；Laursen and Slater，2006；2014）。

Nelson and Winter（1982）从演化经济学角度出发，根据认知以及搜寻的时间和空间边界将组织搜寻分为本地搜寻和远程搜寻，本地搜寻使得企业聚焦搜寻与自身知识基相似的知识，促进渐进性创新和组织一阶能力（first - order competence）的实现和构建，然而组织搜寻活动具有路径依赖性，长期的本地搜寻易使组织陷入“能力陷阱”和核心刚性，因此组织搜寻研究相关文献发现企业持续竞争优势更多依赖组织跨越本地边界以重组和整合知识的能力，并提出跨界搜寻的概念。跨界搜寻（boundary - spanning search）一词最早可追溯至20世纪七八十年代的组织理论研究中，是指跨越组织边界的搜寻活动，Rosenkopf和Nerkar（2001）引入组织管理研究领域，并将其定义为跨越组织边界和知识基础开展搜寻活动以获取异质性知识的过程。跨界搜寻根源于Nelson和Winter（1982）所提出的远程搜寻概念，但比后者更为清晰和易于操作化（Chen，2003）。类似的概念包括非本地搜寻、探索性搜寻等。跨界搜寻使企业突破路径依赖和既有经验的制约和束缚，又跨越组织、认知、时间、空间等多种边界搜寻和获取多样化和异质性知识，从而克服资源和能力约束以及由此带来的核心刚性，培育组织构建一阶能力的能力，即二阶能力（second - order competence）。

二、搜寻模式

目前知识搜寻的研究涵盖从个体、项目、组织和组织间等不同层面，其中又以组织层面的研究为主，国内外学者从知识基特征、组织边界、技术边界、地理边界、内容属性、时间和联盟网络等多个视角划分了组织跨界搜寻的结构维度，并在此基础上形成了多种类型的知识搜寻模型。

(一) 基于组织—时间边界的搜寻模式

知识搜寻的研究文献表明，不仅企业搜寻和获取组织内部知识和来源于组织边界外部知识的成本和方式存在较大不同，而且不同来源的知识对企业创新绩效的影响也有所差别，更重要的是不同类别的知识也会以不同方式影响企业技术能力及其提升（Nerkar，2003）。与此同时，从时间维度区分的新旧知识同样无法脱离组织边界和空间而独立加以界定，其与创新绩效的关系也并非简单的线性相关关系，为此，Katila（2002）基于时间边界区分了新旧知识，从组织边界维度区分了组织内部知识，产业内竞争者知识和产业外知识三种类型，并组合组织和时间边界共划分了六种不同类型的搜寻策略（如图 2. 1 所示），在此基础上探讨不同类型的搜寻策略对新产品开发的差异化影响作用，实证研究结果证实，搜寻组织内知识对新产品开发的作用呈现倒 U 型曲线关系，对竞争者旧知识的搜寻使得企业不断处于追赶的不利地位，从而有损新产品研发，而由于产业外竞争者旧知识与企业自身现有知识基础能形成知识类型互补和学科交叉，因此有利于推动企业创新活动的开展。

新知识	内部新知识	竞争者新知识	产业外新知识
旧知识	内部旧知识	竞争者旧知识	产业外旧知识
	组织内部	产业内（竞争者）	产业外

图 2. 1　Katila（2002）基于组织—时间边界对搜寻策略的分类

(二) 基于组织—技术边界的搜寻模式

研究者逐渐意识到技术知识对创新的影响会因类型属性和组织边界的差异而有所不同，因此 Rosenkopf 和 Nerkar（2001）从组织—技术边界角度考量了四种不同类型的知识探索活动（如图 2.2 所示）对产业内技术演化的影响，研究采用行业专利引用数据进行分析，结果表明组织边界内搜寻行为（本地搜寻和内部边界搜寻）只会对后续技术发展产生较低程度的影响作用，外部边界搜寻（即跨越组织边界但未跨技术边界）对行业内后续技术发展影响最为显著，对行业外后续技术演进影响作用最大的搜寻策略是激进式搜寻（即同时跨越组织和技术边界的搜寻策略）。

	组织内部	组织外部
相近技术	本地搜寻	外部边界搜寻
非相近技术	内部边界搜寻	激进式搜寻

图 2.2　Rosenkopf 和 Nerkar（2001）基于组织—技术边界对搜寻策略的分类

（三）基于技术地理边界的搜寻模式

企业对认知距离较远的知识开展搜寻活动能有效提升知识基础的广度，获取和吸收多种创新性思维和观点，从而有利于创新活动的开展。不同国家或区域环境下所产生的技术知识具有地域性特征，因此其发展和演变路径也存在差异，不同地理范围的特定类型技术知识必然存在差别（Phene 等，2006），在知识搜寻的作用下会与企业现有知识基础产生碰撞从而激发出多样化和新颖性的想法，从而对创新绩效产生差异化的影响作用。为此，Phene 等（2006）基于技术—地理边界组合视角区分了四种类型的搜寻模式（如图 2.3 所示）并探讨其对创新绩效的不同影响，实证研究结果证实，对国内非相似技术知识的搜寻与突破性创新间呈现倒 U 型曲线关系，国外相似技术知识搜寻正向作用于突破性创新，从而验证了技术和地理情境下的知识搜寻模式差异对创新绩效的不同影响。

地理边界 \ 技术边界	相似技术	非相似技术
国外	国外相似技术	国外非相似技术
国内	国内相似技术	国内非相似技术

图 2.3　Phene 等（2006）基于技术—地理边界对搜寻策略的分类

（四）搜寻时机

与上述从组织、时间、技术、地理等边界的组合来探讨知识搜寻模式的研究相比，搜寻时机的选择需要考虑更多环境方面和时间方面的动态变化。在信息对称的假设前提下，彼此独立的企业为解决某一特定问题各自开展组织间的知识搜寻活动，因此搜寻行为表现为平行搜寻，不会出现由于搜寻时机的差异而导致先动优势的情况（陈君达和邬爱其，2011），但国际市场环境的动荡性、竞争形势的复杂化和竞争者的多元化等因素使信息不对称成为常态，此时平行搜寻的概率不断降低，由于搜寻时机选择导致的先动优势客观存在。为此，企业为获取创新活动所需的资源和知识，必须力图在市场竞争环境中合理选择搜寻时机、搜寻内容以及具体的搜寻策略，才可能最大限度获取领先于竞争对手的市场和技术知识（Boudreau-etal，2008）。针对搜寻时机方面的研究，Katila 和 Chen（2008）认为组织搜寻本质上可以认为是一种学习竞赛，企业可以在领先搜寻、追赶搜寻和同步搜寻三种搜寻时机中做出选择，而三种时机均是相对于企业的竞争者而言的，其中最后一种选择属于平行搜寻，企业可以根据对竞争者搜寻策略选择的判断做出自身搜寻时机的选择（如图 2.4 所示），该研究采用机器人产业这一高科技行业的数据进行分析，结果表明，同步/平行搜寻并不利于企业的创新活动，而追赶搜寻能帮助企业推出更多新产品，领先搜寻有助于企业开发出更具新颖性和创新性的新产品。

本企业＼竞争对手	未搜寻	探索	开发
开发	本企业独自开发	竞争对手后期探索 领先	同步开发 同步
探索	本企业独自探索	同步探索	本企业近期探索 追赶
未搜寻	—	竞争对手独自探索	竞争对手独自开发

图 2.4　Katila 和 Chen（2008）基于搜寻时机对搜寻策略的分类

三、知识搜寻的影响因素

知识搜寻影响因素的研究有助于理解和回答企业为何采取特定的搜寻模式和策略，而且尽管已有大量研究证实了知识搜寻与企业绩效的关系，但关于知识搜寻的前因研究一直处于相对匮乏的状态（Enkel 等，2009），以下将从组织内部、外部环境两个层面展开分析。

（一）组织因素

在外部环境相同的情况下，企业可能会选择不同的知识搜寻模式，或出现某些企业开展外部知识搜寻，另外一些企业着重内部知识重组和创造的情况，这主要是源于组织内部因素和特征的差异，接下来将对影响企业实施知识搜寻的组织因素展开详细论述。

1. 吸收能力。吸收能力是指企业获取、消化、转换和应用知识的能力（Cohen and Levinthal，1990），而组织内部研发投入是提升吸收能力的重要途径和表征，吸收能力有助于提升企业对外部环境的感知和学习，强化组织学习能力，促进外部知识搜寻，反过来知识搜寻帮助企业进一步提高自身吸收能力，因此吸收能力的不同水平会导致企业知识搜寻深度和宽度的差异（Rothaermel and Alexandre，2009）。

吸收能力（Fabrizio，2009；Drechsler and Natter，2012）、内部研发密

度（Mol，2005；Cassiman and Veugelers，2006）以及企业知识基础宽度和深度（Zhang and Baden - Fuller，2007；2010）密切相关，三者都有助于企业对外部信息的识别和获取利用，提升外部技术搜寻的有效性（Vega - Jurado 等，2009），显著影响企业外部知识搜寻。Fabrizio（2009）通过对制药和生物技术公司面板数据的分析发现，对吸收能力的投资将显著提升企业汲取外部技术成果的能力，提高外部创新搜寻的质量和速度。Freeman（1991）认为拥有研发部门的企业会更多地使用外部知识来源。内部研发活动越多的企业会采用更多的外部联系作为知识来源，如通过股权、技术购买、合同、非合同协议和并购等形式来获取技术（Arora and Gambardella，1990；Lowe and Taylor，1998）。Mol（2005）对荷兰制造业的研究也证实了身处高研发密度行业的企业会更加依赖外部技术供应商。Zhang 和 Baden - Fuller（2010）对 78 家企业的 1550 个联盟关系的研究发现，企业知识宽度会促使企业更多地使用联盟关系，而知识深度会负向作用于企业采用联盟关系的倾向。Drechsler 和 Natter（2012）研究认为，当企业缺乏技术和市场信息时，其开展开放式创新的可能性相应降低，这是由于企业需要一定的知识积累作为理解和识别外部合作伙伴知识的前提和基础，企业缺乏研发知识将难以吸引和识别合作伙伴和创新机会，因此企业自身知识禀赋对知识搜寻具有重要的影响作用（Dahlander and Gann，2010；Cohen and Levinthal，1990）。

2. 组织资源。组织资源是与企业研发活动相关的资源和能力的总称，与知识搜寻活动密切相关。学者对组织资源与知识搜寻间关系的看法不尽相同。部分学者认为拥有组织资源越多的企业开展知识搜寻的可能性越低，而是倾向借助内部资源来实现组织绩效提升（Bourgeois，1981）。虽然外部知识搜寻有助于克服非本地发明症，但技术资源和实力强的企业可能对自身所拥有的所在领域知识过分自信而排斥来自组织外部的创新想法（Katz and Allen，1982）。从技术和财务等组织资源角度探讨企业外部知识搜寻的研究得出了较为一致的结论，拥有丰富的技术资源代表企业储备了可供利用和配置的技术、研发设施和人员，会负向影响其外部知识搜寻以获取外部创新想法和技术的可能性（Jones 等，2000）；而企业财务资源匮乏时企业更倾向开展外部创新活动以借助合作分担创新投入的成本和风险（Chesbrough，2007；Drechsler and Natter，2012），且不会制约企业寻找外部合作伙伴，但企业并不会因为技术资源不足而强化对外部知识的利用（Drechsler and Natter，2012）。由此可见，当企业在内部遭遇与风险、资源和能力相关的创新阻碍时，选择通过外部知识搜寻开展开放式创新活动的概率相应提高（Keupp and Gassmaim，2009）。

此外，还有部分学者认为组织资源会促使企业开展知识搜寻，这是由于外部搜寻可能会遭遇失败和风险，而组织资源有助于消弭风险对企业的影响（Levinthal and March，1993；Sidhu 等，2004；Nohria and Gulati，1996），而且搜寻本身也是要消耗资源的。Geiger 和 Makri（2006）对 280 家技术密集型企业进行的面板数据分析表明，易获得冗余资源会提高组织对外部科学知识搜寻的可能性，但可恢复冗余资源会降低这一可能性，但会提高技术搜寻的宽度。

3. 组织结构。组织结构是指员工间以及业务单元间在任务、权责方面的划分和沟通方式。Burns 和 Wholey（1993）将组织结构分为机械式和有机式两种类型，其中机械式组织结构适用身处稳定状态的企业，表现为复杂性程度较低、权力集中程度和规章制度正规化程度较高，与之相反，有机式组织结构更适用动荡或难以预测环境中的企业，表现为复杂性程度较高、权力集中程度和正规化程度较低。已有研究探讨了组织结构对企业搜寻行为的影响作用，如 Jansen 等（2006）基于金融服务业的数据研究结果显示，在位企业通常偏好机械式组织结构，强调通过组织惯例和规则的运用开发现有知识的价值而非搜寻新知识，而新进企业更倾向采用有机式组织结构，更重视新知识的探索。Siggelkow 和 Levinthal（2003）研究发现组织结构是影响企业搜寻过程的重要决定因素，Zhang 等（2007）的研究结果表明，研发组织结构集中化程度正向影响企业开展外部合作的可能性。

4. 企业文化。企业通过组织文化向员工传递愿景、使命和目标，并影响企业知识搜寻活动（Albert 和 Whetten，2004）。企业文化通过员工的工作方式、价值观、信念、经验等得以表现出来，OReilly 和 Chatman（1996）根据企业与环境的沟通程度将企业文化分为开放式文化和封闭式文化，其中开放式文化促使企业与外界互动交流，推动创新活动和知识搜寻的开展（Sidhu，2004）；而封闭式文化会制约企业与外部环境的接触，企业更注重对现有知识的开发利用，对外部环境的响应性较弱，特别是当知识搜寻无法与企业文化保持一致时，企业及其员工会产生回避和抵触行为（Andriopoulos and Lewis，2009）。

5. 企业年龄和企业规模。处于不同生命周期的企业会采取不同的知识搜寻策略，如成长期的企业亟须扩张市场，提高市场份额和占有率，因此需要借助知识搜寻来提供创新产品和服务以吸引消费者（Stinchcombe，1965），而处于成熟期和衰退期的企业已经形成了较为固定的消费群体，因此倾向开发原有产品和服务以降低风险和成本，从而在一定程度上限制知识搜寻活动（Benner，2007）。而有关企业规模和知识搜寻关系的研究尚未取得一致的结论，有些研究认为企业规模越大，企业越可能陷入惰性和路径依赖，越可能遵循原有的技术路线和轨迹，从而制约企业借助外部知识搜寻利用外部创新机会（Rothaermel and Deeds，2004）。而其他研究认为，规模越大的企业拥有更多的组织资源用以支持企业开展知识搜寻。

6. 管理者特性。管理者的风险偏好、受教育程度等特性都会对知识搜寻活动产生影响。偏好风险的管理者倾向于通过探索性知识搜寻尝试新的机会，有利于企业实现突破性创新和长期利益，而具有风险厌恶特性的管理者更可能采取开发性方式搜寻与企业已有知识基础相似的外部知识，以降低外部新知识搜寻的风险和成本，在短期内为企业创造稳定的收益和回报（Lewin 等，1999）。Classen 等（2012）的实证研究表明，CEO 的受教育程度、高管团队非家族化比例及其教育背景的多样化能显著促进企业广泛开展外部知识搜寻，而家族企业倾向采取范围较窄的搜寻活动。

7. 创新目标与创新战略。企业所选取的创新目标和创新战略也会对其知识搜寻活动产生影响（Cassiman and Veugelers，2006；Lichtenthaler and Ernst，2009）。Lichtenthaler 和 Ernst（2009）的研究发现，当企业战略立足于发掘、保持和开发突破性创新技术时，企业倾向在组织内部开展研发活动，而非进行外部知识搜寻以获取新知识。Hamd 等（1989）的研究证实研发成本越高，企业越依赖外部知识源的联盟合作关系。Lampert 和 Semadeni（2010）对制药企业的调研显示，采取离岸外包或与合作企业共同研发等研发方式开展低成本战略会促使企业进行探索性知识搜寻。罗芳（2012）也认为企业战略会对知识搜寻产生重要影响作用，其中成本领先战略会提高企业搜寻的深度而降低搜寻宽度。

8. 搜寻经验。搜寻经验是指企业以往进行外部知识搜寻的程度，会直接影响企业现在和未来的搜寻活动（吴晓波等，2008）。Roberson and Gatignon（1998）认为，以往成功的搜寻经验不仅能帮助企业积累知识，还导致企业不断强化这种搜寻行为以降低使用搜寻所得知识过程中的不熟悉和不确定性，从而推动企业更加广泛和深入地利用外部知识源，促使企业搜寻与既有知识基础相类似的知识（Lavie and Rosenkopf，2006）。由此可见，企业的知识搜寻取决于以往搜寻经验和正在采取的搜寻策略，而这也导致企业在开展创新时的路径依赖。在 Laursen 和 Salter（2006）分析搜寻策略对创新绩效影响的研究中，他们提出以往的搜寻经验会对企业的知识搜寻策略产生影响作用，但并未展开实证检验。Roberson 和 Gatignon（1998）的研究证实，虽然以往联盟的数量越多，企业新建联盟的概率越低，但过往成功联盟的经验却会推动企业新建联盟。Levinthal 和 March（1993）认为，企业会将外部获取和内部创造的有关市场、技术、产品等的知识和信息存储在知识库中形成自身的知识基础，而当需要进行外部知识搜寻时，企业会主动参考以往的搜寻经验。

9. 知识属性。在知识搜寻研究中的知识属性主要包括知识默会性、技术复杂性、异质性和新颖性等，这些属性均会影响知识在组织边界传递的效率和速度（Zander and Kogut，1995）、知识的多样性和新价值（Lee 等，2010），因此是知识搜寻的重要影响因素。郭京京（2011）对中国制造企业集群样本的研究表明，知识默会性会促进企业在外部知识搜寻的深度，但与知识异质性的影响作用一致，都会负向影响外部知识搜寻的广度。

Laursen 和 Salter（2006）的研究提出，不同行业技术复杂性的差异导致知识搜寻的深度和宽度存在较大差别，如化工和电子行业的搜寻宽度和深度远高于金属制品行业。Bonesso 等（2011）针对新产品开发项目的研究结果表明，由于外部搜寻和技术获取能帮助企业获得大量异质性的、创新性的想法和知识，促进企业内部发散性想法的产生和形成，因此技术新颖性和异质性会促进企业开展外部技术获取活动。此外，随着技术发展和跨学科合作融合的趋势，企业迫切需要进行开放式创新，在新产品开发时加强与外部伙伴的合作，汲取知识和技术以提高研发效率，降低研发风险和成本。

（二）环境因素

外部环境特征主要是指企业所处的宏观环境和创业环境的特征及其变化包括市场竞争和需求的变化、技术趋势、行业特征等，以往研究认为环境动荡性和技术机会都会作用于企业知识搜寻（Cohen and Levinthal，1990），产业经济学的研究表明不同产业的创新存在差异，具体表现在创新特征、主体、主体间关系等方面（Malerba，2015），而且不同产业的技术密度、技术体制等均存在较大差异，这些外部环境特征都在一定程度上作用于企业知识搜寻策略的选择和实施。接下来将从环境动荡性、市场竞争强度、技术机会、技术独占性、技术生命周期、行业技术特性等方面考察外部环境因素对知识搜寻策略的影响。

1. 环境动荡性。环境动荡性主要是指由于技术和市场需求变化导致的环境变化的速度和程度，反映了技术和市场需求发展方向和趋势的可预测程度，一般可用频率、速度、程度、可预测性等维度加以衡量（Wholey and Brittain，1989）。动荡的技术和市场环境使企业提供的产品和服务无法满足市场需求，迫使企业进行创新以适应动荡环境的需要，而产品和服务创新要求企业从外部获取新知识，因此会推动企业开展外部知识搜寻（Jansen 等，2006；Sidhu 等，2004）。以往研究表明，环境动荡性特别是技术动荡性越高时，企业面临更高的技术风险和成本，因此倾向采取外部搜寻的方式获取技术或通过合作研发来消弭风险，市场需求的不确定性会提高企业进行开放式搜寻的可能性（Drechsler and Natter，2012），而技术动荡性会促使企业开展外部技术搜寻、建立技术联盟以整合大量的外部知识（Lowe and Taylor，1998；Roberson and Gatignon，1998）。此外，文献还指出环境动荡性与具体知识搜寻策略的关系，当面临动态变化的外部环境时，企业会倾向通过知识搜寻提升自身吸收能力，因而搜寻活动表现为效率低、范围广和灵活性强等特点，而在相对稳定静态环境下的搜寻活动则与之相反（Van den Bosch 等，1999），如 Laursen 和 Salter（2006）指出环境动荡性与技术机会都会影响企业知识搜寻策略，当外部环境动荡性较高时，技术和市场方面均存在大量不确定性，企业选择收购或合资等高承诺方式获取外部技术的可能性降低，而是转而采取更加灵活的搜寻方式和策略。Van de Vrande 等（2006）实证检验了环境动荡性与技术搜寻治理模式选择的关系，研究发现，环境动荡性越高，企业采取层级治理模式的可能性越低。此外，还有一些研究表明，外部环境动荡性较高（Van de Vrande 等，2009a），或在技术开发的早期阶段（Vanhaverbeke 等，2002），企业采取技术联盟方式具有更高的灵活性，而且使得合作企业间共同承担技术研发风险和成本，因此是更优的搜寻策略，而当技术投资不确定性较低时，企业采取并购等方式获取技术具有更大的优势（Folta and Miller，2002）。

然而，还有一些学者持相反的观点，他们的研究认为，环境动荡性越高，企业跨组织边界知识搜寻的交易成本会迅速提高，此时开展内部研发才是最优的选择（Cho and Yu，2000）。而且持续的环境动荡和变化会加速旧知识的贬值速度，也会在一定程度上降低外部知识搜寻所获取的新知识的价值（Posen and Levinthal，2012）。

2. 竞争强度。竞争强度是指由于企业所处外部环境中竞争者的存在以及资源有限所致的企业可能需要面对的生存威胁。现有文献对于竞争强度与知识搜寻的关系并未取得一致结论，一些研究认为高竞争强度的市场条件下，企业难以仅凭借现有产品和服务获得竞争优势，因此需要加快产品创新的速度以赢得市场和顾客，因此会推动企业开展外部知识搜寻，如Roberson 和 Gatignon（1998）的研究证实在低增长率的市场中，相比内部研发，企业更依赖技术联盟来获取外部知识。Voss 等（2008）针对非盈利行业的研究结果表明，竞争威胁和环境变化会推动企业进行知识搜寻以改善和提高顾客关系管理能力。Chesbrough（2007）提出应整合外部知识和创新以降低从新产品开发到最终推向市场的时间。另外还有学者对此持不同意见，他们认为处于高竞争强度的市场环境中，即当存在较多的竞争者时，为推动创新而开展的合作存在技术和知识外溢的可能性，企业可能需要面对技术被模仿甚至失去核心技术的危险，因而为保持核心竞争力企业可能会减少外部知识搜寻活动（Pisano，1990）。吴晓波等（2008）的研究证实市场竞争激烈时企业会降低知识搜寻宽度，而强化知识搜寻深度。Drechsler 和 Natter（2012）的研究表明，竞争强度负向影响企业外部知识搜寻，也就是说当产品面临被竞争对手大量模仿的风险时，企业倾向减少开放式搜寻以避免核心技术和竞争力受损。

3. 技术机会。技术机会用时间和成本来表征创新的难易程度，不同行业的技术进步速度和难易程度存在差异，投入同样的资源用以研发所得的创新产出也有所不同，因此某些行业中技术进步较另一些行业而言更为容易实现。外部环境中可得技术机会的丰富程度会对企业知识搜寻策略产生重要影响（Nelson andWinter，1982；Cohen and Levinthal，1990；Levinthal and March，1993），Laursen 和 Salter（2006）的研究认为外部知识源的多样化程度会影响企业的知识搜寻活动，外部知识、技术、创新机会和想法的可得性越高，企业越易于借助外部知识源获取创新所需的知识和技术，从而提升企业创新绩效，反过来也会进一步推动企业实施外部知识搜寻活动以获得更多外部知识来源。Klevorick 等（1995）提出，当行业中存在大量技术机会，或其他企业大量投入技术研发时，企业自身应对外部知识源展开更加广泛的搜寻活动，而当行业中技术机会较低或其他企业的投入水平处于中等水平时，企业将更加依赖内部研发而非外部知识搜寻。吴晓波等（2008）认为，外部知识越为丰富意味着企业可以获取遍布于多个知识主体和来源的多样化和异质性的新信息，从而推动企业在更加广泛的范围内搜寻知识。

4. 技术独占性。也称创新保护，是指外部环境对企业的创新成果，如专利技术、商业秘密、特殊工艺等进行保护，使企业能够从中获利并确保专利保护期内其他企业无法模仿，具体途径不仅包括品牌、商标、专利注册等正式的知识产权保护方式，还包括保护商业机密、恰当选择新产品发行时间等战略性保护措施，这些方式都能有效地防止产品和技术被竞争者模仿（Teece，1992）。技术独占性/创新保护或知识产权保护机制水平的高低，对企业的外部知识获取和开放式创新策略都具有显著的影响作用（Chesbrough，2006；Drechsler and Natter，2012）。这是因为在企业开放式创新或知识分享过程中可能会面临合作伙伴采取机会主义行为的风险（Wanga 等，2008），企业知识产权或其他创新成果可能被其他企业加以利用（Dahlander and Garm，2010），所以技术独占性/创新保护能降低产业知识溢出水平，企业要获得合作伙伴的默会知识只能通过建立技术联盟或其他合作开发方式（Hagedoom，1993）。Cohen 和 Levinthal（1990）的研究认为，外部环境技术独占性越低越会促使企业开展内部研发以提升吸收能力，进而提高获取产业溢出知识的能力。技术独占性较低时企业难以保护自身创新成果，因而创新意愿降低，企业倾向选择在内部重复开发利用旧知识，而非开展外部知识搜寻（Teece，1986）。相反，高技术独占性会推动知识搜寻，Drechsler 和 Natter（2012）的实证研究表明，无论是战略性的创新保护举措，还是知识产权保护方式都会对企业实施开放式创新发挥促进作用。

5. 技术生命周期。现有文献主要关注技术生命周期对具体知识搜寻策略的影响，但得出的研究结论并不一致。Madhok（1997）提出，在技术生命周期早期，一项技术的发展前景仍具有较高程度的不确定性，企业及其所处行业对该技术的价值也难以估计和预测，因此企业会倾向于采取内部研发的方式，而当该技术发展至生命周期中期阶段时，企业将采取合作研发的方式获取并创造知识，而到后期技术已经非常成熟，内部研发的意义不大，所有外部技术购买成为企业获取知识的主要方式。而 Laursen 和 Salter（2006）认为，产品生命周期之初，企业主要从有限的知识来源获取创新想法，如大学、用户、供应商等（vonHippel，1988），会实施深度搜寻，而之后的阶段，企业扩大对创新知识源的搜寻范围，因此注重宽度搜寻。而吴晓波等（2008）的观点与之相左，他们认为在技术生命周期初期阶段，企业尚未明晰创新和研发方向，需要引入大量的新想法、新观念和新知识，因此会选择宽度搜寻，而在后期，由于企业需要应对组织内部工艺创新的需求，因此会倾向选择深度搜寻与特定知识源（如供应商、工程师等）保持密切联系和合作。

6. 行业技术特性。行业技术特性的差异也会引发企业选择不同的知识搜寻策略。根据经济合作与发展组织（OECD）按引发强度对行业进行的区分，研发强度大于5%的行业称为高技术行业，否则则被称为中低技术行业（Vega－Jurado 等，2009）。处于高技术行业的企业进行技术知识搜寻的可能性更高，而中低技术行业的企业则多开展市场知识搜寻（Grimpe 和 Sofka，2009）。

四、知识搜寻与创新和组织绩效的关系

随着学术界对知识搜寻影响作用研究的日益深化，越来越多的研究者开始在考虑知识搜寻影响因素或情境因素的条件下探究其对企业创新和绩效的影响作用，如考察环境动荡性、竞争强度等外部环境因素对知识搜寻策略与企业创新活动或与组织绩效关系的影响作用等。因此接下来将分别从不考虑知识搜寻情境因素和考虑情境因素两个方面来阐述知识搜寻策略对绩效的影响。

（一）不考虑知识搜寻情境因素的研究

综观现有探讨知识搜寻与创新关系的研究文献，核心议题是基于不同维度划分知识搜寻策略的类型并分析其对创新和组织绩效的影响（如

Rosenkopf and Nerkar，2001；Anuja and Lampert，2001；Katila and Ahuja，2002；Phene 等，2006；Sidhu 等，2007；郭国庆与吴剑峰，2007 等）。

基于知识搜寻方向或所搜寻知识的类型区分知识搜寻策略类型及其对创新活动的作用，市场知识和技术知识是其中最为重要的两个搜寻方向（Sofka and Grimpe，2010）。Henttonen 等（2011）不仅根据知识搜寻方向将搜寻策略区分为市场驱动型和科学驱动型，而且还从知识内容的角度进一步增加了中介服务驱动型和一般知识驱动型两种类型，研究发现只有中介服务驱动型搜寻对企业创新绩效产生了正向显著影响。Khler 等（2012）根据知识来源/知识类型的不同区分了三种类型的创新搜寻策略，即科学驱动型、市场驱动型和供应商驱动型搜寻，而且研究发现前两种类型对企业推出创新性产品具有显著的促进作用，但市场驱动型搜寻由于过分关注顾客的现实需求和偏好，主要对渐进性产品创新发挥积极影响。

基于空间边界和技术边界区分知识搜寻策略类型及其对创新活动的作用。Ahuja 和 Lampert（2001）基于行业专利数据探讨了企业对新兴的、新颖的和全新的技术的探索对突破性创新的影响作用，研究结果证实三种类型的探索行为均有助于企业的突破性发明。Rosenkopf 和 Nerkar（2001）从组织边界（知识空间距离）和技术边界（知识认知距离）两个维度区分了四种类型的知识搜寻策略，并采用行业专利数据作为度量指标分析和检验了知识搜寻活动对产业后续技术演化的作用，研究结果表明，组织边界内的搜寻活动（包括 local 和 internal boundary - spanning 两种类型）会对后续技术演化产生较低影响，而组织边界外技术边界内（external boundary - spanning）的探索活动对产业内后续技术发展影响最为显著，相比而言，当企业同时跨越组织和技术边界（radical）开展知识搜寻的探索活动时，是四种知识搜寻活动中对产业外后续技术发展影响最大的一种策略。Phene 等（2006）从技术和地理边界两个维度划分了四种不同类型的知识搜寻策略并检验其分别对突破性创新的影响作用，遵循 Rosenkopf 和 Nerkar（2001）采用行业专利数据作为度量企业搜寻策略的方法，研究结果证明，搜索国内来源且不熟知的技术知识对突破性创新的影响呈倒 U 型，而在国际范围内搜寻企业熟知的技术知识会显著促进企业的突破性产品创新，同时指出虽然跨越技术边界和地理边界的搜寻能为企业知识基础带来更为新颖和多样化的创新知识，但搜寻和吸收应用这些知识也需要企业付出大量的成本。Schoenmakers 和 Duysters（2010）针对 EPO 专利引用的研究也得出了与 Phene 等（2006）相似的研究结论。Ahuja 和 Katila（2004）同样使用专利数据测度企业搜寻行为，立足挖掘企业资源异质性的形成基础，基于科学 - 技术边界和地理边界区分创新搜寻活动的类型，数据分析结果显示，科学搜寻与地理搜寻均与创新间存在倒 U 型作用关系。

基于内容属性和时间维度区分知识搜寻策略类型及其对创新活动的作用。Katila（2002）检验对来自组织内部的知识、外部知识与竞争者知识三种不同类型和属性知识的搜寻活动如何影响创新绩效，研究结果证实对外部旧知识的搜索会推动产品创新，而来源企业内部的知识搜索却会以倒 U 型曲线关系作用于创新绩效，同时企业不应搜索来自竞争者的旧知识以免有损于企业创新。Nerkar（2003）基于新知识创造的视角，探讨了企业搜寻近期知识和跨时间的长期知识的不同策略，并提出对前者属于探索性而后者属于开发性搜寻，两种搜寻行动与知识创造和企业创新活动间呈线性曲线关系，二者的交互作用（即二者间彼此平衡和协调时）能显著推动知识创造。

基于知识搜寻特征维度，即知识搜寻的宽度和深度来区分知识搜寻策略类型及其对创新活动的作用（Ferreras - Mendez et al.，2015）。Katila 和 Ahuja（2002）从知识搜寻特征出发，探讨了企业知识搜寻对新产品创造的影响作用，研究结果表明，搜寻宽度显著促进了产品创新，而搜寻深度与产品创新间表现倒 U 型曲线关系，二者交互作用正向影响新产品创造。前述研究结果都是以行业专利数据或专利引用来表征知识搜寻策略，Laursen 和 Salter（2006）的研究引入问卷调查的方式，由被调查者根据所在企业创新活动及其过程中涉及的外部知识来源情况对问卷中所列举的知识来源进行打分，通过跨行业的调研量表对知识搜寻与创新绩效的关系问题进行了研究，结果发现，跨界搜寻的深度和宽度起初都会对创新绩效产生显著的正向影响，之后随着企业搜寻深度（9 个外部知识来源）或宽度（11 个外部知识来源）的扩展而逐渐呈现负向影响作用。陈钰芬和陈劲（2008）认为对不同类型的企业而言，企业开放程度与创新绩效的关系有所差异，具体而言，科技驱动型企业的开放宽度和深度对创新绩效的作用呈现促进作用，但到达一定临界点后又产生不利影响，也就是说需要平衡二者间关系，而经验驱动型企业中，企业开放程度会显著促进创新绩效。

（二）考虑知识搜寻情境因素的研究

现有文献聚焦于考察外部环境因素中的环境动荡性和竞争强度，以及组织层面的知识基础和研发投入等情境因素作用下的知识搜寻与创新的关系。Auh 和 Menguc（2005）考察了竞争强度对知识搜寻与绩效关系的调节效应，研究结果表明，探索性搜寻正向作用于长期绩效，而开发性搜寻促进企业短期绩效，竞争强度对于防御型企业的探索性搜寻和长期绩效关系具有正向调节作用，对探索型企业的探索性搜寻与长期绩效关系发挥了负向调节效应，同时正向调节开发性搜寻与短期绩效的关系。Sidhu 等（2007）区分了供给端、需求端和地理空间三种不同类型的跨界搜寻策略，并引入环境动荡性作为调节变量，采用跨行业的大样本调查数据考察不同类型跨界搜寻对技术创新的影响作用，研究结果证实，外部市场环境动荡性较高时，供给端跨界搜寻会促进技术创新，而需求端跨界搜寻不利于创新，但当外部环境动荡性低时，上述的影响效应均相反，但地理空间维度的跨界搜寻对技术创新的正向作用并未因环境因素的不同而有所差异。

郭国庆与吴剑峰（2007）采用专利数据验证了技术探索与创新绩效的正向作用关系，并证实了现有知识基础（知识宽度和知识深度）对二者关系的调节效应。Sofka 和 Grimpe（2010）将搜寻策略区分为市场导向型和技术导向型，并探讨企业研发投入和外部技术环境对搜寻策略与企业绩效关系的影响作用，研究结果证实，研发投入与市场导向型搜寻的交互作用会显著推动企业绩效提升，而外部环境技术水平越高，技术导向型搜寻与绩效的作用关系越为显著。

第三节　组织双元性理论

一、探索与开发的提出与内涵

自20世纪七十年代开始，组织的发展日益受到自身有限的能力与资源的束缚和制约，往往在开拓市场和研发新产品等经营活动时面临两难困境，企业需要在利用现有能力和知识进行开发性创新（Explorative innovation），与构筑全新能力以推动探索性创新（Exploratory innovation）两者间做出权衡和取舍。Abernathy and Clark（1985）最早在美国汽车产业中发现了“生产率悖论”，即企业无法同时兼顾组织柔性和标准化，而柔性和标准化又会对企业市场率发挥不同程度的影响作用。直到1976年Duncan第一次提出双元性组织（Ambidexterity Organization）的概念，认为组织应同时兼顾和具备探索与开发两种不同类型的能力。

March（1991）首次提出探索与开发的概念，并将组织开发现有知识与探索潜在能力界定为两种彼此矛盾又无法互相替代的组织学习行为，其中探索涵盖诸如搜寻、风险承担、实验、变革、柔性、创新等行动和涵义，而开发包括诸如优化、抉择、生产、效率、挑选、实施、执行等事务。根据Levinthal和March（1993）的观点，探索活动能够产生新的知识，而开发活动为优化及使用现有活动提供支持。早期的研究指出“在探索和开发活动之间寻求适当的平衡是系统得以存活和繁荣的基本因素”（March，1991），并强调这种平衡对企业绩效产生的正向作用。可见企业面临来源于开发现有能力和探索新能力之间矛盾的挑战（Vera and Crossan，2004），不仅需要在新兴市场背景下开发与新产品和服务有关的新知识，也需要利用现有能力与开发现有产品和服务（Danneels，2002）。以往文献认为，成功的组织都是双元性的（Duncan，1976），通过革命和进化（Tushman and O' Reilly，1996），或探索性和开发性创新（Benner and Tushman，2003，Jansen等，2006）形成竞争优势。实现长期成功需要一种动态能力，它使公司可以在满足当前需求的同时为未来的发展做准备（Gibson and Birkinshaw，2004），通过平衡创新需要和适应环境变化，同时改善和扩展现有流程和技术来确保长期成功（March，1991）。随后越来越多的国内外学者结合组织进化、组织情境、动态能力、社会网络、矛盾思维、战略联盟等理论视角对双元性理论进行了进一步延伸，逐步形成了多元化的研究视角（凌鸿等，2010），并拓展出了矛盾思维视角、网络关系视角等多个研究领域（Bechman，2006；Simsek，2009）。

然而学者也就组织双元性（同时进行新能力的探索和现有能力的开发）对长期成功而言关键但也难以实现达成共识（He and Wong，2004，Lubatkin等，2006）。探索和开发需要完全不同的、不一致的架构和能力，涉及不同的组织学习（e. g.，Argyris and Schön，1978，Benner and Tushman，2003，Eisenhardt and Martin，2000），需要矛盾的组织结果和过程（Smith and Tushman，2005），这最终需要为资源展开竞争，导致紧张和取舍（March，1991；2006）。探索通常与新兴市场和业务、适应性、有机结构、灵活性、权力下放、宽松的文化和路径创新等相联系，使得企业发现并探索新的机会、技术、市场和能力，凭借变革和创新实现长期发展，而开发通常与现有市场和业务、一致性、机械结构、稳定性、效率、中心性、紧凑的文化和路径依赖等相关，有助于企业充分发挥和挖掘现有知识、市场、技术、产品和能力以提升效率并最大化短期收益（Benner and Tushman，2003）。

二、探索与开发的关系研究

探索与开发需要遵循不同的逻辑，因此需要的战略和结构也相应有所差异，由此二者产生的张力引起了学术界的广泛关注（奉小斌和陈丽琼，2010）。对探索与开发二者之间的关系，目前研究并未取得一致结论，主要包括两种观点，第一种观点认为二者是矛盾/悖论的关系，而第二种观点则将二者看作互补关系。

（一）悖论关系

以最早提出探索与开发概念的 March 为代表的学者认为这两类活动需要不同的组织结构、文化、战略等，由此导致的在知识和需求方面的冲突和张力使组织可能处于失衡状态，因此企业必须不断地在二种活动间做出权衡和取舍，这种权衡和取舍表现为企业管理实践中多个领域中多种张力的存在，如组织学习中的单环和双环学习、技术创新领域的激进式创新和渐进式创新、组织结构和设计中的有机结构和机械结构、战略管理领域的变异增加型自发战略和变异减少型诱导战略等（奉小斌和陈丽琼，2010），此外探索与开发的张力不仅表现在组织内不同职能部门，还存在于知识转移的不同层次和流动方式中（van Wijk 等，2008），由此可见，探索与开发之间的张力具有普遍存在性，学者研究表明二者之间张力的产生根源在于以下几个方面：

（1）探索与开发活动争夺有限的企业资源（Levinthal and March，1993；March，1991），由于企业资源稀缺性的存在，而两种活动所需要的资源和战略又有所不同，因此为资源展开竞争在所难免，这种情况在中小企业中表现得更为突出，企业将资源投入探索性活动，就必然导致开发性活动的资源投入不足，由于开发活动受到约束，企业无法最大限度利用现有产品、技术和市场产生价值，从而影响企业的短期绩效和收益，反之，如果投入大量资源从事开发活动，就会制约探索活动，导致企业陷入核心刚性，难以获得创新性想法，从而使企业的竞争优势难以可持续发展（Smith and Tushman，2005）。

（2）探索与开发都具有自我增强性和路径依赖性，而平衡二者关系也会受到这种自我增强特性的影响。企业在特定情境下会倾向选择探索与开发其中一种活动，但也因此可能引发次优状态的出现。开发活动往往基于企业现有的产品、市场、技术和能力结构等惯例和既有知识基础，倾向在现有范式下寻求解决问题的途径，然而由此可能导致的路径依赖会使得企业遵循既有发展模式和行为轨迹而无法实现跃迁，出现过度开发并陷入“能力陷阱”或“成功陷阱”（Atuahene - Gima，2005）。与之类似，探索活动聚焦借助对组织外远距离知识的搜寻、整合和内化以实现组织知识基础的调整和优化，从而培育和保持企业在基础性技术和竞争前技术方面的优势（Stokes，1997），获得长期竞争优势，然而由于探索活动具有较高的风险性，可能导致较高的失败率，企业会在反复自我增强和路径依赖的作用下进行承诺升级，不断增加对探索活动的成本和投入以确保成功和得以覆盖成本付出的回报，由此导致的过度探索又会将企业引入“探索—失败—再探索”的恶性循环中，导致企业深陷“创新陷阱”或“失败陷阱”（Levinthal and March，1993；李剑力，2009）。综上所述，由于探索与开发活动本身均具有自我增强的特性，因此企业选择或倾向其中一种虽然能获得一时的竞争优势，但也必然会导致企业处于次优状态，难以实现组织知识结构和技术能力的动态优化（Levinthal and March，1993）。

（3）探索与开发活动需要不同的组织结构、企业文化和思维方式，因此企业难以同时兼顾二者。探索活动需要更为灵活和开放的组织和员工思维方式，因此要求企业具有有机式组织结构、权力下放和充分的授权、鼓励创新和容忍失败的精神、包容性强和提倡探索的宽松的组织文化，而开发活动需要效率、专注、中心性和聚焦的思维方式，更加需要机械式组织结构、有计划的组织和控制、追求程序化和确定性的精神，从而确保现有活动的效率，获得确定的产出和稳定的收益（Cao 等，2009；李剑力，2009），因此二者之间在目标和具体的运营方式方面均存在较大差异，会呈现灵活博弈的关系。

当 March（1991）首将“探索”和“开发”这一双生概念引入管理学文献时，他提出应将二者看作一个连续体的两端，开发和探索提出了相互冲突的资源和组织需求，会为了稀缺的组织资源展开竞争，因此二者的取舍不可避免，组织双元性在很大程度上包括管理这些权衡以寻求两者之间的均衡点。在 March（1991）提出上述观点之后，后续研究同样关注探索与开发导向的冲突面，以及在两者之间寻求平衡点的可能性和意义（如 Auh and Menguc，2005；Ghemawat and Costa，1993；Sidhu 等，2007，Smith and Tushman，2005）。由此可见，探索与开发张力的解决途径不在于培养其中任何一种能力，而依赖如何实现二者的有效平衡。

（二）交互关系

组织双元性相关的文献一致认为，一个具有双元性的企业有能力同时开发现有竞争并探索新的机会，能够借助双元性提升自身绩效与竞争力（Cao 等，2009）。一些研究者最近开始将探索和开发描述为两个独立且正交的活动，并认为企业能够同时高度参与到两者之中。这种观点强调双元性是企业同时参与高度化的探索与开发活动的能力（e. g. ，Beckman，2006；Jansen 等，2006；Lavie and Rosenkopf，2006；Lubatkin 等，2006），而不是设法权衡两者之间的最佳平衡点。

从探索与开发活动彼此矛盾的产生原因入手明确提出二者并非绝对的矛盾或悖论的关系，这是因为（1）企业的资源稀缺性并不必然导致探索和开发活动会为有限的资源展开竞争，一方面对二者而言均十分重要的资源可能并不稀缺，而且探索和开发活动还可能借助不同的途径获取资源，如企业内部知识传递往往与开发性创新相关，而探索性创新相关的知识却需要从外部获取（van Wijk 等，2008）；资源稀缺性本身在不同的组织层面也存在差异，在团队或个体层面的资源稀缺并不意味着在组织层面会出现资源争夺，相反反而可能实现两种活动的平衡；资源稀缺性并非绝对指标，而是一个相对概念，企业在知识和信息等资源方面的约束和制约是比较有限的，也具备同时追求探索与开发活动的能力和资源。（2）探索与开发活动所具有的自我增强特性并不代表企业关注其中一种活动就必然会忽视另外一种。（3）探索与开发活动在组织结构、企业文化、思维方式等方面的差异可能会带来二者间的冲突，但企业可以通过构建双元型组织来加以解决，借助情境双元、结构双元等方式避免探索与开发活动在某一特定领域内矛盾和冲突的出现（Cao 等，2009）。

Gupta 等（2006）学者提出企业可以在不同价值链活动领域中同时开展探索和开发活动，从而避免二者之间为资源开展竞争的问题，使二者的互补和相互促进的作用得以发挥。He 和 Wong（2004）认为，探索和开发战略从短期来看会为稀缺性资源彼此竞争，但在长期却能够通过组织学习彼此促进和强化（Andriopoulos and Lewis，2009；2010）。Katila 和 Ahuja（2002）用知识搜寻范围/宽度将探索活动概念化，而将开发概念化为知识搜寻深度，并用专利引用次数加以衡量和操作化，因此二者并非构成对组织资源的争夺。

由此可见，探索与开发活动到底是矛盾悖论还是独立正交的关系其实取决分析的层次（个人、团队、组织、组织间）、分析层次的特点（结构松散还是结构紧密），以及在该层次中同时开展两种活动的资源稀缺程度（李桦和彭思喜，2011）。

（三）悖论关系的解决机制

如前所述，对探索与开发活动二者关系的看法包括最初将这一概念引入管理学领域的 March 所认为的矛盾和悖论关系，以及近期学期提出的交互关系，因此就如何解决二者间的张力也就形成了对应的平衡观视角和双元观视角（奉小斌和陈丽琼，2010），前者代表在组织内寻找二者的平衡点并对二者关系加以协调，而后者是指通过构建双元型组织追求两种活动的同时进行和发展。

具体而言，不同学者就解决二者张力从不同视角提出了多种方式和解决措施，如 Duncan 给予组织与环境匹配视角提出机械式和有机式组织结构特征并存的方式，Brown 和 Eisenhardt（1998）从战略与结构匹配的角度出发提出应建立半结构化的柔性组织，一方面在结构方面具备秩序，另一方面能力结构也能处在介于刚性与混沌中间的状态，从而更好地适应环境的动态变化。后续学者又陆续将解决探索与开发张力的双元性机制拓展至结构双元（Tushman and O'Reilly，1996）、情境双元（Gibson and Birkinshaw，2004）、领导双元等（Smith and Tushman，2005）。

在对悖论关系的接受和解决策略方面也有若干不同选择。Poole 和 Van de Ven（1989）识别了四种战略反应：（1）接受、分别保持张力和欣赏这些差异；（2）有限制的分离，在不同的组织单元分配相反的力量；（3）暂时分开，在某个时点选择张力中的一极，然后转换；（4）综合，寻求调试相反两级的观点。在这个频繁使用的方法中，第一种战略聚焦接受，而其他的三种寻求解决内在的张力。接受的观点认为需要与悖论共存，而不是反对这些冲突，此时战略会是被动的或前摄的，而其他战略寻求解决，解决不仅是意味着消除张力，而且是找到同时满足相互矛盾需要或分歧观念的方式，并提出空间分离、暂时分离和综合的具体解决措施和方式，其他学者探索了其他解决机制，如重构两极间关系的认知转变（Bartunek，1988），澄清引起矛盾的混合信息（Argyris，1988）等。

Jansen（2005）提出接受、分解和解决三种方式以应对探索与开发之间的张力，其中接受包括妥协和外包两种方式，这两种方式均接受探索与开发二者间的张力，妥协是通过暂时调整组织结构来适应内部需要，而外包模式认为二者的矛盾在组织内无法解决，因此组织应将其中之一外包（Baden - Fuller and Volberda，1997）；分解是指通过不同层级空间分离、不同职能和定位空间分离，以及时间分离对二元张力进行细分（Floyd and Lane，2000；Benner and Tushman，2003；Tushman and Anderson，1986），从而实现张力的消解，不同层级空间分离是基于高层、中层和一线管理者的战略更新类型有所不同，他们在应对变化环境的能力、时间范围、信息需求和核心价值观方面均有所差异，而在职能和定位的空间分离是指在分离的组织单元开展渐进和非连续变革，时间分离主要通过创新生成和实施阶段交替进行，使用平行工作团队或特殊任务团队来创造间断均衡；解决主要是指通过组织结构设计和资源配置以平衡两种活动，通过在同一分析层次整合两种活动彼此矛盾的要素，组织或业务单元得以调和探索与开发两者间相互矛盾的需求（Gibson and Birkinshaw，2004）。

奉小斌和陈丽琼（2010）认为解决探索与开发张力的机制可以从以下四个方面着手（见表 2.2）。

表 2.2　探索与开发张力的解决机制

张力解决机制	具体措施/方式	缺点
专业化市场交易	市场或准市场机制，如外包、联盟、并购等	只能部分解决二元张力，无法从根本上解决资源约束问题
培育双元能力	结构双元、情境双元、领导双元，互为补充，解决探索与开发在组织结构和文化上的冲突	忽略了本地搜寻与跨界搜寻的平衡，难以帮助企业突破现有认知和知识基础的制约，且要求组织内部拥有一定的能力基础和结构柔性
平衡组织搜寻	在本地搜寻与跨界搜寻间进行间断性平衡	忽视了探索与开发在职能、资源、知识等不同领域的互补性
构建互补性机制	创造和管理新的核心技术、新的互补性资产和潜在互补性资产的平台	

资料来源：根据奉小斌和陈丽琼（2010）整理。

三、营销探索与营销开发相关研究

随着组织双元理论的发展，探索和开发的研究不再囿于组织学习、技术创新、战略管理、组织设计等领域，开始逐步延伸到营销管理领域，但研究仍处于初期阶段，现有文献主要从战略和能力两个视角对营销探索与营销开发的概念和内涵做出界定并开展研究。

（一）概念提出

Kyriakopoulos 和 Moorman（2004）是最早以双元理论来解释营销领域研究问题的文献，以探索和开发这组概念来界定营销战略，并认为市场导向有助于营销探索战略和营销开发战略的有效整合。他们对营销探索战略和营销开发战略的界定聚焦营销职能和营销活动相关的战略决策，不仅涉及细分、目标选择和定位的产品—市场决策，还涉及营销组合的决策，并指出二者并非绝对互斥的两个极端，而是企业战略在其中某个方面表现更为突出和明显。营销开发战略被定义为提升或提炼与现有营销战略相关的技能和流程包括现有市场细分方式、市场定位、分销渠道和其他营销组合策略等。可见，营销开发战略通过强化现有惯例和流程以提升核心竞争力和能力并作用于企业的学习曲线。经验曲线就是典型的开发战略，企业通过积累的产量降低产品价格。开发战略也可以表征为适应性学习（Slater and Narver，1995）、单环学习系统等（Argyris and Schön，1978）。营销探索战略被定义为，挑战先前与市场相关的方法的战略，如新的市场细分、新的市场定位和新产品、新渠道、其他营销组合。营销探索表征为生成性学习（Slater and Narver，1995）和双环学习系统等（Argyris and Schön，1978）。如果企业同时进行这些活动，营销探索/开发水平高于只进行其中的一种活动，因此营销探索/开发水平取决于这些活动的聚合效应。

Atuahene - Gima（2005）将探索与开发引入产品创新能力，能力开发涉及使用已有经验解决顾客问题，专注现有产品多样性的降低和生产率的改进，从而促进渐进式创新，并可能阻碍突破式创新；能力探索涉及关注新兴市场和技术的实验，为顾客提供突破性的全新价值，但两种能力的互补却未被证明是创新绩效的来源，因此研究认为企业应该在两者间做出权衡，而非追求两种能力同时实现最大化。

Sarkees 等（2010）从流程观视角看待营销职能的开发与探索，提出如果营销职能关注开发能力，企业需要通过改进产品和服务，增强分销渠道，提高组织效率从现有市场中获益；而如果营销职能关注探索能力，则企业需要借助市场研究、提高顾客与企业的交互界面等方式来发现市场发展和顾客需求偏好的新趋势，以此为基础推出新产品和服务并相应承担由此导致的风险，研究结果证明，企业在营销职能方面追求探索与开发的平衡以支持营销战略有助于提升企业绩效，即在营销职能中同时采用探索和开发两种流程的双元性。

Vorhies 等（2011）提出营销探索能力和营销开发能力可以看作组织的两种适应性过程，前者是指发展新的技能、流程和营销能力，后者代表对于现有技能、流程和营销能力的重新界定和提升（Atuahena - Gima，2005；

Kyriakopoulos and Moorman，2004；Levinthal and March，1993；Slater and Narver，1995），从而带来有价值的产出，并认为二者属于一种高阶能力，在此基础上探讨了市场知识通过营销探索和营销开发作用于低阶的营销能力（包括品牌管理和顾客关系管理两种类型）最终促进组织绩效提升的过程，研究结果表明，营销探索与营销开发二者之间存在张力，企业需要在两种能力间寻求均衡点而非试图同时实现两者的最大化。

（二）营销战略双元性研究

Kyriakopoulos 和 Moorman（2004）最早基于营销战略视角明确提出营销探索和营销开发的概念，并对其进行了界定和实证检验，他们认为市场导向有利于营销探索和营销开发战略的整合，在此基础上，Prange 和 Schlegelmilch（2009）认为已有研究孤立地看待和解决营销战略执行过程中遇到的问题，或者过于强调复杂的概念框架，而该框架却未能将理论与管理实践相结合，因此他们试图用双元性作为概念框架来解决营销战略实施过程中所面临的困境，关注个体员工对企业不同战略及其成功执行所产生的影响，这也是对 Simek（2009）探究双元性多个层面研究的发展；与最初的双元性概念强调暂时分离，即间断双元有所不同，该研究更关注执行营销战略过程中同时性与顺序性的差异，因而他们将协调层面（即组织 vs 个人层面）与协调逻辑（同时 vs 顺序）两个维度加以整合，从而形成双元性的四种类型以促进具备内在矛盾冲突特征的营销战略的执行（如图 2.5 所示）。

1. 结构双元

为解决营销探索与营销开发的张力，可以将其分离至企业不同的部门，如营销 VS 销售、营销 VS 研发、营销 VS 服务等。从 Duncan 最早提出采用双元结构来解决和管理相互矛盾的需求以来，结构分离这一观点已获得学者们的认可（McDonough and Leifer，1983；Christensen and Raynor，2003；Carson，2007），其中甚至讨论了将新产品开发全部外包的范围和所需的控制机制，除了将总体平衡战略之外，更常见的原则是将业务单元进

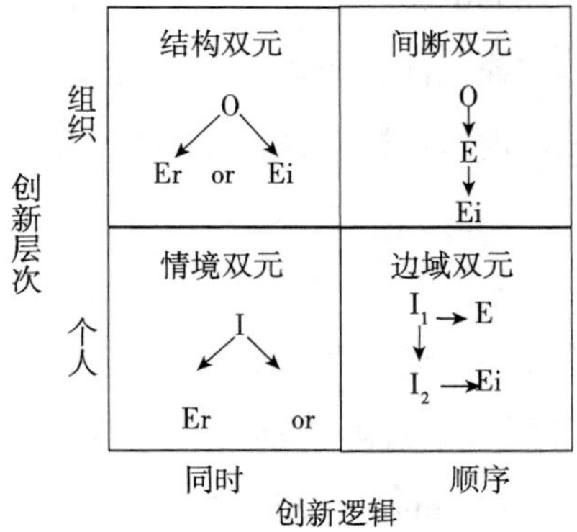

图 2.5　营销战略实施双元类型

资料来源：根据 Prange and Schlegelmilch（2009）整理。

行结构分离以分别进行探索性创新和开发性创新（Ambos and Schlegelmilch，2005；Floyd and Lane，2000；Volberda，1998；O'Reilly and Tushman，2004；Benner and Tushman，2003）。

2. 间断双元

组织可以伴随时间推移将不同战略营销任务相分离以解决张力问题，主要关注组织单元某天聚焦一种战略，而另一个时点聚焦于不同的创新组合（Brown and Eisenhardt 1997；Puranam，Singh，and Zollo 2006），因此，组织通过这种方式暂时将探索与开发分离开来，如一个业务单元可能使用机械式结构制定惯例决策，之后转换为有机式结构以制定非惯例的决策。在产品研发情境下，间断双元最适用于应对技术跃迁或突破时的变革，此外，有时业务单元或团队可能会从销售向服务职能转移，或从研究驱动转变为商业导向等。

3. 情境双元

组织理论文献认为双元性出现于业务单元发展出支持性的情境之时。Birkinshaw 和 Gibson（2004）最早提出将情境双元性作为解决营销探索与营销开发张力的一种策略，认为情境双元是一种能在确保一致性的同时提升适应性的组织能力（Lubatkin，Simek，Linand Veiga，2006；Mom 等，2007；Carmeli and Halevi，2009；Guettel and Konlechner，2009）。与结构双元的区别在于情境双元强调的是在个体层面构造出组织双元性的一种双元能力。不同于将双元结构或关注业务单元任务的变化，组织通过构建一系列的流程、系统或情境帮助和鼓励个体员工做出判断决定如何分割时间最终融合不一致的需求。

4. 边域双元

上述类型的双元均存在于已有关于组织双元性的文献之中，但关于交换高管或成立团队以协调营销战略方面却没有明确的可供参考的文献支持，因此，Prange 和 Schlegelmilch（2009）提出边域双元的概念，这一术语借鉴于遗传学。这一现象可以参考领导力文献中“双元性的人类特征”（Lubatkin，Simek，Lin，and Veiga 2006），以及构建团队和先前联盟关系会塑造新企业行为等相关研究（Beckman，2006）。领导者行为受到以往经验和见解的驱动，因此，先前职业经历会塑造行动的范围从而作用于战略的规划和执行。视角的变化会促进探索，而单一的企业联盟关系倾向改善现有流程并巩固现有能力。

上述四种类型的双元性均能帮助企业在组织内部平衡探索与开发，还能通过实施双元设计解决具体的营销困境，这四种双元设计有助于不同营销困境的解决，但也需要不同的、在一定程度上有所重叠的一系列的执行要素（见表 2. 3）。

表 2. 3　营销战略实施双元性总结和研究启示

	双元的营销驱动力	执行（个人层面）	执行（组织层面）
结构双元	停滞不前的核心业务外围的新业务开展营销信息的不一致的价值观（兴奋 VS 传统）	通过非正式的知识流动整合招募具备情境双元的人员	跨单元的横向事业高管团队提出愿景和目标，但在程序方面给予自治权
边域双元	个性驱动的产品和营销方法溢出效应（个人—组织—品牌）	招募专注探索的人员内在的动机驱动	明确的工作流程引导有限的跨职能接触
情境双元	市场方法营销动态能力	主动学习和快速适应新突发事件信任是一种重要的个人和人际交往能力	有从事技术和管理职业的职业发展空间业务流程、任务分配和职业预设全过程的管理支持

续表

	双元的营销驱动力	执行（个人层面）	执行（组织层面）
间断双元	核心技术变革核心基于能力的营销	外部知识愿意参与学习和知识分享	通过共享文化有效地联结团队多职能项目组织

资料来源：根据 Prange and Schlegelmilch（2009）整理。

四、探索和开发与组织绩效的关系

组织双元性的相关研究表明探索与开发对企业绩效具有重要的影响作用，当企业具备双元型组织的特点时能够显著促进绩效的提升（Tushman and O' Reilly，1996），并有助于企业培养和保持持续竞争优势。目前关于探索与开发及其二元关系对组织绩效影响作用的研究大致可以分为两类，一类是分析探索与开发的双元性对绩效的直接影响作用，另一类是将其作为中介变量，探讨其他前置影响/驱动因素通过双元性对绩效的影响。

（一）探索与开发作为驱动因素

目前将探索与开发视为驱动因素的研究多将二者界定为一种组织能力或行为（Cao 等，2009；Voss and Voss，2012），探讨二者及其双元性对企业绩效的影响作用，相关研究多聚焦组织学习、战略管理、组织结构设计、联盟与网络、产品创新与研发管理等相关领域，研究者虽然普遍认同探索与开发及其双元性是企业绩效的重要驱动因素，但所得的研究结论并不一致。

一些学者认为探索与开发活动及其双元性对企业绩效具有直接的影响作用，但直接影响包含了正向和负向两种不同结论。He 和 Wong（2004）首次基于技术创新视角探讨双元张力，并发现开发性与探索性创新战略的交互作用正向促进销售增长率，而两种创新战略的不平衡则会产生负向作用，在后续研究中探索与开发对绩效的直接影响得到了许多学者的检验和证实，Cao 等（2009）提出平衡双元和组合双元两种不同类型的双元策略，并通过实证检验了两种双元类型与绩效的关系，研究结论表明，平衡双元是权衡探索与开发两种活动在组织内的运用程度，降低由于企业过分追求二者其一所产生的风险从而提升绩效，而组合双元是通过发挥互补资源的效用以达到提升组织绩效的目的。Gibson 和 Birkinshaw（2004）实证研究检验了业务单元的双元能力对业绩的正向作用，而 Atuahene - Gima 和 Murray（2007）的研究发现了探索与开发的交互作用对新产品开发绩效的消极影响。

还有部分学者认为提出探索与开发与绩效的关系并非简单的直接作用，而是具有权变的影响，即还受到其他中介和调节因素的影响（Raisch 等，2009；Simsek 等，2009），这些情境因素包括环境因素（Simsek，2009；Levinthal and March，1993）、资源属性（Jansen 等，2012）、网络结构（Lin 等，2007）、市场导向（Yannopoulos 等，2012；Menguc and Auh，2008；Kyriakopoulosa and Moorman，2004）、战略性学习（Sirén 等，2012）等。Lin 等（2007）的研究认为，探索与开发的双元对企业绩效的影响并非确定性的，会因企业所处网络情境，如网络中心性、网络动态性和结构洞等的差异而有所不同，网络中心性高的企业采取双元联盟将有助提升绩效，而占据结构洞较少的企业采取双元联盟将取得更好的组织绩效。Yannopoulos 等（2012）研究发现，探索性学习和先动型市场导向相结合能显著促进企业新产品绩效，而学习方式（探索性与开发性）与市场导向（先动型与反应型）的其他组合方式都只能产生负向的影响作用。Simsek（2009）的研究表明环境动荡性和复杂性均正向调节双元与企业绩效的关系。Jansen 等（2012）根据自治分支机构的组织单元的数据分析得出结论认为，组织层级决策制定越为分散、组织资源越充足、资源间依赖性越低，企业双元性与绩效的正向关系会得到进一步提升。Kyriakopoulosa 和 Moorman（2004）将探索与开发及其双元性引入营销战略领域，基于荷兰食品行业的数据表明，强市场导向会促进项目层面的营销探索和营销开发间的互补性，并提高新产品财务绩效，而当市场导向弱时，营销探索和营销开发战略水平越高，企业新产品财务绩效越低。

（二）探索与开发作为中介变量

与上述将双元性作为驱动因素探讨其对绩效影响的研究有所不同，关注双元性作为中介变量的研究将其看作揭示前置因素与企业绩效间关系这一黑箱的重要作用机制，将探索与开发视为一种资源配置过程或战略，探讨前置因素通过双元性的中介作用对企业绩效产生何种影响作用，该类研究不仅局限在上述组织学习和技术创新等领域，还广泛应用于营销管理、战略管理、联盟网络、公司治理等诸多研究领域。

针对以往研究中所提出的“企业会因为具备市场导向而受到惩罚”（Atuahene - Gima 等，2005），或换言之，市场导向可能对企业产生负面影响的批评，Morgan 和 Berthon（2008）立足在更广泛的学习—创新框架中讨论市场导向与绩效的关系，从而有助于更加全面完整地理解市场导向对组织绩效的影响及其局限性，而探索性和开发性创新战略在其中扮演了中介变量的角色，基于生物科技企业的实证研究表明，市场导向会导致开发性创新战略从而提升企业绩效，而生成性学习通过探索性创新战略对企业绩效产生推动作用，双元创新战略显著促进企业绩效的提升。

Hughes 等（2010）认为目前关于国际新创企业的研究很少关注其开拓新的海外市场时，双元创新在战略相互影响过程中所发挥的作用，因此他们基于资源基础观在战略—绩效的框架下讨论了双元创新的关键中介作用，采用墨西哥高科技国际新创企业的数据实证检验了竞争战略、创新双元性、区位优势与出口企业绩效的关系，研究发现，营销差异化战略和成本领先战略分别对差异化和成本优势产生了积极影响，双元战略对营销差异化优势产生了负向影响，差异化战略在驱动创新双元性方面发挥了重要作用，创新双元性作用于营销差异化区位优势和成本领先区位优势从而提升出口企业绩效。

Kollmann 和 Stöckmann（2012）认为创业导向与企业绩效关系并非简单的直接作用，因此，他们将探索性创新和开发性创新视为企业开展创业行为的表现，并将其作为中介变量，探讨创业导向与绩效关系中创业行为的重要作用。

不同于以往研究从企业内部资源出发基于资源基础观探讨企业创新绩效的来源，Atuahene - Gima 和 Murray（2007）从外部社会资本这一资源角度出发，将组织学习（探索性学习和开发性学习）视为联结关系资本和绩效二者关系的重要变量，分析其在新产品开发过程中发挥的解决问题和执行实施方案的重要中介机制。

表 2. 4 是对上述探索与开发与企业绩效关系相关研究的总结与汇总。

表 2. 4　探索与开发对组织绩效关系的实证研究

研究者	主要变量	研究结论
Atuahene - Gima and Murray（2007）	社会资本、探索性学习、开发性学习、新产品开发	高管团队开发性学习抑制新产品开发，而探索性学习促进新产品开发绩效，二者互动关系对新产品开发产生显著负向影响
Lin 等（2007）	双元联盟、绩效、动态网络、企业和产业特征	兼顾探索与开发的双元联盟有利于企业成长，环境不确定性和网络特征等调节联盟构成与企业绩效间关系
Lavie（2006）	职能维度、结构维度、因素维度、联盟绩效	联盟形式中每个维度都包括探索性和开发性因素，通过维度内跨期转换、维度间跨期转换和跨维度匹配来实现探索和开发的平衡
Levinthal and March（1993）	探索、开发、绩效、环境动态性、竞争性	如果不能平衡探索性与开发性学习将导致企业学能力或失败陷阱，环境动态性和竞争性调节探索与绩效关系，开发与绩效关系
Cao 等（2009）	探索、开发、企业绩效、环境包容性	平衡双元和组合双元均对企业绩效产生影响，二者高度协作将产生协同利益
He and Wong（2004）	探索性与开发性创新战略、产品与流程创新强度、销售增长率	探索性创新战略与开发性创新战略分别通过产品创新强度和流程创新强度促进企业绩效，二者交互促进销售增长率，而二者相对不平衡将对销售增长率产生负面影响
Faems（2005）	开发导向、探索导向、渐进性创新、产品改进、新产品开发	开发导向合作关系促进产品改进，探索导向合作关系促进新产品开发进程，但对产品渐进性创新作用不显著

续表

研究者	主要变量	研究结论
Jansen（2005）	双元能力、平衡、互动、财务绩效	双元能力之间的平衡（绝对差异）难以促进企业财务绩效提升，而交互关系（乘积）对长期和短期财务绩效均具有显著正向影响
Gibson 和 Birkinshaw（2004）	绩效管理、社会支持、情境双元、业绩	组织内部信任、拓展等关键要素相互匹配程度越高，越有利于组织情境双元结构构建，而业务单元的双元有助于其业绩提升
Han 和 Celly（2008）	双元、绩效（利润回报和市场增长）	国际新创企业的双元能力对利润回报和市场增长具有正向影响
杨学儒等（2011）	双元能力均衡、组织绩效、资源禀赋	资源禀赋是决定双元能力平衡与组织绩效的重要因素，新创企业双元平衡只有在具备较好突破性创新基础上才能改善绩效，成熟企业探索性创新有利于绩效提升，但其双元平衡关系对绩效产生负面影响
Auh and Menguc（2005）	探索、开发、绩效、进攻型、防御型	探索比开发更有利于绩效提升，但进攻型企业开发行为更能促进组织效率
Menguc and Auh（2008）	组织双元性、绩效、市场导向、企业类型	探索与开发均能显著提升组织绩效，但市场导向正向调节市场开拓者企业的组织双元性与绩效，负向调节防御者企业中的二者关系
Hoang and Rothaermel（2010）	联盟探索、联盟开发、研发绩效	联盟外部开发促进组织研发绩效（包括新药审批和项目结题），外部探索负向影响新药审批，内部探索促进项目结题
Lin 等（2000）	双元战略、绩效、企业规模、环境动荡性	企业规模大、环境不确定性高时，企业应采取双元战略以取得更好绩效，稳定环境下应采取聚焦战略
Gupta 等（2006）	探索、开发、长期绩效、连续关系、正交关系	探索与开发处于连续体两端时平衡关系与组织长期绩效呈倒 U 型关系，二者处于正交关系时该影响效果取决于二者交互影响程度
Vorhies 等（2011）	市场知识开发、营销探索与营销开发、营销能力、企业绩效	市场知识开发与营销探索和开发正相关，营销探索与开发作为高阶营销能力有利于企业低阶营销能力的提升，从而提升企业绩效

续表

研究者	主要变量	研究结论
Voss and Voss（2012）	产品探索与开发、市场探索与开发、企业收入	纯粹的整合产品开发和市场开发，或者产品探索和市场探索，以及跨职能的双元性具有对收益的互补交互作用
Lavie 等（2011）	功能域和结构域的探索与开发、联盟绩效	同一领域内的探索开发平衡活动会对企业市值及净利润产生负向影响。相反，不同领域内对探索与开发进行平衡能够提升企业绩效
Jansen 等（2012）	双元性、绩效、组织属性、资源属性	组织分权化、资源丰富性、资源依赖性低在双元性与组织绩效的关系中起正向调节的作用
Kollmann and Stöckmann（2012）	创业导向、探索与开发创新、组织绩效	探索与开发创新在创业导向与组织绩效之间的中介效应明显
Kyriakopoulos and Moorman（2004）	探索与开发、双元性、市场导向、新产品财务绩效	在强市场导向的企业中，探索和开发的交互作用能提升新产品财务绩效，而在弱市场导向的企业中，探索和开发的交互作用却会降低新产品财务绩效
Kyriakopo（2004）	探索与开发、双元性、市场导向、新产品财务绩效	在强市场导向的企业中，探索和开发的交互作用能提升新产品财务绩效，而在弱市场导向的企业中，探索和开发的交互作用却会降低新产品财务绩效
李剑力（2011）	探索性创新、利用性创新、企业绩效	探索性与开发性创新均能提升企业创新绩效，双元平衡对成长性绩效具有显著正向影响，而二者不平衡有损组织盈利性和成长性
焦豪（2011）	探索式创新、开发式创新、绩效和竞争优势	探索式与开发式创新均能促进短期财务绩效和长期竞争优势，开发式创新作用更为显著，二者双元平衡关系能强化长期竞争优势
李忆和司有和（2008）	探索式创新、开发式创新、绩效	探索式创新和开发式创新均对企业绩效产生正向影响，二者内部匹配关系对绩效无影响
张玉利和李乾文（2009）	创业导向、二元能力、绩效	机会探索与开发二元能力对组织绩效具有显著正向影响作用
雷善玉等（2010）	领导者二元能力、企业动态创新能力	领导者二元能力对落后企业动态创新能力及其发展具有更加重要的作用
陈建勋等（2010）	中庸思维、组织绩效	高层领导者中庸思维对组织两栖导向和组织绩效具有显著正向影响

资料来源：本书整理。

第四节　文献述评

本章系统回顾和梳理了组织搜寻、网络嵌入性以及组织双元性理论，并对这些理论研究的脉络和进展进行了归纳整理，从网络角度入手探寻知识搜寻对创新绩效影响的研究正在逐渐发展并日益受到学者关注，这为本研究的开展奠定了文献基础，但纵观现有文献可以发现已有研究仍存在一定不足，如网络悖论等多个关键问题尚未能得到较好的解释和回答，为此对以上综述的内容进行评述将更好地理清本研究的研究思路和研究切入点。

一、知识搜寻策略的概念和分类研究有待深化

现有研究对知识搜寻策略的概念定义和维度划分已取得了较大的进展，明确了知识搜寻是一种用以解决问题的组织学习方式的本质，并对其与企业创新和组织绩效的关系进行了较为深入的探讨和理论分析（Katila and Ahuja，2002；Ahuja and Katila，2004；Wu and Shanley，2009；Roper 等，2017）。然而值得关注的是，目前文献往往从知识距离的不同维度界定和区分不同类型的知识搜寻策略（Katila，2002；Rosenkopf and Nerkar，2001；Phene 等，2006），如组合认知维度与时间维度、认知维度与空间维度等，或者从知识搜寻方式/程度与知识距离组合的角度来探讨知识搜寻策略对企业绩效的影响（Katila and Ahuja，2002；Laursen and Salter，2006），如在空间范围或认知维度整合知识搜寻的深度与宽度形成四象限形式的知识搜寻策略（Wu and Wei，2013；Wu 等，2015），但这些研究从

根本上忽视了知识搜寻过程中的重要一环，即企业首先需要明确所要搜寻知识的类型，才能选取最为恰当合理的搜寻方式进而开展知识搜寻活动，因此搜寻知识的类型与搜寻方式对于决定知识搜寻策略的类型而言同等重要，但现有研究中鲜有将二者加以整合从而在符合知识搜寻过程的前提下探讨知识搜寻活动对创新的影响作用。

此外，知识搜寻的组织学习本质意味着研究者应充分考虑将组织学习相关理论用以组织搜寻研究的可能性，特别是对知识搜寻的本地搜寻和远程搜寻的分类，其实实质上正是 March 早在 1991 提出的开发性学习与探索性学习（Laursen，2012；Eriksson 等，2016），以探索与开发以及组织双元性理论有利于剖析和解释知识搜寻行为的本质，将目前模糊不清的知识搜寻概念界定和分类标准加以整合，并有效地弥补以往研究对平衡不同类型搜寻策略的关注不足。

二、应构建以知识搜寻为核心的整合性研究框架

目前学者对知识搜寻与创新绩效间关系的研究已取得较为一致的研究结论，普遍认可知识搜寻对组织获取持续竞争优势和创新能力具有重要意义。然而对知识搜寻前因研究的关注相对而言较为不足（Enkel 等，2009），且多从组织因素、环境因素等方面加以考量（Salge 等，2012；Laursen and Slater，2006；Grimpe and Sofka，2009；Ihl and Wagner，2012；Jansen 等，2006），往往忽视了知识搜寻的网络前因，但开放式创新范式下任何企业都无法脱离网络而仅依靠自身资源和能力成功开展创新活动，为此应强调和关注网络对企业搜寻和汲取多样化、异质性新知识的作用。

与此同时，企业选择或开展特定的知识搜寻策略通常基于其所处的内外部环境等因素的综合影响（袁健红和龚天宇，2011），而现有研究大多探讨了某个内部或外部因素对知识搜寻的影响，鲜少有研究综合环境、组织、网络等多方面因素综合考察知识搜寻策略的选择及其对企业创新的影响，因此应整合上述各种情境因素和前因变量，将知识搜寻的前因和结果

变量整合到一个统一的、一体化的研究框架中，更为真实地模拟现实管理实践分析和解释企业的知识搜寻策略选择问题。

三、基于网络、知识与创新关系的静态研究逻辑有待扩展

虽然在组织管理领域传统的“结构—行为—绩效”的逻辑关系得到了广泛认可，在此基础上发展起来的网络、知识与创新关系的研究逻辑为有效解释企业借助外部网络获取知识以推动创新的行为做出了重要贡献，但在组织能力和外部市场环境日益动荡变化的背景下，开放式创新和创新网络化成为创新管理领域的主流（Chesbrough，2003；Lee 等，2010），网络的动态变化并非在任何情况下都能促进企业知识学习进而推动创新能力提升（Gulati and Higgins，2003；Uzzi，1996；1997），因此在当今动荡和复杂多变的竞争环境下，应从更为动态的视角出发解释企业创新能力的来源。此外，知识搜寻策略行为的选择也会依据企业所处发展阶段和国际化进程的深入程度有所变化，为此在动态视角下探讨企业如何在不同知识搜寻策略间做出取舍和权衡，又是如何根据自身所处的组织内外部环境有针对性地选择与之相互适应和匹配的知识搜寻策略，知识搜寻策略间的平衡与企业网络的关系是否存在协同演化等问题能帮助我们更好地理解国际化企业的知识搜寻策略选择和演化过程和路径。

因此，未来研究应采取更为动态的观点来理解和重新审视网络、知识与创新的逻辑关系，从而更为有效地打开和揭示网络与创新间内在作用机制的黑箱并解释网络悖论，更为全面地理解网络通过知识作用于创新的过程和机理。

第三章　理论模型构建与研究设计

在上述回顾和梳理本研究所基于的理论基础和文献成果的前提和基础上，本书明确了研究所嵌入的理论研究情境和研究切入点，但为了保证研究更为科学规范地开展，本章内容将以理论基础和文献回顾的内容为出发点，借鉴现有学者的研究成果和研究思路，同时结合我国国际化企业的管理实践和国际化发展的现实情境，基于传统的“结构—行为—绩效”的逻辑关系，通过理论推导和逻辑演绎构建本书的研究模型。此外，本章还将介绍本书将采用的整合定性和定量研究的混合研究设计方法和思路，阐述该研究路径的方法论基础，并系统介绍本书所选取的嵌入式混合方法设计的实施步骤与程序。

第一节 理论发展与模型构建

全球性网络的兴起和发展不可避免地改变着社会经济发展的模式，与此同时企业所嵌入的外部网络也对企业行为及其绩效产生重要的影响作用。目前已有大量研究表明，嵌入外部网络可以帮助企业获取和吸收知识和信息（Dayer and Nobeoka，2000；Ernst，2002；Zaheer and Bell，2005），整合并重构资源与能力（Cohen and Leventhal，1990；Dayer and Singh，1998；Gulati，1999；Lavie 等，2011），从而推动企业开展创新（Ahuja，2000b；Hagedoorn and Duysters，2002；Laursen and Slater，2006），以提升绩效并获得和保持持续的竞争优势（Rowley 等，2000；McEvily and Marcus，2005；刘雪锋，2007）。创新是企业生存和持续发展的前提和要求，为此企业必须不断开展知识、技术与能力的快速积累。网络作为企业创新最为重要的外部环境，因此网络嵌入性势必对企业技术创新绩效产生重要影响作用，在现有文献研究的基础上，本书将继续探讨企业如何从所嵌入的外部网络中获取有价值的知识和信息以推动创新活动和绩效的提升，以及网络嵌入性对企业创新绩效产生了怎样的影响。

创新的过程本身就是不断学习的过程，在日趋激烈的全球竞争情境下，企业不得不在内部开展学习、知识传递、积累和创造，同时还要跨越组织边界吸收和获取知识和信息以快速提升和保持自身创新能力（Teece，1987；Huber 等，1998），因而这种开放式创新的大背景使得企业通过建立联盟或其他方式开展组织间学习（Inkpen，1998），以促进资源和能力的提高进而推动创新成为必然。企业间联结越紧密，信息交换越频繁，企业从外部网络中获取的知识越多，越有助于企业获得竞争优势（Dayer and Nobeoka，2000；Anderson 等，2002；McEvily and Marcus，2005）。

企业通过从所嵌入的网络中获取知识和学习增强了应对外部环境不确定性和复杂性的能力，而借助网络学习使企业不断探索全新的知识领域并可能深化对与自身已有知识基础相似知识的认知，促进企业更好地和更快地开展新知识、新信息和新技能的积累和转化应用（Hagedoorn and Duysters，2002；Chesbrough，2003）。由此可见，网络嵌入性与知识获取和组织学习具有重要的相关关系。

通过知识获取和组织学习，企业能够从所嵌入的外部网络中获取新知识，并将其运用到产品生产和研发过程中（March，1991；McGrath，2001；Lavie and Rosencopf，2006）。可见，知识获取和组织学习对企业创新活动的开展和创新绩效的提升具有重要的影响作用（Walsh 等，2016；Wang and Libaers，2016）。

一、相关研究模型及启示

Li，Vanhaverbeke 和 Schoenmakers（2008）总结了技术创新领域内的探索与开发的研究，以发现已有文献对探索与开发概念的理解差异而导致模糊不清甚至不一致的结论的原因，并提出一个整合的理论框架，从“职能域”（Function domain）和“知识距离域”（knowledge Distance Domain）两个角度来界定探索与开发，如图 3.1 所示，这两个域与 Gupta，Smith 和 Shalley（2006）所提出的探索与开发的界定应基于学习的类型或数量相对应。

首先，探索和开发可以发生在价值链的不同环节上，从而与不同“职能域”上的学习相对应（Lavie and Rosenkopf，2006）。Li，Vanhaverbeke 和 Schoenmakers（2008）认为探索和开发与所在的价值链上的不同职能环节有关，在价值链上存在科学（基础研究）、技术（产品开发）和产品市场（制造和营销）三个主要环节，相应的存在科学知识的探索与开发、技术知识的探索与开发，产品市场的探索与开发，以及跨职能的探索与开发。

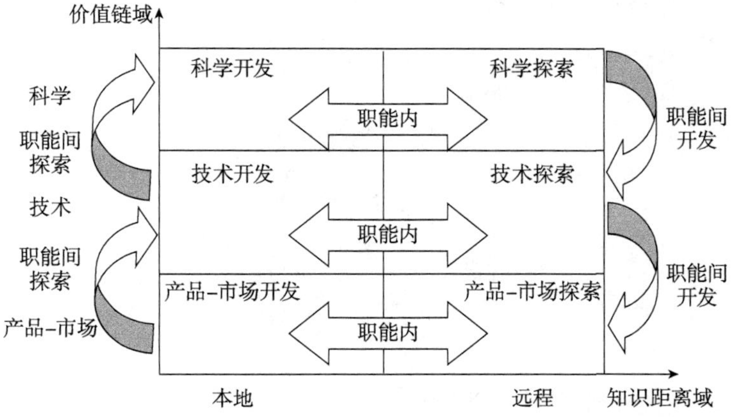

图 3.1 界定职能内与跨职能的探索与开发的分类方法

资料来源：根据 Li 等（2008）整理。

其次，依据“知识距离域”的远近来区分探索和开发。具体而言，对于企业已有的知识基础的熟悉程度进行区分，对熟悉的知识进行搜寻属于开发的范畴，而对不熟悉的知识进行开发则属于探索的范畴。多数研究通过本地搜索或远程搜寻来区分探索和开发。搜索熟悉的、成熟的、本地的或最近知识的活动被看作是开放性行为；而搜索不熟悉的、远距离的或久远知识的活动则被认为是探索性行为（Benner and Tushman，2002；Katila and Ahuja，2002）。“知识距离域”可以从认知、时间和空间三个维度进行分别或同时测量。因此，探索或开发可以用组织在知识搜索的三个维度上如何进行本地或远距离的知识搜寻加以诠释。

由此，Li，Vanhaverbeke 和 Schoenmakers（2008）研究认为企业可以在知识距离的不同维度上通过本地或远距离搜索来使用新知识，职能域包含科学、技术和市场三个不同的方面，而知识域则包括认知、时间和空间三个不同维度，职能域和知识距离域共同构成了一个整合框架来界定探索和开发 。

Aspara 等（2011）基于品牌、市场和技术三个维度构建了探索和开发构成了双元性战略模型。在品牌知识、市场顾客知识和技术流程知识上，企业都会进行相应的探索开发战略，而不同战略类型的多维度组合构成了企业最终的双元性战略（如图 3.2 所示）。

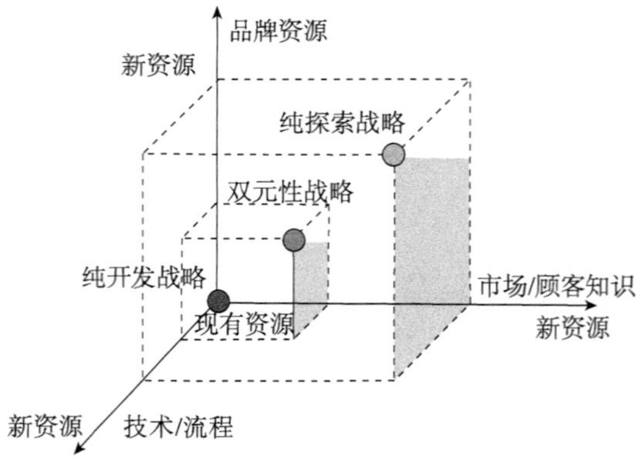

图 3.2　基于营销资源和知识的探索与开发

注：探索战略；开发战略；双元性战略。

资料来源：根据 Aspara 等（2011）整理。

Voss 和 Voss（2011）探讨了产品和市场组合的探索和开发战略对企业绩效的影响，区分了产品与市场领域的探索与开发，在职能层面界定和测量探索与开发，提出了基于产品—市场的职能视角的营销领域跨职能双元性概念（如图 3.3 所示）。基于这一研究，学者们对产品和市场所具备的探索和开发功能达成了一定共识（如 Tushman 等，2010）。产品探索更为关注企业内部子系统之间的相互运作关系，能够在一定程度上改变内部系统之间的相互联系方式，有可能带来子系统之间的创新（Tushman 等，2010）。市场探索更为关注现有市场之外的新客户，这些客户有可能构成一个之前并未被关注的市场，并有可能形成细分市场。企业专注探索新产品能力和新顾客市场，则这种战略被称之为纯粹的探索战略，而企业专注改进现有的产品和开发现有的市场，则这种战略被称为纯粹的开发战略。在通常情况下，企业能够通过整合在职能内和职能间的探索与开发来获得战略双元性。具体在产品和市场两个职能上，则跨职能的整合表现为跨产品和市场领域的双元性：市场发展成长战略，即开发现有产品能力并具有吸引新顾客市场的目标；产品发展成长战略，将现有顾客作为目标开发新产品的能力。在职能领域内，产品双元性代表企业具有同时探索新产品和开发现有产品的能力，而市场双元性则代表企业同时探索新顾客市场和开发现有顾客。研究发现跨产品—市场职能的探索与开发双元性整合对绩效具有显著的互补交互作用，同时不同规模的企业实施双元战略的条件存在差异。

近来的双元性研究和营销战略研究充分重视产品—市场决策情境的重要意义，基于跨职能的视角探讨在这两大职能中的探索与开发战略（Voss and Voss，2012；Aspara，Tikkanen and Pöntiskoski 等，2011）。

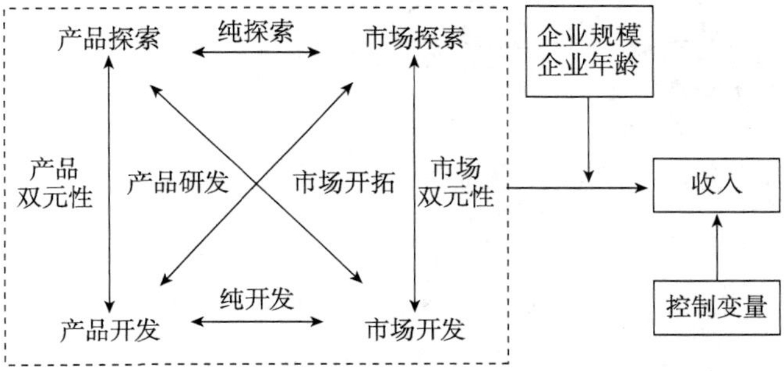

图 3.3　产品与市场的探索与开发对企业绩效的影响

资料来源：根据 Voss 等（2011）整理。

Lisboa，Skarmeas 和 Lages（2011）以出口企业为研究对象，提出企业必须关注产品及市场两个领域的开发与探索能力，所谓产品开发的开发能力是指企业改善并拓展即有的产品开发知识、技能和流程的能力；产品开发的探索能力是指企业获取全新的产品开发知识、技能和流程的能力；海外市场相关的开发能力反映了企业改善并拓展即有的海外市场和顾客的知识、技能和流程的能力；海外市场相关的探索能力是指企业获取全新的海外市场和顾客知识、技能和流程的能力，并在此基础上检验了创业导向影响出口市场绩效的内部过程，构建了一个“创业导向—探索与开发能力—优势—绩效”的关系模型（如图 3.4 所示），探查了产品与市场相关这两个领域的开发和探索能力对新产品差异化和市场效力的影响，实证研究结果显示，产品开发探索能力和海外市场相关开发能力对新产品差异化有显著正向影响，进而促进市场绩效的提升。该研究虽然提倡关注除技术和产品开发能力外的其他能力，如市场相关的探索和开发能力，以提高企业产品竞争优势和市场有效性，触及了开发与探索能力到绩效间转换的内部过程，为后续研究提供了一定的借鉴和参考，但没有检验双元性对绩效的影响也就意味着并未探讨企业如何在市场和产品开放能力的发展间做出权衡以最大化企业能力为创新创造的价值。

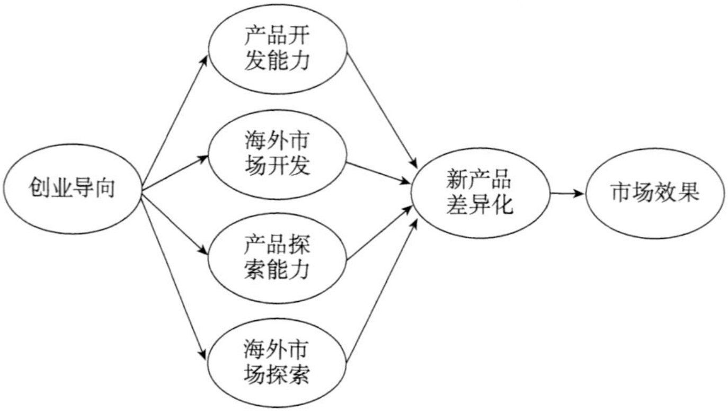

图 3.4　创业导向、探索和开发能力与出口市场绩效

资料来源：根据 Lisboa 等（2011）整理。

Tiwana（2008）认为为开展创新，企业一方面要从网络/联盟成员处获取异质性的知识和技能；另一方面还需要具备能力将这些知识加以整合和利用，企业获取的知识、能力和视角越为多样化，整合和开发的难度就越高，为此他构建了联结特征、知识流程和绩效的研究框架（如图 3.5 所示），以探究企业是如何借助网络获取知识并加以整合从而改善和提升创新绩效的。Tiwana 从联结强度维度出发，把网络联结分为强联结与桥联结，并强调了强联结和桥联结之间的困境张力，在此基础上探究网络联结对创新寻求型项目联盟创新绩效的影响作用，提出桥联结能提供多样化的、跨越结构洞的视角和能力，从而为企业提供创新潜力，但缺乏整合能力，而强联结能够整合桥联结提供的视角和能力以实现创新，基于桥联结和强联结的张力和互补性，研究分别考察了两种联结各自及其共同对知识整合和创新绩效的影响，实证结果表明强联结促进项目层面的知识整合从而改善联盟双元性，而桥联结尽管为企业提供了更多的技能、专门知识和能力，却在知识整合和绩效方面发挥了阻碍作用，强联结和桥联结的组合对企业来说是最理想的，二者的整合互补效应有助于寻求创新的项目层面的知识整合进而作用于联盟双元性，也就是说，强联结提供了一种机制用以整合桥联结跨越结构洞帮助企业获取的多样化技能和专门知识。

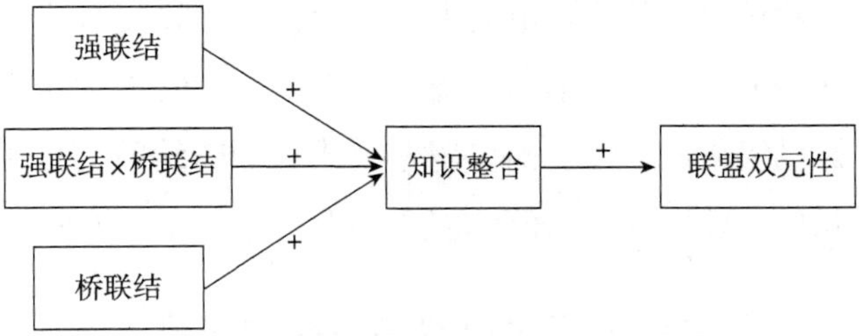

图 3.5　联结特征、知识整合和创新寻求型联盟绩效

资料来源：根据 Tiwana（2008）整理。

胡保亮和方刚（2013）认为，全球制造网络和本地集群这两类网络位置的价值在创新过程中能够共存。研究发现全球制造网络位置通过知识搜索深度和宽度的中介作用正向影响创新绩效，而且本地集群网络位置还与全球制造网络位置共同对知识搜索产生正向影响作用，同时还在全球制造网络位置通过知识搜索深度作用于创新绩效的过程中发挥正向调节作用（如图 3.6 所示）。

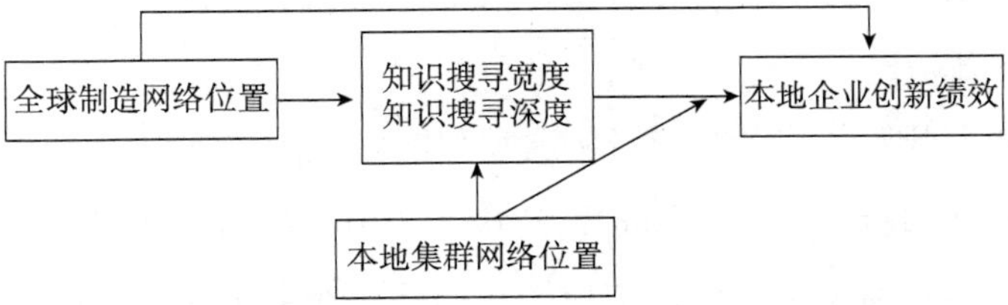

图 3.6　网络位置、知识搜索与创新绩效研究模型

资料来源：根据胡保亮和方刚（2013）整理。

二、本书框架构建

营销和创新作为企业最为重要的两项职能（德鲁克），对企业的成长和成功均非常关键，企业为在国际市场中获得有效的竞争力必须不断从市场中获取新知识以实现自我更新，虽然国内外学者开始关注探索与开发及其双元性在营销管理领域的应用（Kyriakopoulos and Moorman，2004；Vorhies 等，2011；Ho and Lu，2015；孟佳佳，2013；彭正龙等，2015），但对如何借助营销能力从国际市场中开展知识搜寻以促进企业创新的实施仍未给出很好的解答，为此本书在传统的网络、学习与创新绩效关系研究的基础上，探讨网络嵌入性、知识搜寻模式对创新绩效的作用机制，以揭示企业在国际化过程中获取和保持创新能力与竞争优势的来源。

（一）双元性视角下知识搜寻研究的深化

知识搜寻作为一种解决问题的方法和组织学习方式（Huber，1991），必然面临 March（1991）所提出的双元性问题，虽然现有研究和文献从多个维度区分了知识搜寻的策略，但主要探讨知识搜寻对组织创新的影响（Katila and Ahuja，2002；Laursen and Salter，2006），而且对跨界知识搜寻的界定大多基于新产品、新市场、新技术的视角，而未对认知、时间、空间等维度进行整合研究，也并未系统考察知识搜寻策略间的平衡问题，知识搜寻不同策略（如本地搜寻与远程搜寻等）之间是否存在最佳平衡点、如何通过平衡来取得最佳搜寻绩效等问题，因此本书将关注知识搜寻平衡机制及其作用。

现有研究开始关注企业如何从国际和国内范围中搜寻知识并加以整合利用从而开展创新活动，如 Kim 和 Park（2010）指出企业能从全球制造范围中获取多样化和新奇的外部知识，从而促进企业创新。Pérez - Nordtvedt 等（2010）研究发现子公司在海外开展业务的过程促使其为母公司传递更多复杂知识，从而提升母公司学习的效率和效果。有学者发现我国企业能从本地集群中发现和利用学习、知识转移和信息交换的机会，因而显著提升创新绩效（钱锡红等，2010；王晓娟，2008）。这些研究分别探讨了在国内和国际范围内从网络中搜寻和获取知识对创新绩效的独立效应，然而并未关注从两类地域范围内获取网络资源的平衡与协调。在国内和国际范围内搜寻知识是我国企业的典型特征。Malecki（2011）的研究认为从新兴经济国内市场进行知识搜寻和吸收，同样有利于企业整合外部知识，并实现对两类知识的整合和创造，从而摆脱技术不利地位。当然，从国际范围内进行知识的探索同样有利于促进知识创新，两类地域范围内的知识价值在创新过程中能够共存，但当前研究尚未审视如何平衡和协同两类地域位置中知识搜寻以提升创新绩效的问题。本书将整合知识类型和知识距离的空间距离的维度探究知识搜寻策略及其双元均衡对企业创新绩效的影响作用。

（二）网络嵌入性作为知识搜寻前因变量

外部知识对组织竞争优势的作用已得到学者的广泛共识（Laursen and Salter，2006），但相关理论研究并没有对哪些因素具体影响组织的知识搜寻做出系统性回答（Raisch and Birkinshaw，2008）。已有的组织搜寻前因研究主要考察组织层次的因素和外部环境因素，较少关注网络嵌入性和知识基特征等因素（熊伟等，2011）。开放式创新作为当今创新的基本范式，其机制是通过知识的识别、搜寻、获取、整合和利用加快内部创新（Chesbrough，2006；Kaisa 等，2011），企业所开展的知识搜寻活动产生于其所嵌入的网络情境中，因此深入研究企业网络对知识搜寻和创新绩效所发挥的作用有助于进一步深入挖掘开放式创新的机制。

目前，已有学者开始在网络研究中探讨组织搜寻的相关问题。Tiwana（2008）认为知识搜寻效率的提升可以依赖组织联盟间的关联性和经验互补性，关联性有利于知识在联盟间的深度传递，而互补性则有利于网络知识传播对企业创新的有效性。Koka 和 Prescott（2008）的研究认为知识搜寻效率的提升还有赖于组织在网络中的位置或者中心度，具体而言，居于中心位置的组织能够利用更多的网络关系来进行更加深入、广泛的搜寻活动，并且占据结构洞位置或利用桥接关系来获取更多的非重复信息，从而提升企业知识搜寻的效率。Tortoriello 和 Krackhardt（2010）认为在网络环境中，高强度的网络能够为整合信息提供必要的关系基础，而多样化的网络结构则能够为企业提供多元化的知识基提供保障，因此只有整合网络的不同维度才能有利于提升组织跨界搜寻的能力。此外，Koka 和 Prescott（2008）的研究认为联盟或网络成员间的高信任水平有利于成员间对隐性知识的跨界搜寻与深度转移，这为从多层面探讨网络对知识搜寻的影响提供了理论启示。然而，整体而言，组织联盟或网络嵌入特征如何影响国际企业的跨界知识搜寻活动及绩效等问题尚未引起学者们的充分关注，因此本书将整合网络理论和组织搜寻理论，着重考察网络嵌入性对企业开展知识搜寻进而促进创新的影响作用，从而深化现有知识搜寻的相关研究。

（三）网络、知识与创新绩效逻辑关系框架的重新审视

经过学者的广泛研究，网络对创新的作用形成了几种不同的观点，早期学者认为网络会促进企业的创新，其机理在于网络的信息获取和资源整合能力，如林南等提出的社会资本理论用来支持网络对创新影响的理论依据，而后来一些学者则发现网络在一定程度上会阻碍创新，其机理在于网络的聚集容易产生封闭的信息闭环，会在一定程度上阻碍创新的实现，最近一些学者又开始认为网络对企业创新的影响会随着环境和企业自身的不同而有所差异（Gulati and Higgins，2003）。总之，网络与创新绩效关系的研究得出多项悖论。从网络嵌入的关系性维度来看，学者们在探究关系嵌入通过知识获取影响创新绩效时得出了并不一致的结论，部分实证研究结果表明网络联结能促进知识获取和创新绩效，然而也有学者发现强联结对企业创新绩效表现为负向影响作用，从而形成了“嵌入性悖论”，如 Granovetter（1992）的研究认为强联结会束缚网络主体的知识获取能力，而弱联结则有利于网络主体间的知识和信息传递。Uzzi（2003）认为，网络主体间的关系强度有利于隐形知识在网络间的转播，从而能够有助于企业获得更为广泛的知识。Perry - Smith 等（2003）基于结构洞理论，提出网络主体基于桥联结形成的结构，能够减少重复信息，增加信息基的多元化，从而有利于知识在主体间的转移。这一观点与以 Granovetter 为代表的学者所得出的研究结论恰好相反。此外，基于信任角度分析的学者，则认

为可能存在两种情况，一种是信任圈的产生会导致网络的封闭性，从而导致知识获取的范围较窄；另一种则认为信任能够带来稳定的网络关系，有利于深层次信息在网络间的传播，因此围绕网络嵌入性与企业知识获取的关系形成了关系（网络）嵌入性作用悖论（郭劲光，2006）。究其原因，知识获取可以看作是一个包含知识识别、搜寻、接收、应用与创新等阶段和活动的过程（Chesbrough，2006；Kaisa 等，2011），企业所处不同特定阶段所需要完成的任务也有所差别，因此网络嵌入性特征对其影响作用也存在较大差异，在分析网络嵌入性的影响时，学者们多从知识获取和组织学习的整体角度入手，并未探讨网络嵌入性对企业间知识获取不同阶段的影响，反而是以对企业某一阶段的研究来代表网络嵌入性对知识获取的影响，因此不可避免地导致研究结论的不一致。基于此，本书将聚焦探究网络嵌入性对知识搜寻这一阶段的影响作用，以期厘清网络通过知识获取和学习作用于创新绩效的机制和过程，在一定程度上解释悖论出现的原因，进而推动企业网络与创新绩效关系的研究。

在系统地回顾现有理论和模型的基础上，本书针对研究问题和拟实现的研究目标进行了模式设计和构建，提出如下的研究模型（见图 3.7），由网络特征、知识搜寻策略、创新绩效以及组织和环境调节变量共四部分组成，具体包括以下方面的研究内容：首先，根据已有的文献支持和研究基础深入探讨网络特征通过知识搜寻影响创新绩效的作用机制，并借鉴成熟的量表开发适合于本书的测量问项，在此基础上通过量化研究检验模型；其次，本研究认为组织层面的吸收能力对企业从网络中更好地搜寻和吸收知识会发挥一定影响作用，而不同的外部环境动荡性也会影响知识搜寻对创新绩效的作用过程，因此引入组织特征的吸收能力和环境方面的动荡性作为调节变量，通过实证检验验证企业借助所处网络开展的知识搜寻从而提升创新绩效过程的情境因素；最后，由于本书研究的是不断发展演化过程中的国际化企业，其战略和行为不仅具有自主能动性，而且还会表现出一定的阶段性和动态性，因此需要基于纵向视角探讨知识搜寻双元平衡影响创新绩效提升的过程和实现路径，本书将采取纵向多案例研究方法拓展和深化定量研究的结论，从而发现和分析企业在国际化经营不同阶段知识搜寻策略双元平衡的发展和演化过程，以及从所处网络中搜寻新知识以推动企业创新能力提升的内在机制。上述内容构成了本研究的后续章节，因此将在如下的章节内容中对变量间的假设关系推理、变量测量和量表设计以及实证检验及检验结果讨论进一步展开论述。

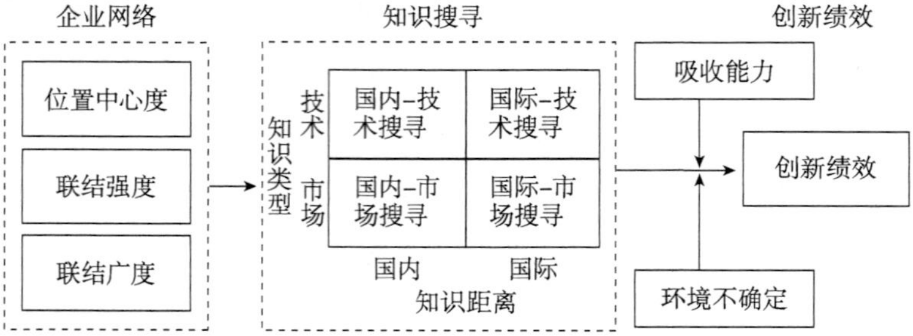

图 3.7　本书模型

在根据知识类型和知识距离两个维度界定和区分不同类型的知识搜寻策略基础上，本书借鉴组织双元性理论和现有学者的研究思路（He and Wong，2004；Lavie 等，2009；Lin 等，2007；Venkatraman 等，2007；Lavie，Kang and Rosenkopf，2011；Voss and Voss，2012；Mukherjee 等，2017），进一步对不同知识搜寻策略间的平衡及其与创新绩效的关系进行了推演，对知识搜寻双元均衡与创新绩效的逻辑关系如图 3.8 所示，其中将国内市场知识搜寻与国际技术知识搜寻间的平衡，以及国际市场知识搜寻和国内技术搜寻的平衡均界定为域间均衡；国内技术搜寻和国际市场搜寻间的平衡被界定纯开发策略，国际技术搜寻和国际市场搜寻间的均衡为纯探索策略；国内技术与国际技术搜寻间的平衡为技术知识搜寻双元均衡，国际市场与国际市场搜寻间的平衡为市场知识搜寻双元均衡，二者均属于域内均衡。

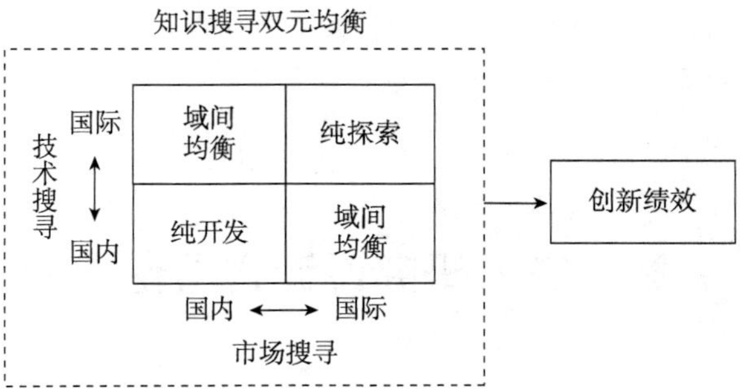

图 3.8　知识搜寻双元均衡与创新绩效关系

注：双向箭头代表域内均衡，其中，代表技术知识搜寻双元，代表市场知识搜寻双元。

第二节 研究设计方法论指导

在过去的20年时间里，多样化的研究方法为开展管理研究提供了多种选择，然而在进行本研究时需要在研究计划和方案设计中运用一种整体性的研究设计框架，从而保证从研究的方法论到具体的数据收集和分析等均有可靠的理论指导，还能帮助本书的研究建立在坚实的文献基础之上，在确立研究方案设计所需的框架之前，按照 Crotty（1998）的观点，首先要明确设计研究方案需要考虑的四个问题：认识论/理论视角中的知识论、理论视角/哲学立场、方法论/联系方法和结论的行动计划或策略、方法/步骤和技巧。Creswell（2007）认为上述四个问题体现了研究设计过程中与决策相关的思维层次，并将其概念化为研究设计的三个方面，分别是：研究者运用的知识观、贯穿整个研究步骤的研究策略以及使用的资料收集和分析方法。图 3.9 揭示了以上三个要素如何共同形成了不同的研究路径，又依次转化为研究设计的具体步骤，由图 3.9 可知，在准备研究方案设计之时，首先需要评估研究的知识观，考量将用到哪些策略和具体的研究方法，审视了这三大研究要素之后就能明确研究方式应采取定量、定性还是混合研究，进而确定具体的研究步骤。

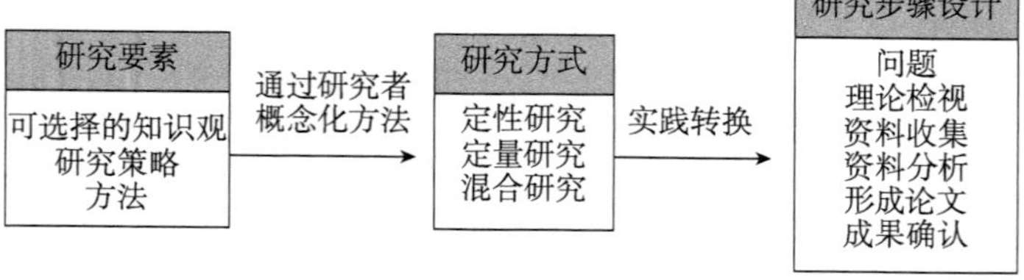

图 3.9 从知识观、研究策略和方法到研究方式和研究步骤设计

资料来源：根据《混合方法论：定性方法和定量方法的结合》改编。

基于本书的研究问题和研究目标，接下来将详细介绍混合研究方法，并结合质性研究对量化研究的有益补充，特别是其中的案例研究的优势，从而为后续章节提供方法论支持，并在此基础上形成综合了定量研究和定性研究中的案例研究分析方法的混合研究设计。

一、研究范式比较

在确立了知识观的基础上，研究就进入了有关知识观假设的研究设计选择阶段，从而为研究设计的步骤提供具体方向的研究策略或方法学阶段。在社会科学研究中需要运用的主要策略如表 3.1 所示。

表 3.1　可供选择的研究策略

定量	定性	混合
实验设计非实验设计，如调查等	叙事研究现象学民族志研究 扎根理论个案研究	顺序法并行法转换法

资料来源：根据《混合方法论：定性方法和定量方法的结合》改编。

在 19 世纪晚期至 20 世纪，后实证主义的观点使定量研究相关的研究策略成为主流包括真实验研究、准实验研究、关联性研究以及复杂实验研究等。而到了 20 世纪 90 年代基于建构主义发展起来的定性研究逐步受到关注，其中包括民族志研究、扎根理论、个案研究、现象学研究、叙事研究等。随着研究方法和社会科学的发展和演进，研究者逐渐认识到所有研究方法自身均存在一定的局限性，而任何单一研究方法的不足均可能在其他方法中得到中和甚至消除，加之定性和定量研究在人文社会科学中的发展及其公认的合理性，综合了定量和定性两种方法来收集和分析资料的混合研究近年来得以不断发展，为了便于把握不同分析层次和不同分析单元（Morgan，2006），一种研究方法就被嵌构到另一种研究方法中（Tashakkori and Teddlie，1998）。随着混合研究使用频率的提高，很多文章出现在多个领域的认为社会科学期刊中，而且还出现了多本关于混合研究步骤的著作（Greene and Carcaelli，1997；Newman and Benz，1998；Reichardt and Rallis，1994；Tashakkori and Teddlie，1998，2003），并在文献中出现了与之相关的术语，如多元方法（multimethod）、收敛法则（convergence）、整合和联结（integrated and conbined）（Creswell，1994）以及调整研究过程（Tashakkori and Teddlie，2003）等。

混合研究的理念最早大概源于 Campbell 和 Fiske（1959）对心理特质的研究，他们还鼓励其他研究者使用多种资料收集方法，这也促使越来越多的研究者将多种方法混合使用，不久与田野研究相关的观察法、访谈法等均被用于与传统的测量法相结合（Sieber，1973）。因此，混合研究来源于心理学以及 Campbell 和 Fiske（1959）为对源于定量和定性的数据进行整合或三角验证而提出的多质多法模型（Jick，1979），后续发展到社会学、教育学等多个学科领域，由此发展到混合研究的步骤和推论研究（Creswell，2002；Tashakkori and Teddlie，1998）。这些最初对混合研究设计的界定都是基于三角互证的理念，然而混合方法的功能早已超出其产生时的作用，Greene 等（1989）认为混合研究设计有助实现三角测量、相互补充、创造新视角、推动结论深化和拓展研究主题五大目标。

表 3.2 用于展示定性、定量和混合研究这三种研究路径。

表 3.2　定性研究、定量研究和混合研究的比较

趋向或特征	定性研究	定量研究	混合研究
哲学假设	建构主义/辩护或参与式知识观	后实证主义知识观	使用主义知识观
研究策略	现象学方法、扎根理论、民族志、案例研究和叙事研究	测量和实验	顺序法、并行法和转换法
研究方法	开放式问题、即时呈现的方法、文本或图像资料	封闭式问题、预设的方法及数量资料	开放—封闭问题、即时呈现—预设方法、定性—定量的数量和分析
研究者的操作	确定研究者在研究中的位置收集参与者的看法关注单一概念或现象研究中带入个人价值观研究参与者的背景验证结果的精确性解释数据创设变化或变革议程与参与者合作	验证理论或解释确定研究变量阐述问题或假设中的变量信度和效度的保障观测和测量数据使用无偏见的方法使用统计程序	收集定性数据和定量数据为了整合研究中的不同资料而创设理论依据提供一个可视的研究步骤图使用定性和定量研究的具体方法

资料来源：根据《混合方法论：定性方法和定量方法的结合》改编。

由表3.2可以看出，定性研究基于建构主义或以辩护/参与式视角来建构知识，无论采取哪种具体的研究方法，定性研究均表现为以开放方式收集资料，并从大量数据资料中提取主题予以呈现。定量研究主要是采用后实证主义知识观来建构知识，再运用实验法、调查法等研究策略和事先确定的测量工具来验证假设。混合研究强调研究者基于实用主义来建构知识观，具体采取顺序法、并行法或转换法等研究策略和手段来收集资料，由于兼具定量和定性两种研究策略，因此其数据收集过程必然包含数量信息和文本信息两大类，而且这种收集多种类型的资料的方式也能保证研究者能更好地理解研究问题，研究将开始于大范围的调查，之后侧重以更为细致的定性研究方法收集参与者的信息。由此可见，在一项研究中或关联的多个研究中综合使用定性与定量这两种研究方法有助于形成更为完整准确的数据和研究结果、验证研究结论和发现以及实现研究方法的彼此改进和补充等。

基于 Creswell（2007），Tashakkori 和 Teddlie（2003）等对混合研究范式选择的论述，本书将结合所研究的问题，在混合研究范式下进行研究方案设计，并依据定性与定量研究的步骤开展研究工作。接下来将介绍三种普遍使用的策略及其所包含的多种变式：

顺序法（sequential）。研究者使用某种方法来详细阐述和说明另一种方法所得出的研究结论，这种方法可能涉及首先使用定性研究开展探索，其次从研究结果中得出总体的情况继而采用大样本的定量调查或实验以深化和证实研究结论。研究者还可能先采取定量研究论证所提的研究假设和理论模型，在此基础上运用定性研究开展对一些案例的深入研究。

并行法（concurrent）。研究者为对研究问题有更全面的理解和分析而同时选取和使用定性资料和定量资料，因此，在收集和分析资料的过程中，研究者需要收集两种形式的资料数据，然后将这些信息整合到对整个研究结果的理解中。此外，研究者需要将用一种方法得来的资料嵌套进另一种方法获得的资料中，以分析某一组织结构中不同方面的问题或单元层次。

转换法（transformative）。研究者把一种理论视角视为最佳视角，这种视角为研究中的主题提供了框架，为资料收集提供了方法，同时还为预期的结果及其变化提供了一种分析工具，其中包括了顺序法和并行法的资料收集方式。

二、混合研究策略的选择标准

在确立了使用混合研究路径开展研究后，研究者还需要说明和明确具体的策略选择标准，从而进一步进行数据的收集、分析和解释，关于混合研究策略的选择标准学者已经探索出多项可供考量的具体标准（如 Morgan，1998；Greene and Caracelli，1997；Tashakkori and Teddlie，1998），表 3.3 的矩阵中展示了在选择混合研究策略时的四个决定因素及其影响下具体的研究策略选择（Creswell 等，2003）：

表 3.3 研究设计的混合策略选择

实施策略	优先	整合	理论视角
无顺序—并行	同等	在数据收集阶段	明晰
顺序化—定性方法优先	定性法	在数据分析阶段	
顺序化—定量方法优先	定量法	在数据解释阶段	内隐的
		在综合阶段	

资料来源：根据《混合方法论：定性方法和定量方法的结合》改编。

由表 3.3 可以看出，选择混合研究策略的四个决定因素具体如下：在研究方案中收集定量和定性数据的顺序；在进行定量和定性数据收集和分析时的优先顺序；对定量和定性数据和结果进行整合的研究阶段；是否应将所有理论视角都用于研究。

鉴于采取混合方法设计和选择研究方案时较为复杂，具体的混合研究策略选择存在多种可能性，为了避免路径和策略选择时的混乱，Ulin 等（1996）提出了定量和定性研究路径相互整合的场景，如图 3.10 所示。

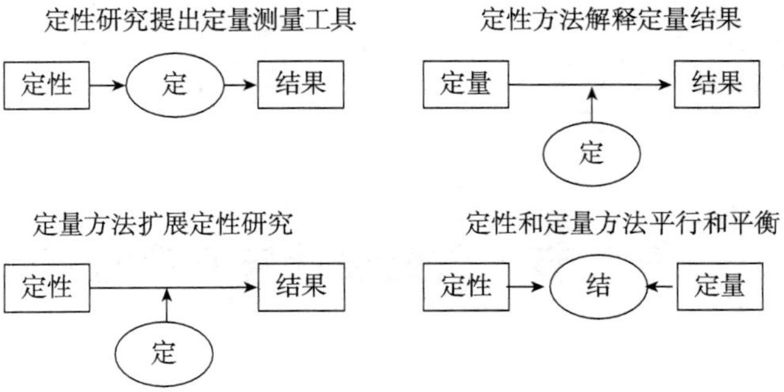

图 3.10　定性方法和定量方法相结合的场景

资料来源：根据 Ulin 等（1996）改编。

此外，Creswell（2010）在他及其合作者先前讨论的基础上改写并提出了六种混合研究的主要策略，分别包括顺序法中的顺序解释性策略、顺序探索性策略、顺序转换性策略和并行法中的并行三角互证策略、并行嵌套策略、并行转换策略。

第三节 研究设计与研究流程

一、本书的混合研究策略选择

基于研究问题和目标，本书将在混合研究路径下设计具体的研究方案和策略，整合定性与定量方法的研究流程开展研究工作（如图 3.11 所示）。具体而言，选择 Ulin 等（1996）所提出的四类定性与定量研究方法相结合场景中的第二种情景，即采用定性研究进一步解释和深化定量研究结果，同时本书所采用的混合研究方法属于 Tashakkori and Teddlie（1998）提出的三种类型中的主次设计，在操作层面，本书将首先基于理论导向设计定量研究思路和具体的研究流程，其次选择定性研究中的案例研究方法对定量研究所得的结果进行解释和检验，从而完成理论与实践的整合，两种研究路径的相互验证和补充，不同类型数据间的三角互证，研究结论的深化和拓展等，以达成最终的研究发现。本书使用混合方法开展研究的原因如下：

首先，本书以双元性理论、组织搜寻理论为基础，而关于这些理论已存在大量的研究文献，学者已构建了相对完整全面的理论体系和框架，因此为本书演绎出研究模型和框架并开展定量研究提供了基础。知识搜寻及其双元平衡既是基于组织搜寻理论重要概念，又是双元性理论在知识与组织学习领域的表现，因此在已有研究的基础上通过理论演绎和推导并采用定量研究进行假设检验是恰当的。与此同时，国际化理论的发展日益重视企业所处的网络情境，网络理论有助于丰富和完善以往占主导地位的国际化过程理论在解释企业国际化问题时的不足之处（Johanson and Mattsson,

1988)，特别是在解释组织学习和知识获取方面的有效性受到认可，因此网络嵌入性的视角为推导知识搜寻双元平衡的关键驱动因素提供了坚实的文献基础。

其次，根据 Creswell（2010）的观点，某类社会问题的研究必然要求特定的路径方法，而研究路径与问题的匹配是在选择研究方法时最为重要的考量标准，如果研究问题是要理解能预示结果的征兆，明确结果的影响因素及其干涉效果，或检验一个理论或解释时，定量研究是最佳的方式。本书在界定和构建了知识搜寻双元平衡的四种类型的基础上，分析其对创新绩效的影响，并从网络嵌入式视角识别和检验其关键驱动因素；此外，在管理学研究中对绩效影响作用的研究多采用定量研究方法以准确检验变量间的作用机制，因此本书选取的是以定量研究为主的研究路径。

最后，定性研究适合于理解未被充分研究过的概念或现象，具有开拓性和探索性。鉴于企业国际化是一个动态演变的过程，单纯采用横截面数据难以完整展示其发展变化，因此，为了深入理解知识搜寻策略及其双元平衡对创新绩效的作用机制和过程，以及在企业国际化发展过程中驱动因素的演变，本书将以定性研究中的案例研究方法作为辅助的研究方法，用以解释和拓展定量研究的结果，从而检验和推进研究结论及其适用性。

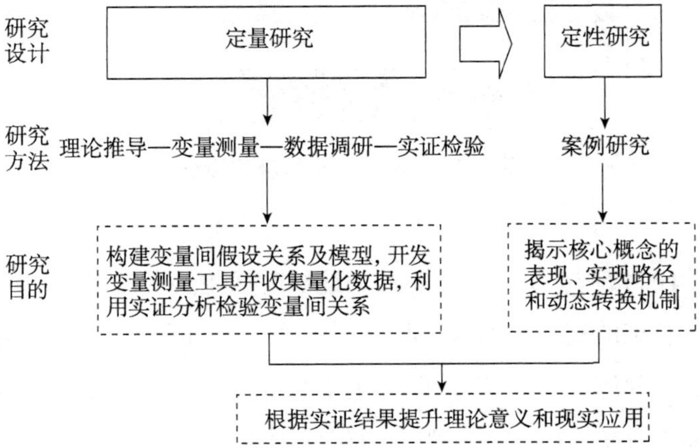

图 3.11　本书的嵌入式混合方法设计

资料来源：本书设计。

二、本书的整体流程设计

本书将整体研究流程分为在时序和逻辑上相互承接的四个部分和研究阶段，具体包括研究主题确立、研究设计、数据收集与分析、研究报告，如图 3.12 所示。

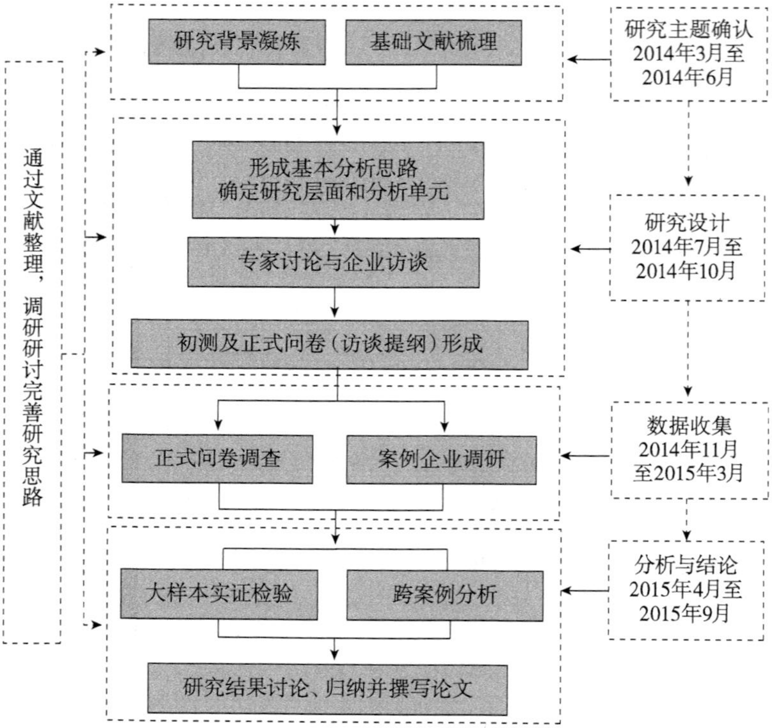

图 3.12　本书的整体流程设计

资料来源：本书设计。

第一阶段为 2014 年 3 月至 6 月，这段时间主要通过文献的阅读和积累完成对理论基础的梳理和回顾，思考并确立研究主题和研究思路，为了识别和确定研究问题，本书对企业国际化过程中的知识搜寻、双元性理论，以及网络理论背景下的知识获取和组织学习进行了详细的文献研究，从而奠定了本书的理论基础。

第二阶段主要完成研究设计方案的工作，该项工作在 2014 年 7 月至 10 月进行，工作内容包括三部分：首先是根据专家意见、企业半结构化访谈等方式进行初步的探索性调研，以明确研究框架；其次，在构建了清晰的研究框架后，借鉴既有文献对关键变量的成熟量表开展量表开发工作，设计调查问卷初稿并就初稿内容与专家讨论，形成预调研问卷；最后通过开展预调研获得反馈意见，对调查问卷进行修改完善，从而形成本书的正式问卷，同时初步拟出进行后续案例意见的半结构化访谈提纲。

第三阶段工作是完成数据收集，开展时间是 2014 年 11 月至 2015 年 3 月，本书需要通过问卷调查的形式收集定量数据，还需要借助半结构化访谈、参与式观察等方式和手段收集定性研究数据，由于作者所属研究团队长期开展国际营销和国际企业管理研究，因此与多家国际化企业和相关机构保持着良好的合作关系，这对本书的开展奠定了良好的基础，同时也保证了整个研究过程都能收集所需的调研数据。

第四阶段工作的时间为 2015 年 4 月至 9 月，在此期间主要完成数据分析并得出研究结论，其中对大样本调查所获得的定量研究数据通过相关分析软件进行假设检验以得出研究结果，而案例研究主要通过数据编码和跨案例分析得出研究结论，在此基础上完成论文的撰写工作。

三、嵌入式设计中定量研究的研究程序

通过上述对研究方法论的阐述可以发现，19 世纪至 20 世纪末，实证主义者的观点在人文科学领域占据主导地位。后实证主义者假设已经掌握了有关什么是确证为真的知识观念，这种立场通常也被叫作“科学化方法”或“做科学研究”，同时也被称为定量研究、实证/后实证研究、经验科学及后实证主义等。后实证主义者要在研究中发现影响结果的原因，为此需要将某一理念演绎为构成研究问题和假说的变量，他们认为知识是基于对世界客观真实的仔细观察和测量得来的，因此，开展量化观测和进行个体行为研究至关重要。定量研究是研究者采用后实证主义知识观来建构

知识，如因果联想、具体变量、假设和问题的简化、测量和观察的运用以及理论检测，研究者通过详述其精确的假设和数据收集过程来检测理论，在实验处理前后的态势评估中往往需要进行实验设计，并且通过测量工具所收集的信息对态势进行量化，进而用统计进行信息分析和假设检验。

本书的研究目标是检验企业国际化情境中的知识搜寻策略及其双元平衡对创新绩效的影响，并从网络嵌入性视角识别知识搜寻的关键驱动因素，旨在发现这些变量间的作用机制及环境和组织层面调节因素所发挥的影响作用。本书所研究的核心构念均根源于成熟的理论和文献基础，如知识搜寻、探索与开发及其双元性对企业创新绩效的影响作用，以及网络视角下企业国际化进程中的知识和学习等前人研究成果，对检验动荡经营环境中企业“网络结构－知识搜寻策略双元平衡－创新绩效”的理论模型具有重要启示意义，该模型及其研究结果旨在丰富和完善现有理论，并为企业实现知识搜寻双元均衡提供参考和借鉴。综上，根据本书的研究问题和研究思路最终选取以定量研究作为主要研究路径，辅之以定性研究对其研究结论加以解释和深化，对定量研究的部分采取建模方式以更好地解释变量间的作用关系。

为了探究国际化动荡经营环境下企业知识搜寻及其双元均衡的内涵和作用，本书按照既定的研究思路和研究问题的发展将定量研究的内容分为三部分内容展开，分别是企业国际化过程中知识搜寻策略及其双元平衡对创新绩效的影响机制，网络结构特征对知识搜寻的影响作用，以及环境和企业层面调节变量所发挥的效应。在明确具体细化的研究问题后，定量研究的开展需要对现有理论和文献研究成果进行回顾和整理，并结合管理实践推演出理论模型和假设，构建变量间的假设关系，为实证检验提供前提和基础，为此本书从现有研究中总结和发展理论，基于组织搜寻理论、双元性理论和网络理论演绎和推导出研究假设。接下来，在研究设计部分首先需要确定分析单元，考虑其次研究问题和目标，最终选择中国国际化企业为样本总体开展研究，同时鉴于本书将采取调查法进行定量研究，必然涉及主观测量，而且企业的行为是其个体特别是高管行为的集中体现，因此，将重点收集企业在国际经营过程中市场和产品方面的表现和高管行为认知等数据。随后需要对变量进行操作化定义，通过借鉴成熟的测量量表开发和设计本研究的量表，为保证量表的准确性采用双向翻译，并充分征求相关专家的意见和建议，还通过预调研的方式对量表进行了修正和完善，最终形成本研究的量表。样本和抽样方面采取便利抽样和随机抽样相结合的方式，主要覆盖的地理区域包括长三角、珠三角、环渤海地区和东三省等省市。数据收集主要通过实地走访调查、寄送电子邮件和在线滚雪球的方式发放调查问卷，对回收的问卷进行认真的删选和核查以剔除不合格问卷。最后，对所获取的有效样本进行统计分析，根据分析结果判定模型拟合程度和假设关系是否被支持。上述所提到的定量研究部分的内容作为嵌入式混合研究路径的主要内容将在第四和第五章详细阐述。

四、嵌入式设计中定性研究的研究程序

以往学者们通过汇集文献中的发现并结合常识和经验来构建理论，然而这一的理论与实际数据间的关联通常较为薄弱，正如 Glaser 和 Strauss（1967）所强调的，只有保持与实证数据的紧密联系才能构建起经得起检验、有意义且有效的理论（Eisenhardt，1989）。案例研究是沟通丰富的质性数据和主流的演绎式研究间的最佳桥梁之一，且与标准科学研究中的渐进式增量理论构建高度互补（Eisenhardt，2007）。

本书所采取的嵌入式混合研究路径中将以定性研究中的案例研究方法作为定量研究的补充和深化，采取纵向多案例研究方法，根据理论抽样的原则选取不同行业和性质的国际化企业为案例研究对象以尽可能解释和深化定量研究的研究结论。考虑基于多种数据收集方法的三角测量有助于构念和研究结论具有更为坚实的实证依据，因此本书的案例研究将综合运用访谈、参与式观察等方式收集一手数据，同时以企业内部（刊物、报告、文件、档案等）和外部（新闻报道、论文、文章、年报等）二手资料加以佐证以确保研究的准确性和可靠性，并且在访谈过程中随时根据访谈进

度、所获取信息等需要调整访谈和更新访谈提纲。通过严格的编码过程对数据资料进行分析，案例内分析时需要将每个案例看成独立的个体，在寻找跨案例的普适性模式之前能使每个案例独有的模式涌现处理，在此基础上开展跨案例对比，寻找案例间的相似点和不同点，并使用结构化和多样化的视角来分析数据，从而不断明晰概念和变量间的关系，通过不断重复比较和验证的过程系统地对比形成的框架与案例中的证据，从而保证研究结论是从数据资料中真实涌现出来的，而理论是在数据资料、文献间不断互动穿梭中确认并形成的。

通过上述严谨的案例研究过程和步骤最终实现本书所设计的嵌入式混合研究的目的，即借助案例研究拓展和完善定量研究所得出的研究结论，更深入地观察和展示企业国际化过程中知识搜寻策略双元平衡的实现路径及其推动创新绩效提升的作用机制和过程。

第四章 企业网络与知识搜寻对创新绩效影响的假设发展

根据第二章文献综述的内容可以发现，大量现有研究结果表明知识搜寻对创新绩效具有影响作用，尽管这种作用方向和结果在不同研究中得出的结论并不一致，但其中的矛盾和不一致之处正是本书研究的出发点，同时基于“结构—行为—绩效”的逻辑和研究框架引入网络嵌入性视角识别知识搜寻的关键驱动因素，由此构建起概念模型，本章内容将在上述文献梳理和所构建的理论模型的基础上结合已有研究成果展开理论推演，明晰“企业网络—知识搜寻—创新绩效”作用机制的细化假设与研究模型，并基于大样本调查的方式对企业进行问卷调研，检验所提出的研究假设并对模型加以修正和完善，最后对研究结果进行分析和讨论。

第一节　知识搜寻与创新绩效关系

在第三章中已经明确了本书的理论模型，即在企业网络驱动下的知识搜寻双元平衡与创新绩效的基本逻辑框架，同时企业内外部的吸收能力和环境动荡性会影响企业知识搜寻策略的选择及其对创新绩效的作用，在上述理论演绎的基础上，本章节内容将继续推导企业网络、知识搜寻双元平衡与创新绩效的作用机制，并明确组织内外部因素在其中所发挥的调节效应。

本书基于组织搜寻理论、双元性理论和网络理论探讨企业在国际化进程中通过知识搜寻双元平衡促进创新绩效提升的作用机制，企业自身所处的外部网络为其搜寻和获取新知识提供了重要的条件和基础，借助不同的知识搜寻策略获取不同于企业原有知识基础的新知识和信息有助于形成新颖的想法并打破惯性，从而推动创新能力发展。具体而言，本书中的知识搜寻策略借鉴 Li, Vanhaverbeke 和 Schoenmakers（2008）以及 Lavie，Kang 和 Rosenkopf（2011）对探索与开发的界定和域的区分，按照知识类型和知识距离将知识搜寻分为横轴和纵轴两个方向，横轴代表知识距离，分别为国内搜寻（开发）和国际（探索）搜寻，纵轴代表不同职能域的知识类型，分别为市场搜寻和技术搜寻，整合知识搜寻分类的两个维度，最终得到四个类型的知识搜寻策略，分别是国内—市场搜寻、国际—技术搜寻、国内—技术搜寻和国际—市场搜寻。以此为基础得到以下四种类型的知识搜寻平衡策略：纯开发策略（国内市场搜寻与国内技术搜寻）、纯探索策略（国际市场搜寻与国际技术搜寻）、区域内均衡策略（国内市场搜寻与国际市场搜寻、国内技术搜寻与国际技术搜寻）和区域间均衡策略（国内市场搜寻与国际技术搜寻平衡的技术发展策略，以及国内技术搜寻与国际市场搜寻平衡的市场发展策略）。

知识是企业竞争优势的重要来源，使企业具备更强的能力来应对各种外部不确定性（Van Wijk 等，2008），企业在国际化经营过程中，需要足够的知识识别、吸收、转化和利用外部新知识，进而推动企业创新活动的开展（Grigoriou and Rothaermel，2017），本书将通过分析在不同维度上搜寻的知识架构的平衡如何更为有效地促进创新绩效提升。知识基础观认为知识获取有利于企业获得良好的绩效，因此企业从外部获取的新知识会直接并通过将其应用于新产品的开发与生产促进绩效的提高（江旭等，2008；Felin and Zenger，2014；Operti and Carnabuci，2014）。

根据组织双元性理论，企业既需要开发保持效率、现有收益和稳定性，又需要探索为企业应对不确定性，确保组织的创新性、灵活性和有效性（Simsek，2009）。现有研究表明，单纯追求和关注其中一种活动无法实现绩效最优，而探索与开发活动的双元平衡能提升绩效，由于二者对企业资源的争夺以及所要求的组织结构和惯例相互冲突和矛盾，因此探索与开发活动的张力将阻碍和弱化组织绩效（Gupta 等，2006；Levinihal and March，1993）。虽然长期以来学者对实现探索与开发平衡的机制还未达成统一意见，但基本包括两大类观点，即从空间分离角度提出的双元平衡模式和从时间角度提出的间断平衡模式。

知识搜寻作为一种解决问题的组织学习方式，有助于企业发现和获取新知识以优化现有知识基础，因此从本质上来说，知识搜寻也属于组织学习的一种，同样遵循 March 所提出的平衡探索与开发的必要性。本地搜寻与远程搜寻是最基本的搜寻分类方式，本地搜寻是对组织现有知识基础相近以及本区域附近的新知识进行搜寻（Stuart and Podolny，1996），远程搜寻强调搜寻与企业现存知识差别较大的知识以获得更新颖和差异化的知识源（Rosenkopf and Nerkar，2001）。借鉴现有研究对探索与开发以及对知识搜寻策略的分类（Li，Vanhaverbeke 和 Schoenmakers，2008；马如飞，2009；Jung and Lee，2016），从知识距离和知识类型/职能域两个维度将知识搜寻分为四类，国内—国际是按照传统意义上从地域维度对知识搜寻划分的结果，国内知识搜寻被看作开发本地知识，国际搜寻属于远程搜寻是探索策略。

技术是指用于发展产品或服务的理论和实践的知识、技能和经验（Geiger and Makri，2006），技术搜寻与应用搜寻相关，经常受到解决一个具体实际问题的动机所驱使。然而，对成功的创新而言仅有技术搜寻并不够，还需要开展市场知识搜寻获取顾客、供应商乃至竞争者的相关信息以补充技术搜寻获得的知识（Von Hippel，1994；Chesbrough and Rosenbloom，2002）。还有一些学者将知识分为技术和市场两类，其中技术知识包含科学知识和应用知识两类，它们都是与产品和工艺开发相关的知识，而市场知识则包括顾客知识和竞争者知识两类，它们则都是与市场信息有关的知识（Howells 等，2003；Li and Calantone，1998 ；Marinova，2004）。技术和市场知识的划分有利于在内容、情境和获取方式等多种方面对知识搜寻的行为进行区分，因此除从搜寻地域维度将知识搜寻分为国内搜寻和国际搜寻外，还可以从知识搜寻对象的类型将知识搜寻分为技术知识搜寻和市场知识搜寻。常见的与技术相关的知识搜寻行为包括文献检索、学术交流、联合研发等，而与市场相关的知识搜寻行为则包括市场调研、顾客研究、心理调研等（马如飞，2009）。

一、知识搜寻策略与创新绩效

（一）国内市场知识搜寻策略与创新绩效

企业对异质性、新颖性知识搜寻的开展必须具备一定知识基础和吸收能力以重组和利用新知识，国内搜寻在知识获取、内化、应用等方面具有明显的成本优势，使企业能够较为便利地与相关机构（如大学、行业研发中心）和合作者（如供应商、渠道商）建立联系，获取更多国内区域的复杂知识，增强自身知识基础（Kim and Park，2010；Scandura，2016），同时还能帮助企业获取创新所需的互补性资源，这是因为国内市场相对而言在文化同质性和区域交往便利方面具有独特优势，企业较易与国内机构确立合作和互惠关系，并利用这种熟识和信任快速获取知识。此外，由于知识具有隐形和显性之分，不同类型的知识在传播的过程中具有差异化的行为特点，显性知识能够通过编码的方式在企业间快速传播，而隐性知识则需要密切的人际沟通才能够产波，因此，这种特性会对企业是否能获得和吸收知识产生影响（Nonaka 等，2000）。而企业搜索新知识还依赖于吸收能力（Cohen and Levinthal，1990），由于我国企业技术水平较低、创新能力较弱，在全球价值链中仍处于弱势地位，单靠自身能力有时较难理解全球制造网络中的新知识，通过国内搜寻与合作伙伴开展高频率和高强度的互动以获取合作伙伴的知识，特别是默会知识，成为强化自身吸收能力的重要途径（胡保亮和方刚，2013）。由此可见，国内搜寻能够提升知识基础和吸收能力，从而为企业在全球制造网络中开展知识搜索奠定基础，对企业获取新知识以开展创新具有重要意义。

市场搜寻是指从组织边界外的商业网络主体处搜寻有关顾客需求、产品设计和改进等方面的市场信息（Laursen and Salter，2006；Sidhu et al.，2007；马如飞，2009）。市场信息是企业进行产品研发最基本前提，技术可以通过不断地自我探索来进行突破，而市场信息的搜集直接决定了产品研发的商业化前景，如果缺乏市场信息，技术研发的成果也难以实现其商业化价值，因此，市场信息对产品研发而言至关重要（Lundvall，1985；Ahuja and Katila，2004）。而市场信息的获取则是一项艰难的工作，市场信息具有分散、凌乱、无序等特点，如何实现市场信息的系统化并从中获得有价值的发现是市场信息搜寻的价值所在（Reed and DeFillippi，1990）。先前的学者研究发现，从市场信息搜寻中获得的市场知识有助于企业开拓新的产品、市场，甚至改变企业现有的价值网络，实现商业模式创新（Geiger and Makri，2006），尤其是在动态的不确定性环境中，市场信息搜寻更加能够与自主研发形成合力，进而大力推动企业的创新效果（Sofka and Grimpe，2010；马如飞，2009）。此外，市场知识搜寻还能够在相互交流沟通的过程中，增进商业伙伴之间的信任和关系强度，与信息获取形成正向反馈，从而获得更加有效的市场隐形信息（Davies and Brady，2000）。Kim 和 Inkpen（2005）提出，多元化商业伙伴成员共同参与和构成的跨界研发联盟，能够在相互沟通的过程中形成互补性信息，从而为企业营销与创新活动提供信息支持，而信息能力与企业的技术创新水平息息相关（He and Wong，2004），因此基于多元化的商业伙伴联盟有利于企业实现高水平的创新绩效。Li（2008）也认为部分创新是由新的顾客需求、商业模式、设计与潮流等因素带动的。Schoenmakers 和 Duysters（2010）认为整合多元化市场信息有利于组织取得良好的创新绩效。Sidhu 等（2007）认为对市场动态信息的及时跟踪使企业更具创新性。Atuahene - Gima 和 Murray（2007）研究发现通过参加展览会、购买商业化市调研数据，有利于企业制定更为切合实际的产品研发战略。因此，市场知识搜寻是企业获取外部关键信息的途径，有利于整合动态市场信息与研发策略，对创新具有重要的推动作用。

综上所述，本书认为国内市场搜寻在影响企业创新绩效方面将产生促进作用。因此，提出如下假设：

假设 1：国内市场知识搜寻对企业创新绩效具有显著的正向影响。

（二）国际技术知识搜寻策略与创新绩效

国际搜寻能带来比国内搜寻更高的知识异质性，通过增加来自国际范围的多样化新知识以丰富企业的知识储备和基础，能为企业的知识构成带来新的变异，创造更多的创新机会（胡保亮和方刚，2013）；同时通过整合企业新旧知识、国际和国内知识为提升新产品的新颖性、增加新产品的数量和类型提供可能，也能够避免企业由于长期开展国内搜寻可能导致的路径依赖和成长瓶颈（Krafft，2004），有助企业实现持续创新和突破创新（Eisenhardt and Martin，2000）。

技术搜寻主要是跨越组织边界搜寻技术知识源的行为，其搜寻对象包括供应商、客户、同行企业等技术相关企业以及高校、科研院所、公共和商业研究机构等研发主体（Laursen and Salter，2006；马如飞，2009；Martinez 等，2017），是企业获取核心技术优势的关键路径。Christine 等（2004）认为与高校合作的交易成本和技术壁垒较低，从中搜寻与获取一些关键技术能有效支持企业重大技术革新。Schoenmakers 和 Duysters（2010）发现企业利用公共研发机构专利，尤其是不同专业领域交叉所得的专利成果，更容易催生重大和原始创新。Sidhu 等（2007）对外部搜寻行为研究发现，与技术供给方合作研发对企业创新具有显著的正向影响。焦豪（2011）的研究表明，对公共实验室等知识源的识别、整合与应用成为通过提升技术与组织柔性适应能力实现产品和服务更新的手段。

国际技术知识搜寻，是指跨越地理区域边界探索新技术知识的搜寻行为，聚焦受地域差异性影响的技术知识的应用情境。知识会因为国别、体制、文化等因素的影响而呈现特定的国家特征（Hofstede，1980；Kogut and Zander，1992），因此企业研发活动反映了特定国家的社会特征和制度框架（Bartholomew，1997）。国际范围内技术的进步和技术差距的加大导致技术知识及其优势分布不均衡。各国差异化的技术知识溢出成为企业创新的重要来源之一（Phene，Fladmoe - Lindquist and Marsh，2006）。跨越地理维度的技术知识搜寻有利于企业整合世界各地的科技资源，通过不同的技术组合，实现渐进性创新或突破性创新。因而，国际技术知识搜寻策略可以帮助企业充分吸收各国的技术知识溢出，研发新产品时创造性地应用、整合来自不同国家的新颖的技术知识，研发更多的创新性产品，为顾客创造更大价值，从而取得更卓越的经营绩效（马如飞，2009）。正是源于此，近年来大型跨国公司在东道国建立研发基地的目的不只是加快国际化研发进程，并适应当地市场环境，更重要的是出发利用来自不同国家的异质性技术知识以保持持续创新能力。由于我国企业技术能力整体偏弱，同时面临产业升级与开放竞争的双重压力（Phene，Fladmoe - Lindquist and Marsh，2006），因此，在国际范围内积极开展技术搜寻能受益于跨国企业技术知识的外溢效应，而从高校、科研院所等研发主体处也能获取创新活动所需的多样化的技术知识源和创新资源。

鉴于在当下的经济环境中开发新产品、新服务所需要的技术知识种类越来越多，科技本身也日渐系统化和复杂化（马如飞，2009），技术知识搜寻成为我国企业创新能力提升的必然选择，跨越地理边界的国际技术知识搜寻行为不仅能够快速获得国际先进的技术信息，而且对企业创新绩效的作用愈发重要和关键。因此，提出如下假设：

假设 2：国际技术知识搜寻对企业创新绩效具有显著的正向影响。

（三）国内技术知识搜寻策略与创新绩效

熊彼特（1934）认为，发现新的知识要素或已有知识要素的“重新组合（Reombination）”是企业创新的两种重要途径。而技术知识搜寻可以在这两种方式上为企业创新提供帮助。一是通过帮助企业发现有利于创新的新的外部知识要素，从而直接推动企业创新；二是帮助企业发现已有知识元素，并将外部已有知识元素与企业内在知识元素进行重新组合，从而有可能实现基于重组的知识创新。

一方面，国内技术知识搜寻能帮助企业获得同质知识的不同应用方式，即知识的重组类型，从而为自身知识的重组提供借鉴。在一定程度上，企业可利用的知识要素数目决定了“重新组合”以进行创新的可能性，有限数量的知识要素决定了进行“重新组合”的机会也是十分有限的（Katila，2000；Katil and Ahuja，2002）。虽然国内搜寻在一定程度上制约了企业发现大量新知识的机会（Katila and Ahuja，2002），但可以推动企业借助与国内相关企业和机构的联系深入开发和挖掘可供利用的技术知识要素。国内技术搜寻使企业能够把握技术发展的趋势，动态识别、反馈和适应外界技术环境的快速变化，特别是在面临技术范式发生转变或遭遇新兴技术挑战之时，借鉴本地企业对同质知识的不同重组应用方式，能够帮助企业及时调整技术发展和创新战略（Utterback，1994）。

另一方面，国内技术知识搜索通过在多个技术领域进行多样化的探索，有利于企业发现不同技术领域知识元素的重新组合机会，而来自不同领域的技术知识的“新组合”有利于创新的产生。根据 Christensen

(1997) 的研究，颠覆性创新通常来自行业外的技术发展，所以企业除了密切关注会对企业经营产生直接影响的外部环境变化和行业技术发展动态，同样需要密切关注价值网络中相关行业的商业模式和技术发展动态。随着不同行业间关联度和技术依存度日益提高，跨界知识和技术整合正在成为协同创新的基础。由此可见国内技术知识搜寻还为企业提供了跨界整合的集成创新机会，通过整合来自不同行业的技术知识促进更具有新颖性和附加价值的产品开发，为顾客创造更大的价值，从而取得更好的经营业绩。因而，在国内开展技术知识搜寻，特别是通过搜寻相关行业的技术知识有利于企业突破现有的思维束缚开发出更具创新性的产品。因此，提出如下假设：

假设 3：国内技术知识搜寻对企业创新绩效具有显著的正向影响。

（四）国际市场知识搜寻策略与创新绩效

市场信息是企业产品研发并实现商业化的基础（Lundvall，1985）。市场知识搜寻能帮助企业更敏锐地、更快速地发现市场中的“非消费”区域，即尚未被较好满足的顾客需求，发现顾客的痛点（Khanagha 等，2017），而且有助于研发部门结合顾客痛点开发出更具创新性和差异化的产品（Reed and De FilliPni，1990；Cui and Wu，2017），从而提高企业创新绩效。从组织外搜寻异质性的市场信息，能够更好地开拓新市场，取得市场先发优势，尽可能地降低市场不确定性，获取潜在的超额利润。

国际市场知识搜寻策略，是指跨越地理边界进行市场知识的搜寻，这种跨越地理边界包括国界，属于市场知识在地理维度上的跨界搜索。马如飞（2009）指出市场知识容易受到制度、文化背景的影响，而且市场知识具有情境依赖性，在东道国的市场知识不一定能够应用到其他国家。对国际化企业而言，国际市场是企业竞争的主战场，而国际市场中顾客的需求变化加快、国别差异越来越明显，定制化需求越来越高。为此企业要准确而快速地响应新的市场需求，做到根据国别和市场环境的变化，密切关注顾客市场和新兴技术的发展变化，充分利用新的商业模式和技术创新来满足顾客需求。在国内市场和国际市场日益一体化的今天，企业的视野应该更加宽广，简单的国际采购和技术引进已经不能满足企业成长的内在需求，只有同时关注两个市场，才能获得企业发展所必需的国际和国内市场信息，在市场竞争中抢占先机。因而，跨地理维度市场知识搜索可以在全球地理范围内搜寻多样化的市场知识还能帮助企业进行更多突破现有业务领域边界的思考，发现开拓全新价值网络以创造性现有价值网络或改变现有价值网络竞争基础的潜在机会，从而促进创新。因此，提出如下假设：

假设 4：国际市场知识搜寻对企业创新绩效具有显著的正向影响。

二、知识搜寻平衡策略与创新绩效

（一）纯开发和纯探索策略与创新绩效

基于上述对知识搜寻与创新绩效关系的理论推导，本书认为四种知识搜寻策略将有助于企业创新活动的开展和成功，在四种类型知识搜寻策略的基础上形成的知识搜寻纯开发策略是指在国内范围同时开展市场知识搜寻和技术知识搜寻，知识搜寻纯探索策略则是指在国际范围内同时实施市场知识和技术知识搜寻。由于探索与开发活动会对支持其发展的稀缺资源产生竞争，而且又依赖不同的组织行为模式和组织惯例（March，1991），因此资源分配的局限和组织冲突使得两种活动间存在张力（Levinthal and March，1993；Tushman and O’Reilly，1996；Benner and Tushman，2003；Tushman 等，1997），而单纯的知识搜寻开发策略或探索策略将避免使企业面对权衡二者紧张关系的挑战。基于组织文化与身份的文献，可以认为单纯的知识的开发或探索搜寻策略具有内部一致性和运营有效性，在组织层面明确了要做什么以及为什么值得做（Voss 等，2006）。此外，组织采取单纯的开发或探索策略能避免域间双元带来的复杂性，并充分利用现有组合中最为有利可图的部分（Van Looy 等，2005）。

具有内部一致性的单纯的探索或开发策略对小企业更为有效（Ebben

and Johnson，2005）。开发策略包含了在不同职能域中运营时相似的认知模型和惯例（Smith and Tushman，2005），这些相似性弱化了跨职能的冲突并促进沟通和整合，最终对企业绩效产生互补的交互效应（Voss and Voss，2012）。资源依赖理论也支持技术和市场的同时开发活动（Pfeffer and Salancik，1978），这是由于开发现有市场涉及对渐进性的技术改进和产品创新（Christensen and Bower，1996；Slater and Narver，1998），因此可以认为对技术知识和市场知识同时进行开发性搜寻会产生正向交互效应。

对新颖的技术知识和市场知识的探索也意味着在不同的职能领域开展相似的认知模型和惯例。创新扩散理论认为创新性的技术和产品对于新的购买者和新兴市场而言更具吸引力，因此也支持技术和市场同时进行探索活动的互补性（Rogers，1995）。企业从事积极的市场探索将帮助企业识别最易于接受产品的购买者并对其进行营销（Song 等，2005），而实施技术探索活动的企业会习得如何更为有效地对创新寻求型顾客市场进行营销（Voss 等，2006a）。因此本书认为，技术探索和市场探索活动的同时开展将产生正向的交互效应。

假设 5a：知识搜寻纯开发策略对创新绩效具有显著的正向影响。

假设 5b：知识搜寻纯探索策略对创新绩效具有显著的正向影响。

（二）知识搜寻域内平衡与创新绩效

知识搜寻域内均衡包括技术知识搜寻双元和市场知识搜寻双元两种类型，也就是在技术或市场职能域内同时开展探索性和开发性知识搜寻，前者是指国内技术和国际技术搜寻的平衡策略，后者是国内市场和国际市场搜寻的平衡策略。在技术搜寻领域，概念上的协同联结从探索到更为成功的开发，通过渐进的技术革新、探索创造和推动技术能力的后续开发。

然而，在技术和市场搜寻领域同时开展探索和开发活动可能会增加内部复杂性（McKelvey，1999），需要差异化的认知模式和目标（Gibson and Birkinshaw，2004；Smith and Tushman，2005），并迫使企业在这两种活动间做出权衡（Gupta 等，2006；March，1991；2006）。研究者提出企业可以通过结构差异化（Benner and Tushman，2003）或高阶情境系统和流程实现职能内双元（Gibson and Birkinshaw，2004），其中结构差异化通过创造独立的子单元来实现探索与开发活动的同时进行，因此能够较低二者在文化、动机和能力方面产生的冲突（Benner and Tushman，2003；Gupta 等，2006；Tushman 等，2010），在此基础上，本书认为在国际和国内两个地理区域范围内分别开展探索性和开发性知识搜寻在本质上属于结构差异化，以空间分离的双元方式有效平衡探索与开发活动的紧张关系（Poole and Van de Ven，1989；Benner and Tushman，2003；Tushman and O' Reilly，1996）。通过空间位置的分离方式，企业可以实现不一致的、彼此矛盾的探索性和开发性努力在域内的共存，在不同空间和地理位置围绕新兴或现有主流业务机会实施学习活动（Gilbert，2005），进而为搜寻特定知识活动的开展提供了自主权和空间，并在结构上形成灵活性来应对搜寻同类型知识可能导致的冲突（Child，1984；Orton and Weick，1990），从而有效地规避了企业在同一地理边界内对同种类型知识实施搜寻活动可能导致的张力和矛盾。因此，在同一职能领域内的知识搜寻活动借助差异化的地理边界范围实现了域内均衡。

现有研究也证实了追求探索性与开发性知识搜寻策略间的平衡与创新绩效的关系，如 He 和 Wong（2004）研究发现企业对探索性和开发性搜寻策略的平衡能促进企业创新绩效提升，而且与专注于开发性搜寻的企业相比，企业聚焦于探索性搜寻的创新绩效波动更大，而二者的平衡将有助于企业实现更为稳定的创新绩效。Lin 等（2007）对不同知识搜寻策略间的平衡与创新绩效关系的研究表明，同时开展探索性和开发性知识搜寻能促进企业创新绩效，特别是当企业处于动荡的环境中时这一正向影响作用更为显著。Venkatraman（2007）按企业是否在同一时间内追求探索性与开发性搜寻策略的平衡将其区分为时序平衡和同时平衡两种类型，研究结果表明两种类型的知识搜寻策略平衡均对创新绩效产生了显著的正向影响作用。因此，提出如下假设：

假设 6：知识搜寻域内均衡对创新绩效具有显著的正向影响。

假设6a：国内市场知识搜寻和国际市场知识搜寻双元均衡（市场知识搜寻双元）对创新绩效具有显著的正向影响。

假设6b：国内技术知识搜寻和国际技术知识搜寻双元均衡（技术知识搜寻双元）对创新绩效具有显著的正向影响。

（三）知识搜寻域间平衡与创新绩效

由于跨职能的域间双元均衡不需要在单一职能域内对市场知识和技术知识搜寻做出取舍，因此有效降低了探索性知识搜寻和开发性知识搜寻间的张力，起到了松散耦合结构的作用（Andriopoulos and Lewis，2009；Benner and Tushman，2003；Gupta 等，2006）。现有文献认为，企业通过在一个域内探索而在另一个域内开发可以有效避免平衡二者固有的挑战并享受平衡活动带来的益处（Voss and Voss，2012；Lavie 等，2011）。域间平衡探索与开发可使企业降低行为模式的不协调性，并避免了在特定域内开展知识搜寻所带来的资源分配矛盾，此时企业可以同时发展对某一域内的探索进行管理以及对另一域内的开发进行支持的组织惯例（Lavie and Rosenkopf，2006），从而有效地规避在域内平衡探索与开发时可以产生的组织阻碍。

现有文献表明，在域间平衡探索与开发的企业能在提高效率及增加社会资本的同时降低风险和不确定性，从而有利于企业绩效的提高（Lavie 等，2011；Baum 等，2000；Lee 等，2001）。Lavie，Kang 和 Rosenkopf（2009；2011）从结构域和功能域两个维度界定不同类型的联盟和搜寻行为，从功能域区分了创造知识（研发联盟）与利用知识（营销与制造）的探索性和开发性联盟，在结构域维度以开展合作的伙伴的新旧来区分探索性搜寻和开发性搜寻，根据结构域和功能域两个维度的划分和分离，企业既可以在同一域内开展探索性和开发性搜寻，又可以在结构域和功能域间同时追求不同类型联盟搜寻策略的平衡，如与新伙伴寻求合作时构建营销和生产等方面的联盟，或是与现有合作伙伴合作的同时组建研发联盟，实证研究结果证实，同一域内的联盟间搜寻策略平衡不利于企业创新绩效，域间的搜寻策略平衡能促进创新绩效，这说明由于探索性和开发性搜寻对企业资源和惯例的要求会彼此冲突，而取舍和平衡往往导致域内的搜寻策略平衡会损害企业绩效，域间的均衡有利于企业通过结构性差异实现对这一问题的有效解决。Yamakawa，Yang 和 Lin（2011）根据企业联盟组合所处价值链环节界定了探索性联盟与开发性联盟，即与技术和研发相关的联盟为探索性联盟，而与营销和市场相关的联盟为开发性联盟，并考察二者间的平衡与企业绩效的关系，研究证实利用性联盟能帮助企业获取更为优越的短期绩效，而探索性联盟会在中长期时间内对企业绩效提升有所贡献。

由此可见，企业在域内开展专业化知识搜寻的同时也能够在不同的职能域间实现探索与开发的平衡，既能通过对国际前沿技术知识的搜寻或拓展和挖掘新的市场来寻求新的机会，也能通过夯实现有市场基础或丰富和延续现有技术知识的相关经验来提高效率。也就是说，企业若能在聚焦搜寻国内市场知识的同时开展国际技术知识搜寻，抑或是在实施国际市场搜寻时专注汲取国内技术知识，就能够创造新的机会并丰富其积累的经验（Lavie 等，2011）。因此，域间平衡探索性与开发性知识搜寻能够提升创新绩效。

假设 7：知识搜寻域间均衡对创新绩效具有显著的正向影响。

假设 7a：国内市场知识搜寻和国际技术知识搜寻双元均衡对创新绩效具有显著的正向影响。

假设 7b：国内技术知识搜寻和国际市场知识搜寻双元均衡对创新绩效具有显著的正向影响。

第二节　企业网络与知识搜寻关系

创新网络主体的多元化融合带动了供应商、用户、大学、竞争对手等多个节点的深入合作，为企业搜寻、整合与吸收互补性创新资源提供了前提基础（Utterback，1994；陈钰芬和陈劲，2008）。本节主要从企业网络的位置中心度、联结强度和联结广度等方面来深入探讨，企业网络与企业知识搜寻之间的关系。

一、位置中心度与创新绩效关系

（一）位置中心度与国内知识搜寻

基于网络中心位置独特的网络利益机制以及 Koka 和 Prescott （2002）的信息特征理论，本书认为关于位置中心度与知识搜寻策略及创新绩效的内在逻辑关系如下：

第一，网络中心位置大大地提高了企业知识搜寻所能获取的信息量，从而提高解决问题的效率。信息量是企业网络规模以及网络成员延展性的函数。与多数网络成员保持直接联结的企业处于网络结构洞的位置，通常具有信息优势。这种直接和紧密的联结使企业与网络中大多数结点都以较少中间媒介的方式建立和保持关联，企业可以在更短时间和距离内获取创新所需的信息和知识并加以利用，显著降低了外部知识源的搜寻成本（Cyert and March，1963），这将提高国内知识搜寻和转移过程的效率，可见占据中心位置的企业通过网络能获取大量可靠的信息，从而有利于企业开展利用性学习。

第二，网络中心位置提高了企业在知识搜寻过程中所获得信息和知识的可靠性。处于网络中心位置的企业，不仅能够获得大量的市场信息，还能够获得大量网络资源的质量。中心企业与其他企业间的多重联结促成了网络内企业间高水平的相互依赖和资源承诺（Rowley，Behrens and Krackhardt，2000），进而增加了企业成员间的关系强度，提高了隐性知识在企业间的转移（Hogg 等，1982；Larson，1992），彼此依赖也使企业互相了解其他企业的运营状况，有利于网络内企业共同问题的解决（Uzzi，1996），促进了知识转移。此外，中心企业拥有较高的软权力，能够有效监督合作者的行为（Krackhardt，1992），从而大大地降低了机会主义行为的发生和搜寻外部知识源的交易成本，提高了获取可靠和有用信息的可能性，最终提升企业的利用性学习效果和创新绩效。

第三，网络中心位置有利于企业协调和控制自身网络战略和网络整体利益一致性。Podolny（2001）指出网络是一个信号机制，那么占据中心位置的企业就可以认为释放了声誉效应和合法性的信号，非中心企业为提高自身声誉和绩效而与中心企业建立紧密关联。合法性使中心企业寻求与已有伙伴相似的新合作伙伴，最理想的情况是新伙伴与原有伙伴之间存在联系，这种网络战略促使中心企业进一步提高自身网络中心度（Powell，Koput and Smith - Doerr，1996），由此确立更为紧密联结的网络并促进有价值的默会信息的转移。此外与相似企业联结会创造相似性流程与惯例的制度安排和一致性的利益，并促进网络内企业联合起来协调知识资源的流动和储存，从而推动已有技术和组织实践的转移和利用，提高企业的利用性学习水平并带来竞争优势。

第四，网络中心企业借助所拥有的强大的讨价还价地位和控制网络中资源和知识有利于自身流动。中心企业凭借其位置优势在网络中制定对自身有利的标准和规则，并利用与网络中企业的多重联结在网络中传播和推广由企业支持的特定技术和战略的流程和惯例，从而利用产业内的已有机会，并且通过控制和引导资源向有利于自身竞争地位的方向流动，进而控制网络内新知识的轨道和方向，有利于中心企业沿既定技术轨道进行知识深度挖掘的利用性学习。

对国际化企业来说，业务活动开展、创新能力提升以及经营业绩改善都有赖于其所获取的外部知识和信息，网络中心位置为企业提供了获取网络所在区域的知识的机会（Kim and Park，2010），钱锡红等（2010）对深圳 IC 集群企业的研究发现网络中心度通过提供本地学习、知识转移和信息交换的机会而显著提升企业的创新绩效。我国企业国际化的程度虽然不断深化，但总体技术和创新能力仍较弱，对与自身知识基础具有较大认知距离的新颖知识的接受和理解能力有限，而网络中心位置为企业带来创新所需的重要知识资源，因此，企业必然需要利用自身所处的网络中心位置优势强化与其他企业的合作，强化自身知识基础，获取更多复杂知识以推动创新活动的开展。对在国内区域开展知识搜寻行动的企业而言，网络中心度便于中心企业基于网络联结和信任关系与其他企业开展高频次和高强度的互动，从网络其他知识主体快速获取大量可靠信息，识别和获取国内市场和技术信息并加以深入挖掘利用。创新理论向来强调互补资源对创新绩效的重要性，处于网络中心位置的企业可以通过位置权力和联结/关系优势促进纵向分工和横向联合，挖掘和利用网络中的机会，并有效引导知识和信息朝着利于自身创新能力和竞争优势的方向扩散和流动，获取创新所需互补性的市场和技术知识资源，从而推动创新绩效提升。

综上所述，提出如下假设：

假设 8a：位置中心度对国内知识搜寻具有显著的正向影响。

假设 8a－1：位置中心度对国内市场知识搜寻具有显著的正向影响。

假设 8a－2：位置中心度对国内技术知识搜寻具有显著的正向影响。

假设 8b：国内知识搜寻在位置中心度影响创新绩效的机制中起中介作用。

假设 8b－1：国内市场知识搜寻在位置中心度影响创新绩效的机制中起中介作用。

假设 8b－2：国内技术知识搜寻在位置中心度影响创新绩效的机制中

起中介作用。

（二）位置中心度与国际知识搜寻

企业网络位置中心度与国际知识搜寻及创新绩效的内在逻辑关系如下：

第一，网络位置中心度有利于企业借助结构效应获取多样化的信息，促进并为国际知识搜寻行为创造条件。网络为企业开展创新活动提供了信息和知识扩散的渠道，但知识在网络内的分布并不均匀。网络位置不同，企业获取新知识和信息的机会和能力也有所差异。占据中心位置更容易识别网络中利于创新的知识资源，并通过联结关系搜寻、整合和利用这些知识和信息（Gilsing 等，2008），提高自身知识基础的多样性，从而推动新产品开发或产生创新性思维。与众多企业的多重直接联结使得中心企业能够通过多渠道利用网络内有价值的信息并开展探索性学习，可见中心企业的创新能力受益于探索性的知识搜寻活动，如从国际市场搜寻技术知识解决设计和制造等问题（如，Dougherty and Hardy，1996；Ibarra，1993）。此外，处于中心位置的企业更容易将现有关系和合作模式扩展至网络中其他企业，即实现关系概化（Pillai，2006），从而强化结构探索并促进企业寻找新伙伴以获取独特的知识和经验。因此，网络中心位置能够显著提升企业在国际范围内搜寻新知识和实现经济目标的能力（Coleman，1990；Tsai and Ghoshal，1998），占据中心位置的企业更可能产生创新（Tsai，2001）。

第二，位置中心度有利于企业搜寻新颖知识。企业所处的网络中心度越高，越有机会识别、获取网络中的多样化和新颖的知识，从而促进探索性搜寻（Burt，2004；Gilsing 等，2008），这是由于新颖知识通常来自非冗余关系，而非冗余关系在网络内的分布并非均匀，网络中心位置成为创造这一关系并从中获益的重要条件。中心企业能够更为方便地通过信息互动来观察网络成员间的互动（Pillai，2006），了解网络中的活动，这增加了其构建新的网络伙伴关系的可能性（Gnyawali and Madhavan，2001），同时非中心企业为取得网络合法性和资源，需要与中心企业确立良好的联结，这既提高了中心企业获取信息、整合资源、讨价还价的能力（Gnyawali and Madhavan，2001；Burt，2004），也提高了中心企业开展国际知识搜寻的效率。此外，网络位置中心度便于企业识别和控制企业与网络成员间的知识和经验差异，即所谓的认知距离（Nooteboom 等，2007）。认知距离过大增加了企业整合信息和知识的难度，制约了企业开展知识搜寻的范围和多样性。在国际范围内开展知识搜寻属于探索行为，而探索是将已有知识与新颖知识进行重新组合并产生根本性新想法（Nelson and Winter，1982；Henderson and Clark，1990；Tushman and Rosenkopf，1992；Ahuja and Lampert，2001），网络的作用是将拥有不同资源的知识主体聚合在一起，提供产生创新的可能性（Schumpeter，1934）。中心企业能够吸引网络中更多的企业开展合作，创造非冗余的合作伙伴关系网络并从中受益，提高其从事探索性学习和创新的潜力。

第三，网络中心位置有助于企业打破组织惯性和路径依赖开展创新。我国企业国际化过程中有大量遵循渐进国际化的路径，即长期在国内发展以积累资源和能力开展国际经营，但也由此导致企业容易陷入本地集群而形成组织惯性，虽然惯性能显著降低技术和市场风险，但也使企业倾向于利用现有知识（开发）而不是搜索来自全球网络的新知识（探索）。对处于网络中心的企业而言，将有机会与多样化的国内外企业交流和合作（Pillai，2006），与这些目标、结构、需求不同的企业的长期互动将促使企业形成不同于现有的系统化惯例和流程，有助于突破原有组织惯性，促进企业搜寻来自国际网络中的异质性知识（胡保亮和方刚，2013）。此外，在国际范围内搜索知识开展创新时还需要关注路径依赖的问题，路径依赖将使企业经常处于技术追赶的被动地位，而网络中心位置有助于企业获取来自国际范围内的多样化和新奇的网络知识（Kim and Park，2010），从而打破路径依赖，发现新的路径并实现创新。

综上，网络位置中心度有利于企业在国际范围内开展具有探索性的知识搜寻活动。占据网络中心位置的企业通常成立时间较早、规模较大且具有较高的行业影响力，很可能是其他企业的母体，与政府、金融机构、行业协会等也都保持密切联系，因此中心企业能够从多个渠道搜寻知识资源和信息，也就更可能实现突破性创新（邬爱其，2007）。因此，提出如下假设：

假设 9a：位置中心度对国际知识搜寻具有显著的正向影响。

假设 9a－1：位置中心度对国际市场知识搜寻具有显著的正向影响。

假设 9a－2：位置中心度对国际技术知识搜寻具有显著的正向影响。

假设 9b：国际知识搜寻在位置中心度影响创新绩效的机制中起中介作用。

假设 9b－1：国际市场知识搜寻在位置中心度影响创新绩效的机制中起中介作用。

假设 9b－2：国际技术知识搜寻在位置中心度影响创新绩效的机制中起中介作用。

二、联结强度与创新绩效关系

联结强度是网络内行动者通过网络结点的二元交易关系形成的联结纽带的强弱程度，这一概念强调直接黏着联结作为交换详尽信息的机制在起作用（Uzzi，1997；Gulati，1998），认为交易双方间的信任、协作和信息共享为企业带来信息收益（Granovetter，1992）。Granovetter（1973）采用交互频率（次数）、情感投入程度、亲密程度（彼此信任程度）以及互惠性四个维度来定义联结强度。强联结有助企业跨越组织边界搜寻创新所需资源（Portes and Sensenbrenner，1993），特别是嵌入组织内部流程或制度文化的隐性知识和创新基因（Grant，1996）。现有研究还发现了弱联结对新知识搜寻的有效性（Hansen，1999），弱联结帮助组织获取新颖知识，避免信息冗余（Granovetter，1973），降低深度互动产生的网络锁定效应，提高互动内容的多样性（Kraatz，1998）。接下来将从上述四个维度分析联结强度对知识搜寻及创新绩效的影响作用。

首先，网络中企业间的交互频率越高表明联结强度愈高（Granovetter，

1973)，频繁的互动使企业对合作伙伴的资源与能力更加熟悉和了解（Bell，Tracey and Heide，2009；Gulati，1995；Gulati and Gargiulo，1999)，帮助企业在网络中快速汲取创新所需的知识资源，且更为有效地将新知识与自身知识基础相结合以形成创新性思维。具体而言，交互频率高低代表了联结强度不同，对不同知识搜索策略的影响也有所差异。强联结有助于企业在现有认知和地理区域开展知识搜寻，这是由于强联结带来的突出是同质化、熟悉的知识，与现有知识距离较近，有利于进行开发性知识搜寻；而弱联结虽然代表双方互动频率较低，但也意味着企业间保持了各自信息和知识的相对独立性，较少受到关系网络的束缚和制约，有利于企业突破现有知识范围搜寻和试验全新知识，因此，能有助于国际企业开展国际知识搜寻等探索性行为，并整合多元化的异质性知识并创造新知识（Hansen，1999)，弱联结还意味着企业拥有大量的信息触角，这不仅能够有效扩展企业知识搜寻的范围，而且能获取企业并不熟悉的多样化、异质性和非冗余的知识资源，从而推动企业开展探索性的知识搜寻并促进创新。

其次，强联结需要网络中的企业彼此间频繁接触，但接触并非完全是关于项目合作和交流的，还涉及重要的情感投入和沟通（蔡宁和潘松挺，2008)。强联结所随着的高度情感投入提高了企业间知识交流的深度和效率，促进了知识存量的累积（Yli－Renko 等，2001；2002)，便于深入学习知识并提高搜寻解决复杂问题（陈学光等，2010)，使得企业倾向于共享一些关键性的默会知识，有利于传递复杂知识，因此能促进企业开展开发性的知识搜寻活动，即在国内范围内搜寻市场和技术知识；而弱联结代表双方企业合作情感较低，因而不愿意彼此分享专有知识，必然不利于进行知识特别是复杂知识的深度挖掘，对开展旨在深入开发本地知识的国内知识搜寻不利。

再次，随着企业间联结程度的加深，企业间的信任度越来越高，彼此采取机会主义行为的倾向越来越小，合作质量越来越高（Coleman，1990；Adler and Kwon，2002)，通过提高对合作企业的关系投资可以实现这一目的。强联结产生的信任使企业对合作伙伴在行为中表现出善意和可靠举动有较高信心（Mishira，1996），有利于减少企业之间的冲突，提高交换知识和信息的意愿，显著增强了企业从合作伙伴处搜寻重要信息和新知识的可能性。它不仅提供了新要素组合的机会，信任促使企业彼此信守承诺，合作实现共同利益，因此不仅不会提供误导信息（Gulati and Sytch，2007），遇到问题或需要协调时还会一同商讨解决对策，这种可靠性促进企业搜寻复杂知识，提升信息处理效率，提高了企业对现有知识的挖掘，特别是为技术诀窍等默会知识的搜寻提供了机会（Rowley 等，2000；刘雪锋，2007；钱锡红等，2010），从而增加了开展开发性知识搜寻的可能性。强联结产生的信任度越高，企业开展知识搜寻越为便利，企业间知识的创造和转移将更加默契，对创新具有关键作用的知识将得到共享，但由于知识始终来源同一个对象，因此有益于企业开展开发性知识搜寻活动，获取深入和准确知识以加深对特定领域的理解，但并不利于企业扩展知识搜寻的范围。

最后，企业间的强联结有利于企业间建立互惠互信的互动模式，企业需要为此付出更多的时间和资源，构建和维系关系的成本随之增加。但互惠性能有效降低企业间的监督成本和合作风险，有利于隐性知识和关键信息的传播（Uzzi，1997；Hansen，1999）；而且由于企业投资于特定关系资产，难以忍受信息噪音，但互惠性带来的多重冗余信息有助于企业辨别搜寻到的知识和信息，保证企业搜寻知识的准确性（Shannon，1957），从而帮助企业开展开发性的知识搜寻。然而伴随着弱联结的低互惠性使企业间无须注重关系承诺，能显著降低关系投资的风险，有利于企业进行旨在搜寻异质性信息的国际知识搜寻活动。

综上所述，强联结和桥联结存在张力的同时也具有一定的互补性，这表现在桥联结能帮助企业搜寻多样化和异质性的新知识，但强联结有利于企业有效吸收和利用这些新知识，二者各自及其交互都能显著促进联盟网络的知识搜寻效果（Tiwana，2008；Vanhaverbeke，Gilsing and Duysters，2005）。强联结有利于企业从网络中搜寻专有知识或复杂知识，促进企业在已有知识领域进行深度挖掘而推动具有开发性的国内知识搜寻，但是其带来的高成本牺牲了知识的搜索范围和多样性；而弱联结能帮助企业突破现有知识基础开展范围较广的搜寻进而获取非冗余知识，而且无须关系特定投资导致的成本节约为企业搜寻更多样化和新颖的知识提供了资源基础（Tortoriello and Krackhardt，2010），因此有利于企业进行探索性的国际知识搜寻，但随着弱联结而来的低信任度和低互惠性并不利于复杂默会知识的迁移和企业的国内知识搜寻行动。因此，提出如下研究假设：

假设 10a：联结强度对国内知识搜寻具有显著的正向影响。

假设 10a－1：联结强度对国内市场知识搜寻具有显著的正向影响。

假设 10a－2：联结强度对国内技术知识搜寻具有显著的正向影响。

假设 10b：国内知识搜寻在联结强度影响创新绩效的机制中起中介作用。

假设 10b－1：国内市场知识搜寻在联结强度影响创新绩效的机制中起中介作用。

假设 10b－2：国内技术知识搜寻在联结强度影响创新绩效的机制中起中介作用。

假设 11a：联结强度对国际知识搜寻具有显著的负向影响。

假设 11a－1：联结强度对国际市场知识搜寻具有显著的负向影响。

假设 11a－2：联结强度对国际技术知识搜寻具有显著的负向影响。

假设 11b：国际知识搜寻在联结强度影响创新绩效的机制中起中介作用。

假设 11b－1：国际市场知识搜寻在联结强度影响创新绩效的机制中起中介作用。

假设 11b－2：国际技术知识搜寻在联结强度影响创新绩效的机制中起中介作用。

三、联结广度与创新绩效关系

联结广度是指企业在网络中与之建立联结的不同外部知识来源或合作

渠道的数量（Giuliani and Bell，2005；Laursen and Salter，2006）反映了网络中异质知识和信息的丰裕程度（Rowley 等，2000）。联结广度越大意味着企业的关系资源越丰富，能够通过更为多样化的渠道获取异质性和新颖性知识，能够推动创新的规模效应的实现（Fabrizio，2009；Baum，Calabrese and Silverman，2000；Ferreras – Méndez，2016）。本研究认为联结广度与知识搜寻及创新绩效的内在逻辑关系如下：

首先，联结广度为企业提供了获取互补性知识和异质资源的渠道，因此有助于企业在国际范围内广泛开展知识搜寻。这里需要指出的是联结广度并非等同于网络规模或网络联结数量，联结广度强调网络的多样性，但结点间同质性高的网络同样可能规模较大，这意味着企业可以借助网络提升自身知识存量，但大量冗余和重复联结会在一定程度上消耗企业资源用以维持联结关系，同时阻碍了对多样化知识的搜寻，因此并不利于企业竞争优势的提升和价值创造（Molina – morales and Martínez – Fernández，2009）。而网络广度的扩展使企业不仅与更多的网络结点建立关联，更重要的是将通过更加多样化的渠道搜寻外部非冗余知识（Uzzi，1998），从而有利于企业开展探索性知识搜寻，还能提高企业将外部异质资源运用于新产品开发的潜力进而影响创新绩效（Mitsuhashi and Greve，2009）。由此可见，企业不仅需要与更多的企业保持联结以发展新产品和提升绩效（Roberts and Hauptman，1986；Batjargal and Liu，2003），更重要的是网络中异质性知识的丰裕程度是否较高（Baum，Calabrese and Silverman，2000），联结广度高，特别是具有多样性和异质性的非本地联结能更大限度提升企业从网络中搜寻互补性知识资源和优质信息的可能性，从而推动企业采用新知识以提升创新效率和企业收益率（Harrison，1994；Johannisson，Ramirez – Pasillas and Karlsson，2002）。由此可以发现，现有文献表明企业所处网络的联结广度越高，开展知识搜寻进而提升创新绩效的可能性越大。

其次，联结广度提高了企业的开放性并提供了多样化的知识和信息。联结广度的大小代表着企业的多样化关系资本的存量，因而决定了企业能从网络中搜寻到的知识资源的规模和异质性程度。就开放性而言，国际化企业不仅需要在国内构建丰富多元的网络联结以获取所需的创新资源，更重要的是超越组织和地理边界在国际范围内广泛构筑网络联结以最大化汲取新颖的知识和资源，这有助于规避由于企业对本地知识的路径依赖导致的锁定效应，推动企业摆脱本地日益熟悉和陈旧的知识对开展创新的制约和限制。与本地之外国际范围内的知识主体构建非本地的网络联结（Eisingerich，Bell and Tracey，2010），这种地理和知识方面的开放性为企业进行探索的知识搜寻进而开展创新提供了机会，有助于企业组织国际范围内开展探索性知识搜寻以自我突破并快速汲取和吸收网络中的异质性知识和非冗余信息资源用于创新，从而提升创新绩效，并在一定程度上推动网络中知识和信息的扩散和流动。由此可见，联结广度的扩展有助于企业基于强联结和信息从国内获取优质重要信息加以开发并获取信息优势的同时，更快更多地从国际范围内获取异质性的知识资源和信息收益，从而最大限度促使创新能力的提升（洪如燕，2012）。基于联结广度为企业提供多样化关系和知识的视角，联结广度可以在一定程度上认为是与联结强度相对的概念，二者呈现互补关系，企业的联结广度越高，即与多样化的网络结点构建并维持网络关联，意味着企业对强联结的依赖程度会降低，而且会从广泛和丰富的外部联结中发现对自身企业而言具有价值的知识主体构建弱联结，这些知识主体往往有利于企业通过探索性知识搜寻汲取对于创新而言重要且优质的互补性知识资源。现有研究说明了建立和保持多样化的网络联结有利于企业获取更为多样化的观点和认知资源从而提高解决问题的能力，进而促使创新绩效的提升（Hargadon and Sutton，1997；Rodan and Galunic，2004）。具体而言，不仅网络成员相似性和异质性的网络特性会显著影响企业绩效（Beckman and Haunschild，2004），网络中的异质性信息会对企业申请专利的速度产生正向的影响作用（Baum 等，2000），而且学者研究发现联结广度带来的网络关系多样性更能有效促进企业对异质性信息的搜寻和吸收（Uzzi，1997）。

再次，联结广度有助于企业成本和风险的降低，从而利于企业开展开发性的知识搜寻活动，联结广度代表着企业会与多个不同类型和属性的网络伙伴开展直接合作，即与企业直接相关联的合作伙伴的数目（Burt，1983；Marsden，1990）。基于组织学习的视角，与多样化的企业维系网络联结关系能帮助企业辨别和确认哪些知识是重要的以及这些重要知识的来源（Powell，Koput and Smith－Doerr，1996），而且一些关键知识和信息往往是借助直接的网络伙伴关系加以传播和转移的（邬爱其，2007），因此网络联结广度增强有利于传播和流动默会知识，进行开发性知识搜寻的同时与网络伙伴共享知识平台（Uzzi，1996，1997），从而降低机会主义行为发生的可能性和风险（Ahuja，2000b）。已有研究发现，网络关系的数量和多样性对创新绩效具有显著的正向影响（Shan，Walker and Kogut，1994），而直接的网络伙伴关系意味着企业间长期互动、信任和稳固合作关系的确立，能促使企业开展开发性知识搜寻并有效促进企业跨组织边界获取和学习技术诀窍和专门知识，通过重复互动实现知识的搜寻和开发学习，而这个过程本身使得知识得到充分的理解和感知，凡是拥有直接网络关联的企业都能获得对共享知识的共同认识，使得更多企业获得有价值的知识和信息，同时提升学习的深度（Huber，1991）。

最后，基于网络结构洞视角可以认为联结广度越高越可能在网络中创造结构洞，从而为企业带来占据结构洞位置相应的信息和位置优势，而结构洞的产生可能进一步刺进企业扩展联结广度（Burt，1992，1997）。结构洞位置的形成有利于企业开展探索性知识搜寻，这是由于结构洞往往可以汲取非冗余的知识和信息，特别是由于联结广度意味着企业拥有多样化的网络伙伴关系从而能为企业带来异质性信息流（Hargadon and Sutton，1997），而多样化的信息则有利于企业汲取互补性知识资源，并改善创新绩效（王晓娟，2007）。由此可以认为，其他条件相同时，网络联结数目越多且多样化，企业开展探索性知识搜寻的能力愈强，开展创新的能力越高。

综合上述企业联结广度与知识搜寻及创新绩效的分析和论述，本书认为，我国国际化企业面临资源与能力不足的约束，但借助网络联结广度的扩展能帮助企业突破国内知识和地理范围局限，更大限度地搜寻和汲取网络中多样化和异质性的互补资源，从而有效地改善企业开展知识搜寻进而实现创新的能力。因此，提出如下假设：

假设 12a：联结广度对国内知识搜寻具有显著的正向影响。

假设 12a－1：联结广度对国内市场知识搜寻具有显著的正向影响。

假设 12a－2：联结广度对国内技术知识搜寻具有显著的正向影响。

假设 12b：国内知识搜寻在联结广度影响创新绩效的机制中起中介作用。

假设 12b－1：国内市场知识搜寻在联结广度影响创新绩效的机制中起中介作用。

假设 12b－2：国内技术知识搜寻在联结广度影响创新绩效的机制中起中介作用。

假设 13a：联结广度对国际知识搜寻具有显著的正向影响。

假设 13a－1：联结广度对国际市场知识搜寻具有显著的正向影响。

假设 13a－2：联结广度对国际技术知识搜寻具有显著的正向影响。

假设 13b：国际知识搜寻在联结广度影响创新绩效的机制中起中介作用。

假设 13b－1：国际市场知识搜寻在联结广度影响创新绩效的机制中起中介作用。

假设 13b－2：国际技术知识搜寻在联结广度影响创新绩效的机制中起中介作用。

第三节　知识搜寻与创新绩效权变关系的概念模型

虽然学者一致认可网络、组织学习与创新间的逻辑关系，但基于不同的研究视角和情境所得出的研究结论并不一致，这就启发我们应该进一步考虑不同于组织和环境条件对研究模型所产生的影响。

现有文献中，学者出于不同的研究视角和目的在探讨企业网络与创新绩效关系时引入了多个情境因素加以分析，这些情境因素大致包括组织内部的组织特征和组织外部的环境特征两大类，已有研究分别探究了组织特征对企业网络与创新绩效关系的调节作用（Boschma and Ter Wal，2007；Giuliani and Bell，2005；Tsai，2009；Tsai and Wang，2009；Huang and Rice，2009；Vissa and Chacar，2009；Hoetker and Mellewigt，2008；Gulati，Laive and Singh，2009；Acquaah，2007；Lechner，2006），以及在不同的环境特征下企业网络对创新绩效的影响作用（Eisingerich，Bell and Tracey，2010；Sidhu，Commandeur and Volberda，2007；Rowley，Behrens and Krackhardt，2000；Shaner and Maznevski，2011；Ang，2008），此外近期还有部分研究着眼于同时考察多个权变因素对网络与创新绩效关系的共同调节作用（Yamakawa，Yang and Lin，2011；Li，Kevin and Zhou，2008；Lin，Yang and Arya，2009；Koka and Prescott，2008）。由此可见，同时引入组织和环境特性作为调节变量以分析网络发挥效应时的组织内外部情境因素正成为网络与创新关系研究的发展方向，这也为本书的研究提供了基础和参考。

因此，在当今企业朝网络化和开放式创新范式的背景下，如何根据自身组织特征和环境特性建立适当的企业网络以开展知识搜寻进而提升创新绩效是目前创新研究与管理实践界关心的焦点，这也成为本书开展网络与知识搜寻权变关系研究的切入点。

一、吸收能力调节变量的引入

吸收能力的概念最早由 Cohen 和 Levinthal（1990）提出，它强调了企业对外部知识的识别、吸收、转化和利用的能力（Cohen and Levinthal, 1990）。吸收能力的重要作用是能够提高企业的学习能力，并增强企业应对外部环境的不确定性。内部研发投入是提高企业吸收能力的一个主要途径。后续学者（如 Zahra and George，2002；Todorova and Durisin，2007）将吸收能力界定为识别、获取、吸收、转化、利用五种能力的集合。吸收能力与企业现有知识存量和努力学习的程度相关（Zahra and George，2002；Todorova and Durisin，2007），有助于企业在自身知识资源的基础上充分利用外部的知识资源并进行系统性整合创新，实现知识的不断积累（Cohen and Levinthal，1990）。具体而言，吸收能力有利于企业发现、识别、评价外部新知识的来源，对外部知识加以转化并使之融入自身现有知识存量（Todorova and Durisin，2007）。

吸收能力是企业实施知识搜寻行动的基础和重要条件，这是由于为开展创新而进行知识搜寻的关键在于识别和确定创新所需的知识来源并加以利用，即将搜寻到的外部新知识转化并与原有知识相融合加以重组，从而创造新产品或新知识，而 Winter（1984）认为，企业进行知识搜寻通常只能获得有价值的知识碎片，但这些知识碎片无法满足企业开展创新活动对知识数量、质量和完整性的要求，因此，企业为吸收新知识必须增强自身解决问题的能力，而吸收能力恰好能够帮助企业有效地筛选、评价和利用外部知识（Cohen and Levinthal，1990）。吸收能力有助企业跨越组织边界和技术边界（Tushman and Katz，1980）在更为广阔的地理和认知范围内进行知识搜寻，汲取更为多样化的外部新知识，以多种类型的新知识丰富企业知识基础（West 等，2014），以独特的方式重新组合新旧知识，从而有利于企业进行探索性创新（Subramaniam and Youndt，2005；Jansen 等，

2006)，而吸收能力弱的企业一般难以进入全新的知识领域（Bell and Pavitt，1993)。因此，吸收能力强的企业更可能形成设计产品或解决方案的新思路，也更有可能将这些新思路整合到新产品开发之中（Tsai，2009)。

Cohen 和 Levinthal（1990）认为，如果企业搜寻和利用与自身知识基础相似（认知距离近）的技术知识，吸收能力则是组织搜寻行为的产出品，而为了搜寻和汲取非相似技术知识（认知距离远)，则必须投入大量精力创造并依靠吸收能力对新知识加以消化和利用，但由于从外部搜寻新颖的非相似知识对企业创新具有重要意义，因此，吸收能力的构建和维持也十分重要。近来学者对知识搜寻和吸收能力的关系进行了深入的研究，一些学者的研究表明吸收能力不仅能够影响企业的创新绩效，更重要的是能够在知识和创新之间起到调节作用（陈君达，2011)。也就是说，企业会因吸收能力的差异而对同样的外部知识做出不同的创新成果（Rothaermel and Alexandre，2009；Ferreras - Mendez et al. ，2015)。

Rothaermel 和 Alexandre（2009）基于双元均衡的视角，通过对美国制造业企业的实证分析验证了双元搜寻能力（同时开展内外部技术搜寻的组合策略）与创新绩效间的倒 U 型关系，并发现吸收能力在这一影响关系中所发挥的正向调节作用，即吸收能力允许企业更好地获取来自于知识搜寻双元均衡的收益，这是由于吸收能力有助于促使内部和外部不同技术来源的知识得以有效互动和融合。Tsai（2009）以台湾制造业企业数据开展实证分析，研究了吸收能力在不同类型外部合作关系与产品创新绩效间关系的调节作用，发现吸收能力有利于企业将外部知识转化为内在信息并与企业现有的研发成果相结合，进而提升产品创新绩效，具体而言，吸收能力调节企业与上下游伙伴以及其他商业伙伴的合作关系与企业创新绩效之间的关系。Sofka 和 Grimpe（2010）考察了内部研发这一提升吸收能力主要途径在搜寻战略与创新绩效间的调节作用，并以欧洲五国 5000 多家企业为样本进行了实证检验，结果表明内部研发正向调节市场驱动型搜寻战略与创新绩效之间的关系，但并未调节科研驱动型和供应商驱动型搜寻战略与创新绩效之间的关系。Toore（2008）对集群企业的研究表明，吸收能力越强的企业，越有可能从集群外部获得新知识并转化为创新绩效，而吸收能力较弱的企业，则难以融合集群内外知识从而不能实现良好的创新绩效。Escribanoa，Fosfurib 和 Tribó（2009）的研究表明，企业的吸收能力越高，企业在外部搜寻的知识越有利于促进创新。Flor 等（2017）的实证研究证实，吸收能力对知识搜寻与开放式创新之间的关系具有调节作用，其中潜在吸收能力正向调节搜寻宽度和搜寻深度与突破性创新的关系，现实吸收能力对搜寻宽度的影响作用起了调节效应。

综上，现有研究较为一致地认同吸收能力在为创新开展知识搜寻方面的基础性作用（如 Fabrizio，2009；Flor 等，2017 等），吸收能力对企业搜寻外部知识主要有两方面的作用：帮助企业识别外部更多可用的知识源，以及帮助企业更为有效地吸收利用已识别的外部知识，并且初步证实了吸收能力在知识搜寻与创新绩效关系中的调节作用。虽然企业进行国内搜寻能有效地利用和整合外部网络环境中的知识等互补性创新资源，有利于汲取和转移对企业创新而言十分重要的默会知识（Ganesan，Malter and Rindfleisch，2005），但复杂和默会知识的转换和应用往往需要依靠企业自身知识基础，强化吸收能力以帮助企业将新旧知识加以融合和转化，将从国内搜寻到的新知识及时应用于问题解决和新产品开发，从而为成功实现创新提供了重要途径。这是由于吸收能力使企业对外部知识源会感知到较小的认知距离或较高程度的认知临近（Giuliani and Bell，2005），这意味着在企业进行知识搜寻时能更好地辨别和理解多样化的新知识和信息，并加以利用从而开发新产品进入新市场（Cohen and Levinthal，1990）。此外，当企业吸收能力/知识基础较高时会希望获取更为多样化的信息和新知识，以实现知识创造和创新绩效的提升（Boschma and TerWal，2007），所以具有高吸收能力/知识基础的企业往往更具开放性、更能主动搜寻和汲取多样化的知识来源，加之这些企业能够更为及时有效地应用获取的外部新知识，在国内常被其他企业认为是“技术领先者”或“技术早期采纳者”（Giuliani and Bell，2005），能够快速理解和吸收外部的重要新知识以强化企业的创新能力（洪如燕，2012）；同时为避免企业陷入能力陷阱或本地知识冗余的风险（Boschma, Eriksson and Lindgren, 2009），同样需要借助吸收能力对所获取的外部知识加以甄别，帮助企业发现、识别新知识的价值，防止过度搜寻带来的不利结果。

此外，从国际范围内搜寻新知识能快速扩充企业知识存量，获取由于制度和文化等因素差异带来的异质性和新颖知识，提高汲取新的知识元素和扩展知识元素整合新方式的机会，从而有利于企业开展创新活动（Phene, Fladmoe - Lindquist and Marsh, 2006），但非本地新知识的整合和获取难度也随之提高（Miller, Fern and Cardinal, 2007），也就是说，在国际范围内开展探索性知识搜寻往往能获得许多非冗余知识，但企业也因此需要更快更准确地处理大量和多样化的信息（Gnyawali and Madhavan, 2001），这不仅耗费时间和资源使企业无法即使分配资源对搜寻的新知识加以整合利用，而且企业还会由于要处理复杂的信息和知识流而面临较大的认知压力（Dodds, Watts and Sabel, 2003），更为多样化的选择也提高了企业搜寻监测信息的机会成本和决策失误的风险（Schwartz, 2004），因此，企业需要利用吸收能力甄别并整合利用重要的新知识和信息，降低因认知限制对决策准确性和及时性可能产生的不利影响（Eppler and Mengis, 2004），提高知识搜索效率和效果进而提升创新成功概率。

综上所述，提出如下假设：

假设 14：吸收能力正向调节知识搜寻策略与创新绩效间的关系。

假设 14a：吸收能力正向调节国内技术知识搜寻与创新绩效间的关系。

假设 14b：吸收能力正向调节国内市场知识搜寻与创新绩效间的关系。

假设 14c：吸收能力正向调节国际技术知识搜寻与创新绩效间的关系。

假设 14d：吸收能力正向调节国际市场知识搜寻与创新绩效间的关系。

二、环境不确定性调节变量的引入

组织理论和战略管理理论强调组织对外部环境及情境因素的依赖性（Pfeffer and Salancik, 1978; Duncan, 1972; Porter, 1980; Aldrich and

Pfeffer，1976；Starbuck，1976），随着环境不确定性的加剧，组织越来越需要综合信息来快速响应顾客和市场的变化，而组织搜索的概念也成为组织适应环境变化的重要研究对象（如 Sidhu 等，2004；2007）。创新源于独特的市场和技术环境（Jansen 等，2006；Levinthal and March，1993），而且创新的实现和成功也需要外部环境的支持（Cornelia Droge 等，2008）。环境不确定性程度由环境变化程度（环境构成要素的动态性）和复杂程度两个维度（环境中的要素数量及组织关于环境要素的知识广度）决定（Robbins and Coulter，2002）。当环境越复杂、变化速度越快且越不可预测，不确定性程度越高（Damanpour，1996）。综观组织搜寻领域的相关研究（如 Miller and Friesen，1983；Lewin，Long and Caroll，1999），组织搜寻对企业创新绩效的影响在一定程度上受到外部环境的动态性和竞争性的调节（熊伟，2011；Kim and Atuahene - Gima，2010），环境不确定性除直接影响知识搜寻外，主要发挥调节前因变量与知识搜寻之间以及知识搜寻与结果变量间关系的作用（Raisch and Birkinshaw，2008）。Jansen 等（2006）的研究表明，在探索性搜寻活动更有利于动态环境下的企业提升财务绩效，而开发性搜寻更有利于高度竞争环境下的企业提升财务绩效。

部分学者认为动荡环境加快了产品更新换代周期，强迫企业提升了创新速度（Jansen 等，2005；Sørensen and Stuart，2000），而创新对新知识的需求提高了企业进行知识搜寻的概率（Jansen，Van Den Bosch and Volberda，2006；Sidhu，Volberda and Commandeur，2004；Wang and Chen，2018）。一些学者认为在动态环境下进行知识搜寻，有利于企业培育自身创新能力（Van den Bosch，Volberda and Boer，1999；Stieglitz 等，2016），而另外一些学者则认为，动荡的环境会因知识更新过快从而降低知识搜寻所获取知识的潜在价值（Posen and Levinthal，2012）。

Sidhu 等（2007）研究了环境动荡性因素对知识搜寻策略与企业创新绩效之间的关系的影响，研究发现环境对二者之间关系的调节会因市场和技术供需双方的差异而存在区别。Lin 等（2007）做了类似的研究，结果发现在动荡的环境中同时进行两种知识搜寻策略（探索性和开发性搜寻）

的企业创新绩效更好，而在稳定的环境中专注其中一种知识搜寻策略的企业创新绩效更好。Voss 等（2008）的研究表明，企业会进行知识搜寻活动以提高改善顾客关系的能力，从而能有效地应对外部环境的变化。Venkatraman 等（2007）将对知识搜寻的策略进行了分类，并综合考察了外部环境动荡的综合影响，研究发现，两种知识搜寻策略平衡均能显著促进企业创新绩效，环境动荡性负向调节时序平衡对企业创新绩效的积极影响，而企业年龄发挥正向调节作用，竞争强度负向调节同时平衡与创新绩效的关系。

综上，知识搜索的效用会受到外部环境的影响（Laursen and Salter，2006），而环境动荡性根源于行业技术、市场需求和顾客偏好以及竞争态势的持续快速变化，导致企业的信息评估体系不断被淘汰从而难以获得及时准确的知识和信息（Cornelia Droge 等，2008）。环境动荡性较高说明行业前景均不稳定，技术和产品生命周期的缩短和快速更新，研发成本和新产品失败率的提高使得企业创新的难度和风险日益加大，而技术知识搜寻本身就是一种高风险和高成本的活动（Wiklund and Shepherd，2003；Zahra and Bogner，1999），此时进行技术知识远程搜寻不仅不能有助于提高创新绩效，而且可能降低企业绩效，这是由于动荡环境中通过远程搜寻获取的认知距离较远的新知识可能偏离原有技术轨道，而且由于知识的新颖性和异质性可能难以被吸收且会导致创新问题解决的低效（Ci – Rong Li 等，2010）。在动荡环境中开展国内技术搜寻则有利于企业识别和获取与现有技术相关的新的知识要素，明确技术方向和路径，减少创新过程中可能遇到的阻碍并提高解决问题的能力，提升改进和延伸现有产品或服务的效率和效果（Justin 等，2006）。环境动荡性较低意味着行业中已经形成了主导的技术范式（Lefebvre 等，1997），技术知识的探索性搜寻很难给产品本身带来突破，多数企业关注如何优化应用现有技术，而非偏离现有的技术演化路径继续探索。

综上所述，提出如下假设：

假设 15：环境动荡性调节技术知识搜寻与创新绩效的关系。

假设 15a：环境动荡性负向调节国际技术知识搜寻与创新绩效的关系。

假设 15b：环境动荡性正向调节国内技术知识搜寻与创新绩效的关系。

在高动荡性环境下市场尚不成熟和稳定，市场知识远程搜索有利于企业快速掌握市场中的信息动态和外部变化，从而促进企业的产品创新。这是源于以下两方面原因：第一，在动态环境中市场知识远程搜寻有利于企业实现产品的差异化创新，由于环境不确定性带来的顾客需求和偏好快速变动和难以控制、产品和资源更新淘汰速度加快、竞争态势和技术进展难以预测等意味着拥有有价值的市场信息才能持续创新并保持竞争优势（Cornelia Droge et al.，2008）。鉴于市场环境不稳定和多变，供需结构和数量以及市场趋势走向不明确，因此，更为有利的价值创造活动便是主动学习市场机会（Aragun – Correa and Sharma，2003；Teece，Pisano and Shuen，1997）。第二，动荡环境中市场知识远程搜寻的成本劣势将被企业快速适应动态环境带来的自身能力提升所弥补或抵消。虽然探索性搜寻可能导致企业盲目地耗费资源监测市场信息和自身，并消耗有限资源，但企业根据所搜寻的外部市场新知识对产品持续改进和更新能更好地适应动荡的市场环境（Stan and Puranam，2016；Tatarynowicz 等，2016），从而消弭探索性市场知识搜寻成本劣势可能带来的不利影响。市场知识国内搜索虽然具备成本优势，但在对持续适应能力和经营弹性要求更高的动荡性环境中，其信息搜索弹性以及外部资源的可得性方面的不足会被放大（Sinkula，1994），既往通过市场知识搜寻或者依靠自身经验获得的产品和市场知识将会被淘汰（Achrol，1991；Weick，1979），只有新的市场知识才能促进企业的创新。因此，提出如下假设：

假设 16：环境动荡性调节市场知识搜寻与创新绩效的关系。

假设 16a：环境动荡性正向调节国际市场知识搜寻与创新绩效的关系。

假设 16b：环境动荡性负向调节国内市场知识搜寻与创新绩效的关系。

第五章 企业网络与知识搜寻对创新绩效影响的实证检验

由于本书聚焦于知识搜寻策略、创新绩效以及企业间网络联结等问题，难以从公开渠道获取准确的数据，因此，将采取大样本调查的方式对被调查企业的高层管理者进行问卷调研。问卷设计建立在参考和借鉴现有成熟量表的基础上，辅之以对企业深度访谈所获得的信息和专家意见，形成初步的调研量表，之后经过预测试阶段对量表的修订完善再大范围发放，最后通过问卷收集和删选、数据录入与统计分析进行实证研究并得出研究结果。本节将主要介绍问卷设计、变量操作化定义、数据收集与分析方法等内容。

第一节　量表设计与问卷开发

由于本书聚焦于知识搜寻策略、创新绩效以及企业间网络联结等问题，难以从公开渠道获取准确的数据，因此，将采取大样本调查的方式对被调查企业的高层管理者进行问卷调研。问卷设计建立在参考和借鉴现有成熟量表的基础上，辅之以对企业深度访谈所获得的信息和专家意见，形成初步的调研量表，之后经过预测试阶段对量表的修订完善再大范围发放，并对数据进行统计分析。

本书的定量研究方法主要采取问卷调查的方式获得一手数据。本书涉及的变量包括知识搜寻策略和创新绩效两大类内生潜变量，联结强度、联结广度和位置中心度三个外生潜变量，以及企业规模、年龄和产业类型等若干控制变量。量表主要采用 likert 五级量表评分法进行测量，在文献整理、企业实地访谈调研和专家学者建议的基础上对变量采用多个相关的题项加以度量。

一、被解释变量

本书的被解释变量为技术创新绩效。创新绩效长期以来在管理学研究中被广泛探讨，但由于创新过程复杂多变，创新结果难以完全加以量化，目前并未形成公认的测量指标体系，现有研究中学者基于多种视角和指标对创新绩效绩效测量，部分研究者以单一指标来度量创新绩效，如新产品数量（Tsai，2001；Katila and Ahuja，2002）、新产品营业额（Grimpe and Sofka，2009；Laursen and Salter，2006）、专利数等（Arundel and Kabla，

1998；Ahuja，2000b）。还有一些学者认为多指标能更为准确、全面地度量这一变量，因此出现了以多个指标构成的测量量表，如将研发投入、申请专利数、引用专利数等组合来度量创新绩效（Hagedoorn and Cloodt，2003）；将引进新技术、引进新服务等指标组合测量创新绩效（Bell，2005）；以新产品数量、销售回报率和资产回报率来表征企业创新性（Sidhu 等，2007）；以新技术引进、新产品销售额占销售总额比重来表征创新绩效（Leiponen and Helfat，2010）。还有学者综合考虑创新效果与创新效率对创新绩效加以度量等（Gemuüden 等，1996；Ritter 等，2003；许冠南，2008；彭新敏，2009）。

本书结合企业实地调研和专家意见，对现有文献的度量指标进行了提炼，使用以下 6 个题项度量企业创新绩效，由被调查者根据近两年内本企业与行业平均水平的对比来进行主观评分，具体测量题项如表 5.1 所示。

表 5.1　本书对创新绩效的测量问项

序号	测量问项	测量来源或依据
1	新产品数	Arundel and Kabla（1998）；Ahuja（2000b）；Bell（2005）；Brouwer and Kleinkneeht（1999）；Chen 等（2011）；Sidhu，Commandeur and Volberda（2007）；Gemunden，等（1996）；Grimpe and Sofka（2009）；Hagedoorn amd Cloodt（2003）；Katila and Ahuja（2002）；Laursen and Salter（2006）；Leiponen and Helfat（2010）；Ritter and Gemunden（2003）；Ritter，等（1999，2002，2003）；Tsai（2001）；Zhang and Li（2010）；韦影（2005）；张方华（2006）；许冠南（2005）
2	申请专利数	
3	新产品市场成功率	
4	新产品开发速度	
5	新产品占销售总额比重	
6	新产品利润率	

二、解释变量

1. 位置中心度

先前学者从不同视角对位置中心度的测量进行了分析，位置中心度反映了企业在网络中的位置情况，它在一定程度上反映了企业对资源的掌控能力。一些学者采用接近中心度和程度中心度来测量企业在网络中所处的位置中心度（Powell 等，1996），或者内向中心度和外向中心度来测度企业在其知识网络中的位置（Giuliani and Bell，2005），或者用中介中心度来测量（Gilsing 等，2008）。另外一些学者则用企业家在网络中接触的广度来测量位置中心度（Batjargal and Liu，2003），或者用双向关系的企业数目、与其他企业的直接和间接关系、守门者角色三个指标来测度网络中心度（Johannisson and Ramirez – Pasillas，2002）。这些测量的共同点在于均测量了企业所处网络的伙伴关系特征。

国内学者在先前研究的基础上，对测量量表进行了改进，如用网络成员间的依赖程度来测量外部网络中心度（稽登科，2006），用企业网络关系来测量网络中心度（彭新敏，2009；李文博等，2008；黄洁，2007；邬爱其，2007）。王晓娟（2008）的研究具有一定的启发性，她设置了 5 个题项来测度集群企业在其知识网络中的位置中心度，具体题项如表 5. 2 所示。

表 5. 2　王晓娟（2008）对网络位置中心度的测量问项

序号	测量问项
1	大多数本地企业都了解我们企业的技术能力和产品专利
2	本地其他企业容易与我们建立经验或技术交流联系
3	其他企业经常通过我们企业进行技术或经验交流
4	当需要技术建议或技术支持时，本地企业经常希望我们提供新知识或经验
5	当需要技术建议或技术支持时，我们经常希望从本地企业获得新知识或经验

基于上述研究成果中所提出的测量方法和指标，并结合企业实地调研和专家意见，本书最终使用 4 个题项测度企业网络位置中心度（见表 5. 3）。

表 5. 3　本书对位置中心度的测量问项

序号	测量问项
1	网络中发生业务联系时更多地经过我们公司
2	我们与网络中很多合作伙伴的直接联系多于间接联系
3	网络中很多企业愿意与我们公司开展交流合作
4	当遇到问题时，合作伙伴会首先考虑寻求我们的帮助

2. 联结强度

Granovetter（1973）认为，联结强度是网络中联结双方互动频率（在联结上所花的时间）、感情强度（情感投入程度）、亲密程度以及互惠交换等多个因素的综合，并据此区分了强联结与弱联结两种类型，网络主体在上述四个维度的互动强烈和密切即为强联结，反之则为弱联结，如将每周至少接触两次以上视为强联结。联结强度能够刻画网络的重要构面，它是社会网络理论分析的基本单元。很多学者通过单一维度对其进行了测量，多数采用的组织间交互频率（Krackhardt，1992；McEvily and Zaheer，1999；Nelson，1989；邬爱其，2007；陈学光，2007；王晓娟，2007；彭新敏，2009），类似的测度方式还包括合作关系持续时间（Kraatz，1998）、企业间以往联盟经验的丰富程度（Hoang and Rothaermel，2005）、联系的密切程度（李文博等，2008）等。

然而单一维度很难全面描绘联结强度的整体状况，原因在于联结强度应该是一个多维构念，它由网络主体间互动的频率、合作强度、信任和稳定性等因素共同构成（Jarvis 等，2003）。Uzzi（1997）、McEvily 和 Marcus（2005）用信任、信息共享和共同解决问题三个指标来测度网络关系嵌入性水平。早期还有一些学者运用交往时间、互动频率以及亲密程度来测量联结强度（Marsden and Campbell，1984）。类似的还有作双方关系的亲密程度、互动频率和互动程度等测量方式（Levin 和 Cross，2004；Ma，Huang and Shenkar，2011）。而 Capaldo（2007）的研究更具有启发意义，他从时间、资源共享和社会互动三个维度分别采用关系持续时间、合作频率与合作强度测度网络联结强度，这种测量方式更具有立体性。还有一些学者则从社会资本的关系和结构两个维度对网络联结进行测量，并用社会挥动和信任水平来表述关系和结构两个维度（Molina - morales and Martínez - Fernández，2009）。与之类似，Eisingerich，Bell 和 Tracey（2010）在 Capaldo（2007）所采用的三个指标的基础上增加信任维度来刻画集群网络的联结强度。

借鉴上述文献中的测量建议，本书结合企业实地调研和专家意见，基于互动频率、互利和信任程度以及合作稳定性和强度等层面，采用 6 个题项来度量企业网络的联结强度，如表 5.4 所示。

表 5.4　本书对联结强度的测量问项

序号	测量题项
1	我们与合作伙伴等网络成员经常接触以共享资源与信息
2	我们与网络成员会定期分享供需预测的相关信息
3	我们与网络成员经常共同解决问题
4	我们和网络成员企业会共同处理和承担合作过程中出现的问题和责任
5	我们会经常与网络成员企业商讨未来业务规划
6	我们与合作伙伴等网络成员保持长期稳定的合作关系

3. 联结广度

联结广度反映了企业创新过程中利用不同合作渠道或知识来源的程度，体现了网络开放性和网络成员多样性的程度，能够表明企业所处网络中知识的多样性和异质性。

先前多数研究均采用商业伙伴的多样性来测度该指标（Burt，1983；Ibarra，1993，Renzulli，Aldrich and Moody，2000）。Laursen 和 Salter（2006），Leiponen 和 Helfat（2010）分别将企业在创新活动中经常利用的外部知识来源分为 16 种和 12 种，采用直接加总的方式来测算企业汲取外部知识来源的广度。还有学者采用直接与个体联系的组织数量/企业家个体关系数量测度网络多样性（Zhao and Aram，1995；Batjargal and Liu，2003）。Giuliani 和 Bell（2005）认为存在四种类型的网络成员，分别是集群内外的供应商、客户、研究机构和行业协会，他们为企业提供了重要的外部知识。

此外，还有学者从网络开放性视角来度量联结广度这一变量，Boschma 和 Ter Wal（2007）基于地理开放性视角，从联结的地理范围将其分为本地知识联结和非本地知识联结。类似地，Eisingerich，Bell 和 Tracey（2010）从企业接纳新成员的意愿、与集群内外行动者联结的程度来测量网络开放性和网络成员多样性的程度，具体题项如表 5.5 所示。

表 5.5 Eisingerich，Bell 和 Tracey（2010）对联结广度的测量问项

序号	测量问项
1	我们与不同规模、年龄、能力和产业的企业有着广泛的联结
2	在集群内我们很容易接受新的合作伙伴
3	我们与集群外的行动者有很好的联结
4	我们与集群内行动者的联结很难重建（反向陈述）

国内学者主要通过计算企业与不同类型网络伙伴（如供应商、客户、同行、科研院所等）的异质性关系的数量、网络伙伴的地理位置（本地和跨区域）和联系背景等来度量企业网络开发性和异质性（黄洁，2007；陈学光，2008；，邬爱其，2007；王晓娟，2007；彭新敏，2009）。

本书结合企业实地调研和专家意见，从网络开放性和伙伴多样性视角，使用4个题项来度量企业网络的联结广度，如表5.6所示。

表 5.6 本书对联结广度的测量问项

序号	测量问项
1	我们与不同规模、技术水平和区域的供应商建立了广泛的联系
2	我们与不同规模、技术水平和区域的客户建立了广泛的联系
3	我们与不同规模、技术水平和区域的科研机构建立了广泛的联系
4	我们与不同规模和区域的行业协会建立了广泛的联系

三、中介变量

由于搜寻边界、内容与目标等方面的差异，知识搜寻行为在组织创新活动连续体上的位置也有所不同，进而导致对技术能力与创新绩效的差异化影响（Sofka and Grimpe，2010；魏江和冯军政，2009），因此清晰界定知识搜寻边界和维度是准确度量知识搜寻的基础。本书的中介变量为四种类型的知识搜寻策略包括国内市场搜寻、国内技术搜寻、国际市场搜寻和国际技术搜寻。国际市场搜寻和国际技术搜寻即地域维度市场知识和技术知识跨界搜寻，国内市场搜寻和国内技术搜寻即地域维度国内知识搜寻。

学者对知识搜寻的度量最早多采用调查企业专利引用客观数据的方式

（如 Katila and Ahuja，2002；Rosenkopf and Nerkar，2001；Ahuja and Lampert，2001；Sofka and Grimpe，2010；Kim，2016；Paruchuri and Awate，2017），这种将专利引用情况作为度量指标的方法虽然有利于客观识别搜寻活动的边界维度，避免由于被调查者主观判断所造成的误差，但也存在一定缺陷，如专利在表征创造性创新活动的同时也意味着企业对某项技术的独占性，专利引用只能反映特定行业内跨组织边界的搜寻活动，发展中国家的专利引用数据事实上并不能客观反映组织搜寻的水平与方向等问题。因此，为了克服采用专利引用数据测量的局限性，研究者开始试图以调查问卷的量表形式或调查企业对外部知识源的利用情况来度量知识搜寻活动（如 Laursen and Salter，2004；Leiponen and Helfat，2010 等）。Phene，Fladmoe - Lindquist 和 Marsh（2006）区分了国际与国内两种来源的知识，搜索源自国内地理距离上邻近的技术视为开发，搜索地理距离遥远的国际技术视为探索。

Sidhu，Commandeur 和 Volberda（2007）根据供给端、需求端和空间三个维度区分跨界搜寻行为，供给端搜寻包括与技术或组织方面对输入 - 输出转换有影响的新知识；需求端搜寻是指发现和挖掘自身和相关市场的市场结构和细分、产品使用和替代模式以及顾客偏好和需求等方面的新见解；空间搜寻则与在不同地理区域寻求机会、区域专门知识和运营经验相关。三位学者开发了相应的指标集，采用“了解行业内技术和工艺的发展”“我们的信息搜寻努力覆盖所有采用我们所使用的技术类型的行业”以及“仔细观察与我们技术相关的行业”为基础形成度量供给端跨界搜寻的量表，使用“密切关注以我们顾客为目标的企业的营销策略”“我们了解我们顾客所在意的产品参数的变化”“我们非常了解虽然提供完全不同产品但与我们满足相同顾客需求的行业的发展”作为基础构建测量需求端跨界搜寻的量表，并基于“我们了解我们所运营的地理区域内所有重要的机会”“我们非常清楚临近地理区域内产品的价格和质量方面的信息”形成测量空间跨界搜寻的指标。

马如飞（2009）在 Sidhu，Commandeur 和 Volberda（2007）研究的基

础上，将跨界搜寻行为根据地域和认知边界两个维度加以区分，并将所搜寻知识的类型分为技术知识和市场知识，并探讨由此形成的四种类型跨界搜寻行为对企业技术、商业模式创新的影响，以下是其对跨地域市场知识和技术知识搜寻的测量量表。

表 5.7　马如飞（2013）对地域维度知识搜寻的测量问项

序号	测量问项	构念
1	我们非常了解国内同行企业的新产品开发情况	地域维度技术知识跨界搜索
2	我们密切关注其他省市同行企业的新产品开发情况	
3	我们密切关注国外同行企业的新产品开发情况	
1	我们非常了解国内市场的产品价格与质量情况	地域维度市场知识跨界搜索
2	我们非常了解周边市场的产品价格与质量情况	
3	我们密切关注国际市场的产品价格与质量情况	

李晓翔和霍国庆（2013）借鉴 Laursen 和 Salter（2006）以及 Leiponen 和 Helfat（2010）等研究所提出的量表，对跨认知维度和跨地域维度的市场知识搜寻和技术知识搜寻进行了变量测度，并采用 Likert 量表加以度量，其中，对跨地域维度知识搜寻的题项如表 5.8 所示。

表 5.8　李晓翔和霍国庆（2013）对跨地域维度知识搜寻的测量问项

序号	测量问项	构念
1	我们企业经常关注知名企业或产业集群的技术和产品	跨地域技术搜索
2	我们企业经常关注各地（主要是目标市场）竞争对手的技术和产品	
3	我们企业经常关注知名高校或研究机构科研动向和成果	
4	我们企业经常关注各地技术推介会议	
1	我们企业经常关注各地（主要是目标市场）消费者信息	跨地域市场搜索
2	我们企业经常关注各地贸易或者展览会议	
3	我们企业经常关注有影响力的行业分析和交流会议	
4	我们企业经常关注各地（主要是目标市场）竞争对手的市场行为	

肖丁丁（2013）将跨界搜寻按组织边界区分为科技驱动型和市场驱动型跨界搜寻，并从技术边界区分了共性技术导向和产品技术导向跨界搜寻，并分析这四种类型的跨界搜寻行为对双元能力的影响，表 5.9 是其对

科技驱动型和市场驱动型跨界搜寻的度量量表。

表 5.9　肖丁丁（2013）基于组织边界对跨界搜寻的测量问项

序号	测量问项	构念
1	公司经常与高校、科研机构开展联合人才培训活动	科技驱动型跨界搜寻
2	公司经常与政府科研机构交流技术发展信息	
3	公司经常与政府科技部门咨询产业发展政策与趋势	
4	公司行业内国家重点实验室、工程中心等保持密切联系	
5	公司研发部门时刻关注技术标准、专利等信息更新状况	
1	公司及时跟踪设备、物料等供应商提供的市场信息	市场驱动型跨界搜寻
2	公司一直关注行业内竞争对手的产品研发、营销策略	
3	公司研发、营销部门经常采用行业协会、商会提供的市场信息	
4	公司对贸易协会、咨询公司等机构提供的数据信息关注较少	
5	公司经常参加设计或产品交流会、博览会收集行业最新信息	

根据上述学者对知识搜寻度量的指标和量表，并结合企业实地调研和专家的意见，本书分别采用6个问项测量四种类型的知识搜寻策略，具体度量问项如表 5.10 所示。

表 5.10　本书对知识搜寻策略的测量问项

序号	测量问项	构念
1	我们非常了解国内本行业的技术和工艺发展	国内市场知识搜寻
2	我们会收集所有国内使用同类技术的产业的信息	
3	我们密切关注国内技术相关的产业	
4	我们在国内获取大量将现有设备用于生产新产品的机会的信息	
5	我们在国内密切监控那些在我们的产品领域不活跃，但拥有与我们相匹敌的技术和知识诀窍的企业	
6	我们在国内密切监测上游行业在产品和流程方面的技术进步	

续表

序号	测量问项	构念
1	我们非常了解全球本行业的技术和工艺发展	国内技术知识搜寻
2	我们会收集所有全球使用同类技术的产业的信息	
3	我们密切关注全球范围技术相关的产业	
4	我们在国际范围内获取将现有设备用于生产新产品的机会信息	
5	我们在国际范围内密切监控那些在我们的产品领域不活跃，但拥有与我们相匹敌的技术和知识诀窍的企业	
6	我们在国际范围监测上游行业在产品和流程方面的技术进步	
1	我们密切跟踪国内以我们的顾客为目标顾客的公司的营销策略	国际市场知识搜寻
2	我们关注国内顾客对产品偏好的变化	
3	我们收集大量国内潜在顾客群体的产品偏好信息	
4	我们对国内提供替代性产品的行业发展非常了解	
5	我们密切跟踪国内提供互补性产品的公司的活动	
6	我们非常了解国内顾客在产品和流程上的创新活动	
1	我们在国际范围跟踪与我们目标顾客相同的公司的营销策略	国际技术知识搜寻
2	我们在国际范围内关注顾客对产品偏好的变化	
3	我们收集大量国际范围内潜在顾客群体的产品偏好信息	
4	我们对国际范围内提供替代性产品的行业发展非常了解	
5	我们密切跟踪国际范围内提供互补性产品的公司的活动	
6	我们非常了解国际范围内顾客在产品和流程上的创新活动	

四、调节变量

1. 吸收能力

吸收能力可以通过企业积累的知识存量和创造知识的努力程度加以表征（Cohen and Levinthal，1990；Zahra and George，2002）。一些学者以客观指标对吸收能力加以度量包括 R 和 D 投入、R 和 D 强度、培训支出比重、人力资本存量、是否设有研发机构等指标（Cohen and Levinthal，1990；Tsai，2009；George 等，2001；Ahuja and Katile，2001；Spithoven 等，2010；吴晓波和陈颖，2010），还有一些研究者以 Likert 量表的形式测量吸收能力，并对这一概念的维度进行了进一步细分（如 Jansen 等，2005；Chen 等，2009；Bishop 等，2011；陈钰芬和陈劲，2008），此外还出现了综合采用主观问项和客观数据的度量方式。Giuliani 和 Bell（2005）采用技术人员受教育程度、专业人员经验以及企业实验活动的强度三个指标测度企业的吸收能力。类似的，Grimpe 和 Sofka（2009）测量吸收能力的问项包括采用研发投入、员工的专业知识和技能、研发活动强度三个方面。国内学者郑素丽（2008）则从获得新知识和资源的能力、拥有明确的战略规划和目标、具备与跨国公司合作的丰富经验、研发投入强度测度了吸收能力。范志刚（2010）从知识获取能力和知识应用能力两个方面各 3 个问项测量吸收能力。

本书结合现有研究成果、企业实地调研和专家意见，采用 Likert7 级量表打分法，使用 4 个题项来度量吸收能力，如表 5. 11 所示。

表 5. 11　本书对吸收能力的测量问项

序号	测量问项
1	我们能很快发现外部的重要信息和知识
2	我们能很快识别外部新知识可能给本企业产品带来的变化
3	我们能很快地消化吸收从外部获得的新知识
4	我们能很快将外部新知识应用于相关产品

2. 环境不确定性

环境不确定性是指企业所面临环境的复杂性和多变程度，相似的概念和术语包括环境动荡性（Atuahene - Gima，2005）、环境动态性等（Janson，2006），都是强调环境中顾客需求、技术和竞争等方面的多变性和难以预测。学者对环境不确定性的测量存在多种不同视角和具体的测量指标，Rowley，Behrens 和 Krackhardt（2000）采用环境复杂性、可预测性和变化频率测度产业环境的不确定性。Sidhu，Commandeur 和 Volberda（2007）引入技术变革速度及其不可预测性度量环境动态性。Li，Kevin 和 Zhou（2008）采用产业内竞争强度和经济结构不确定性测量转型时期我国企业所面临的环境不确定性。Eisingerich，Bell 和 Tracey（2010）运用市场动态性、技术动态性和竞争强度测度了开放环境下产业集群所面临的环境不确定性。Jaworski 和 Kohli（1993）对环境动荡性的调节作用和测量进行了系统的研究，设计了包括市场动荡性、技术动荡性和竞争强度三个维度的量表，并被后续的研究者广泛借鉴和运用（见表 5. 12）。

表 5. 12　Jaworski 和 Kohli（1993）对环境动荡性的测量问项

序号	测量问项	构念
1	在我们的业务中，顾客的产品需求偏好一直在不断地变化	市场动荡性
2	我们的顾客总是期待新的产品	
3	我们的顾客有时候对价格非常敏感，而有时候价格则不太重要	
4	在顾客购买以前，我们能察觉他们对产品和服务的需求	
5	新顾客都具有产品相关的需求，这和我们现有的顾客不同	
6	我们为许多相同的顾客提供服务，这些顾客是我们曾经服务过的	
1	我们产业中的技术是在不断地改变	技术动荡性
2	在我们产业中，技术变革提供了大量市场机会	
1	我们所处的行业竞争非常残酷	竞争强度
2	我们所处的行业中，竞争者常采取新的竞争举措	
3	我们所处的行业中，有很多实力强的竞争对手	
4	我们所处的行业，竞争对手经常使用促销战开展竞争	

学者通常采用技术环境动态性和市场环境动态性来测度环境不确定性（如 Danneels and Sethi，2011；Cruz - Gonzalez 等，2015；Hung and Chou，2013；Schilke，2014；李正卫，2003；刘雪锋，2007；许冠南，2008 等）。本书结合现有研究成果、企业实地调研和专家意见，使用 4 个题项来度量环境动荡性，如表 5. 13 所示。

表 5. 13　本书对环境动荡性的测量问项

序号	测量问项	构念
1	我们很难预测市场需求的变化	市场动荡性
2	我们很难预测顾客偏好的变化	
3	新顾客对产品/服务的需求，与老顾客的需求明显不同	
4	我们需要不断推出新产品/服务，才能迎合顾客的需求	

续表

序号	测量问项	构念
1	我们所处行业的技术变革速度很快	技术动荡性
2	我们所处行业的技术变化幅度很大	
3	我们所处行业中的技术和工艺，常由于科技的发展而被淘汰	
4	很难预测未来的2~3年，我们所处的行业将会出现何种新技术	

五、控制变量

本书还对可能影响创新绩效的企业规模、企业年龄和企业所处产业类型三个变量加以控制，这主要是考虑现有研究已普遍证实了这些变量对创新绩效的重要影响作用，而且创新活动本身也确实是一个多变量多因素共同作用的结果，除本书的驱动因素企业网络外，可能存在一些变量对知识搜寻和创新绩效产生影响，因此，有必要在理论模型中进行控制。

企业规模不仅会影响企业行为和决策（Nadler and Tushman，1988），企业规模越大则拥有更多资源，规模效应越显著，能投入更多的资金和人员用于改善企业绩效，并获得创新收益（Lee，Lee and Pennings，2001；Leiponen and Helfat，2010）。因此，本书选择企业规模作为控制变量，并用企业员工人数作为代理变量进行测度。

企业年龄也可能对企业知识搜寻与创新绩效产生重要影响（Gulati，Lavie and Singh，2009），本书将企业自成立起至2015年止所经历的年数作为企业年龄，并取其自然对数值。

产业类型也可能对企业的创新活动产生较为重要的影响（Eisenhardt and Schoonhoven，1996），本书也将产业类型作为控制变量。为了加以区分和界定，本书将产业类型设置为虚拟变量，并将化工纺织、机械制造等行业作为传统产业，赋值为0，把软件业、电子及通信设备制造、生物制药和新材料作为高新技术产业，并赋值为1。

第二节　预调研与问卷修正

为保证本书所采用量表的科学学和合理性，在开展正式的问卷调查之前首先对量表初稿进行预调研，以测试量表的信效度并对量表加以修正。预调研本书共发放 80 份调研问卷，回收 38 份，回收率 47.5%，以下将介绍借助 SPSS 软件对本书预调研所获样本数据进行信效度检验的结果。

一、信度分析

为分析量表初稿的信度以达到对量表进行净化的目的，本书以 Cronbach's α 值来判定量表信度，同时采用 CITC（corrected item total correction）和 SMC（Squared Multiple Correlation）作为评估问项是否应予以保留的标准，其中当 Cronbach's α >0.7 时认为量表信度较好，当 CITC >0.5，SMC >0.35 时，测量问项予以保留。根据上述标准对数据进行统计分析，由表 5.14 可以看出，企业网络三个变量的 Cronbach's α 值均 >0.7，可以认为量表具有较好的信度，其中，联结强度和联结广度各有一个问项的 CITC 和 SMC 值未达到要求而被剔除。三个变量各自的 Cronbach's α 值如表 5.14 所示。

表 5.14　企业网络测量指标的信度分析结果

测量构念	预调研问项编号	CITC	SMC	是否保留	正式问卷问项编号
位置中心度（α =0.744）	NC1	0.574	0.354	Y	NC1
	NC2	0.554	0.428	Y	NC2
	NC3	0.665	0.513	Y	NC3
	NC4	0.575	0.358	Y	NC4

续表

测量构念	预调研问项编号	CITC	SMC	是否保留	正式问卷问项编号
联结强度（α=0.834）	TI1	0.597	0.369	Y	TI1
	TI2	0.648	0.436	Y	TI2
	TI3	0.637	0.442	Y	TI3
	TI4	0.638	0.444	Y	TI4
	TI5	0.607	0.379	Y	TI5
	TI6	0.347	0.199	N	
联结广度（α=0.831）	TB1	0.721	0.542	Y	TB1
	TB2	0.735	0.558	Y	TB2
	TB3	0.629	0.396	Y	TB3
	TB4	0.429	0.198	N	

资料来源：本书整理。

表5.15是对知识搜寻的四个变量测量问项的信度分析，由表中所得数据分析结果可知，知识搜寻各测量指标的CITC均>0.5，SMC均>0.35，量表Cronbach's α值均>0.7，信度可以接受，同时所有测量问项予以保留。

表5.15 知识搜寻测量指标的信度分析结果

测量构念	预调研问项编号	CITC	SMC	是否保留	正式问卷问项编号
国内技术搜寻（α=0.873）	TL1	0.700	0.563	Y	TL1
	TL2	0.698	0.575	Y	TL2
	TL3	0.701	0.515	Y	TL3
	TL4	0.679	0.538	Y	TL4
	TL5	0.611	0.470	Y	TL5
	TL6	0.679	0.470	Y	TL6
国际技术搜寻（α=0.871）	TG1	0.599	0.428	Y	TG1
	TG2	0.798	0.666	Y	TG2
	TG3	0.768	0.630	Y	TG3

续表

测量构念	预调研问项编号	CITC	SMC	是否保留	正式问卷问项编号
国际技术搜寻（α=0.871）	TG4	0.720	0.538	Y	TG4
	TG5	0.572	0.365	Y	TG5
	TG6	0.722	0.527	Y	TG6
国内市场搜寻（α=0.896）	ML1	0.733	0.583	Y	ML1
	ML2	0.746	0.590	Y	ML2
	ML3	0.712	0.514	Y	ML3
	ML4	0.741	0.563	Y	ML4
	ML5	0.732	0.564	Y	ML5
	ML6	0.686	0.471	N	ML6
国际市场搜寻（α=0.891）	MG1	0.678	0.529	Y	MG1
	MG2	0.631	0.505	Y	MG2
	MG3	0.728	0.556	Y	MG3
	MG4	0.794	0.646	Y	MG4
	MG5	0.735	0.567	Y	MG5
	MG6	0.664	0.473	Y	MG6

资料来源：本书整理。

创新绩效测量量表包括6个问项，量表整体Cronbach's α值为0.911，满足信度检验要求，同时所有问项符合SMC和CITC的标准，因此均予以保留（见表5.16）。

表5.16　创新绩效测量指标的信度分析结果

测量构念	预调研问项编号	CITC	SMC	是否保留	正式问卷问项编号
创新绩效（α=0.911）	IP1	0.735	0.559	Y	IP1
	IP2	0.761	0.684	Y	IP2
	IP3	0.755	0.662	Y	IP3
	IP4	0.811	0.659	Y	IP4
	IP5	0.763	0.710	Y	IP5
	IP6	0.785	0.717	Y	IP6

资料来源：本书整理。

如表5.17所示，对环境动荡性和吸收能力两类调节变量的信度检验表明，整体而言，环境动荡性量表达到信度要求的Cronbach's α值大于0.7的标准，但市场动荡性的MT4问项未达到CITC和SMC的要求，因此予以剔除，保留其他七项测量指标，吸收能力的Cronbach's α值为0.860，满足信度要求，所有问项予以保留。

表5.17　环境动荡性和吸收能力测量指标的信度分析结果

测量构念	预调研问项编号	CITC	SMC	是否保留	正式问卷问项编号
市场动荡性（α=0.767）	MT1	0.678	0.656	Y	MT1
	MT2	0.706	0.680	Y	MT2
	MT3	0.557	0.364	Y	MT3
	MT4	0.394	0.177	N	
技术动荡性（α=0.847）	TT1	0.818	0.758	Y	TT1
	TT2	0.863	0.803	Y	TT2
	TT3	0.751	0.587	Y	TT3
吸收能力（α=0.860）	AC1	0.712	0.555	Y	AC1
	AC2	0.763	0.589	Y	AC2
	AC3	0.709	0.518	Y	AC3
	AC4	0.621	0.413	Y	AC4

资料来源：本书计算整理。

二、探索性因子分析

本书在对预调研样本数据进行探索性因子分析检验初始量表效度之前，首先剔除了不符合标准的问项，以保证因子分析的结果不受干扰而更为准确，且能更为有效地解释因子的涵义。对效度检验的标准，参考Kaiser（1974）等学者的观点，KMO值应>0.7，Bartlett氏球体检验的近似卡方值大且显著，代表适合对数据进行因子分析，因子载荷>0.5则可以认为量表具有较好的效度，可以较为准确地度量所要测量的变量。

企业网络变量的KMO值为0.903，近似卡方值为1674.476，显著性水平为0.000，满足因子分析的条件要求，表5.18中展示的是对企业网络各变量测量量表所进行的探索性因子分析结果，如表5.18所示，量表所有测量问项的因子载荷均高于0.5，因子分析共计析三个因子，累计方差解释率达65.67%（通常累计方差解释率达60%以上认为因子载荷具有聚集性），满足研究要求。

表5.18　企业网络的探索性因子分析结果

构念	测量维度	问项指标	因子载荷
企业网络	位置中心度	网络中发生业务联系时更多地经过我们公司	0.698
		我们与网络中很多合作伙伴的直接联系多于间接联系	0.755
		网络中很多企业愿意与我们公司开展交流合作	0.851
		当遇到问题时，合作伙伴会首先考虑寻求我们的帮助	0.684
	联结强度	我们与合作伙伴等网络成员经常接触以共享资源与信息	0.701
		我们与网络成员会定期分享供需预测的相关信息	0.714
		我们与网络成员经常共同解决问题	0.758
		我们和网络成员企业会共同处理和承担合作过程中出现的问题和责任	0.785
		我们与合作伙伴等网络成员保持着长期稳定的合作关系	0.648
		我们与不同规模、技术水平和区域的供应商建立了广泛联系	0.662
	联结广度	我们与不同规模、技术水平和区域的客户建立了广泛联系	0.707
		我们与不同规模、技术水平和区域的科研机构建立了广泛联系	0.650

资料来源：本书计算整理。

知识搜寻策略变量的KMO值为0.947，近似卡方值为4767.081，显著性水平为0.000，满足因子分析的条件。探索性因子分析共计析4个因子，累计方差解释率达62.05%，所有测量问项的因子载荷均达0.5以上，可以认为量表具有较高的效度（如表5.19所示）。

表 5.19　知识搜寻的探索性因子分析结果

构念	测量维度	问项指标	因子载荷
知识搜寻	国内技术	我们非常了解国内本行业的技术和工艺发展	0.684
		我们会收集所有国内使用同类技术的产业的信息	0.637
		我们密切关注国内技术相关的产业	0.699
		我们在国内获取大量将现有设备用于生产新产品的机会的信息	0.783
		我们在国内密切监控那些在我们的产品领域不活跃，但拥有与我们相匹敌的技术和知识诀窍的企业	0.747
		我们在国内密切监测上游行业在产品和流程方面的技术进步	0.668
	国际技术	我们非常了解全球本行业的技术和工艺发展	0.615
		我们会收集所有全球使用同类技术的产业的信息	0.767
		我们密切关注全球范围技术相关的产业	0.747
知识搜寻	国际技术	我们在国际范围内获取将现有设备用于生产新产品的机会信息	0.736
		我们在国际范围内密切监控那些在我们的产品领域不活跃，但拥有与我们相匹敌的技术和知识诀窍的企业	0.612
		我们在国际范围监测上游行业在产品和流程方面的技术进步	0.632
	国内市场	我们密切跟踪国内以我们的顾客为目标顾客的公司的营销策略	0.607
		我们关注国内顾客对产品偏好的变化	0.713
		我们收集大量国内潜在顾客群体的产品偏好信息	0.649
		我们对国内提供替代性产品的行业发展非常了解	0.663
		我们密切跟踪国内提供互补性产品的公司的活动	0.739
		我们非常了解国内顾客在产品和流程上的创新活动	0.661
		我们在国际范围跟踪与我们目标顾客相同的公司的营销策略	0.610
		我们在国际范围内关注顾客对产品偏好的变化	0.643
		我们收集大量国际范围内潜在顾客群体的产品偏好信息	0.724
		我们对国际范围内提供替代性产品的行业发展非常了解	0.742
		我们密切跟踪国际范围内提供互补性产品的公司的活动	0.760
		我们非常了解国际范围内顾客在产品和流程上的创新活动	0.772

资料来源：本书计算整理。

创新绩效变量的 KMO 值为 0.864，卡方值为 1288.340，显著性水平 0.000，因此适合进行探索性因子分析。探索性因子分析结果如表 5.20 所示，共计析一个因子，累计方差解释率达 71.14%，六个测量问项因子载荷均满足要求，高达0.5，达到效度检验要求标准。

表 5.20 创新绩效的探索性因子分析结果

测量维度	问项指标	因子载荷
创新绩效	新产品数	0.818
	申请专利数	0.839
	新产品市场成功率	0.836
	新产品开发速度	0.875
	新产品占销售总额比重	0.836
	新产品利润率	0.855

资料来源：本书计算整理。

对调节变量（环境动荡性和吸收能力）的探索性因子分析结果如表5.21所示，KMO值为0.860，Bartlett球体检验近似卡方值为2188.749，显著性水平为0.000，满足因子分析要求，因子分析结果说明，所有变量的测量量表问项的因子载荷均达到要求，>0.5，共计析三个因子，累计方差解释率达72.46%，可以认为满足效度检验标准。

表 5.21 环境动荡性和吸收能力的探索性因子分析结果

构念	测量维度	问项指标	因子载荷
环境动荡性	市场动荡性（MT）	我们很难预测市场需求的变化	0.907
		我们很难预测顾客偏好的变化	0.913
		新客户对产品/服务的需求，与老客户的需求明显不同	0.723
		我们所处行业的技术变革速度很快	0.877
		我们所处行业的技术变化幅度很大	0.896
	技术动荡性（TT）	我们所处行业中的技术和工艺，常由于科技的发展而被淘汰	0.815
		很难预测未来2~3年，我们所处的行业将会出现何种新技术	0.664
吸收能力	吸收能力（AC）	我们能很快发现外部的重要信息和知识	0.805
		我们能很快识别外部新知识可能给本企业产品带来的变化	0.766
		我们能很快地消化吸收从外部获得的新知识	0.886
		我们能很快将外部新知识应用于相关产品	0.701

第三节 数据收集与分析方法

一、数据收集与样本基本情况统计

为了尽可能降低误差、确保数据准确有效和研究结果准确性，本书从问卷设计、问卷发放和回收，以及数据录入和处理等方面进行了控制，首先在选定样本框时，考虑本书聚焦于企业国际化活动，因此认为在国际市场上开展国际化经营的企业均属于被调研对象，具体的界定标准包括（1）从事国际化经营活动 1 年以上，（2）企业所有权为中国境内的法人或机构，总部位于中国大陆境内。调研对象确定为在被调研企业工作三年以上的高层管理人员或相关部门的中层管理人员，这主要是考虑到研究问题涉及企业整体和海外市场的运营情况，中高层管理人员对企业的多方面经营情况更为熟悉进而做出较准确而全面的回答。

考虑问卷调研的可行性和研究目的，在抽样时选择了便利性抽样和目的性抽样相结合的方式，根据《中国对外直接投资统计公报》中我国对外直接投资的流量和存量的相关信息，选择了北京、天津、山东、河北、辽宁、上海、江苏、浙江、广东、福建、湖南、云南等对外直接投资活跃且竞争力较强的省份，可见本书所选取的问卷发放区域集中在环渤海、长三角和珠三角这些经济发达且企业创新能力较强的地区，能够较好地代表我国国际化企业现状与未来发展趋势，也有助于降低不同地理区域经济发展水平差异可能导致的对统计分析结果的影响。

本书采用多种途径进行问卷的发放与回收包括实地走访、Email 发放、委托协作机构和朋友代为发放等方式，由于在国内通过邮寄和 Email 等方式发放问卷回收率极低，因此，在开展调研时并未主要采用这两种方式，仅对保持长期稳定合作关系又受地理因素制约的企业发放 Email 问卷，从而确保问卷回收的质量。本研究实际共发放问卷 350 份，回收 259 份，有效问卷 214 份，有效回收率达 61. 14%，达到了问卷调查的基础要求。有效问卷的地区来源分布如表 5. 22 所示。

表 5. 22　调查样本企业的地区分布

所属地区	问卷数量	百分比（%）
天津	53	24. 77%
山东	36	16. 82%
广东	28	13. 08%
河北	25	11. 68%
辽宁	22	10. 28%
浙江	19	8. 88%
江苏	13	6. 07%
北京	11	4. 67%
其他	8	3. 74%
合计	214	100. 00%

资料来源：本书整理。

本书对回收的 214 份有效问卷进行了统计分析，样本基本特征的描述性统计分析见表 5. 23。其中国有企业和民营企业的占比分别为 41. 59 和 48. 60，能够有效代表两类主要的企业产权形式；员工人数以 500 ~ 1500 人的企业居多，占 36. 92%，能够反映我国出口企业以成本优势为主的特点；年销售额多在 1 亿元以下，占比 55% 以上，说明我国缺乏大型跨国企业，而是以中小型国际化企业为主；产业类型则以制造企业为主，占比 53. 74%，说明中国制造依然是当前国际出口的主要趋势。而企业经营年限多在 25 年以上，占比 40. 65%，而国际化年限 10 年以下的占比 62. 62%，说明我国企业的国际化是在 2000 年左右才开启的趋势，国际化起步较晚，有待进一步追赶。

表 5. 23　正式调研样本企业基本情况统计

指标	类别	样本数量	百分比（%）
企业性质	国有企业	89	41. 59
	民营企业	104	48. 60
	三资企业	21	9. 81
员工人数（人）	<500	62	28. 97
	500 ~ 1500	79	36. 92
	>1500	73	34. 11
年销售额（元）	<5000 万	34	14. 49
	5000 万 ~ 1 亿	87	40. 65
	1 ~ 5 亿	76	35. 51
	>5 亿	17	7. 94
产业类型	制造业	115	53. 74
	服务业	99	46. 26
企业经营年限（年）	≤10	43	20. 09
	11 ~ 25	84	39. 25
	>25	87	40. 65
国际化年限（年）	<5	53	24. 77
	5 ~ 10	81	37. 85
	>10	80	37. 38

资料来源：本研究整理

二、分析方法

本书的数据分析将使用 SPSS 和 Lisrel 统计软件，SPSS 软件主要用于描述统计、信度与效度分析、相关分析与回归分析等，而 Lisrel 软件则用于验证性因子分析以及结构方程建模检验研究假设。基于不同的统计分析目的，本书将运用不同的统计分析方法对所收集的数据进行分析（表 5. 24）。

表 5.24 数据分析目的与方法

数据分析目的与内容	数据分析方法	分析软件
1. 调研样本企业基本特征分析	百分比、频数分析	SPSS
2. 因变量、自变量和调节变量的描述性统计分析	均值、标准差等	SPSS
3. 研究数据的信效度检验	探索性因子分析（EFA）、验证性因子分析（CFA）、相关分析（CA）	SPSS
4. 企业网络 - 知识搜寻 - 创新绩效关系分析、调节变量检验	多元线性回归分析（MLR）、结构方程模型（SEM）	SPSS Lisrel
5. 知识搜寻双元均衡与创新绩效关系分析、调节变量检验	多元线性回归分析（MLR）、结构方程模型（SEM）	SPSS Lisrel

1. 描述性统计分析

描述性统计分析是客观呈现调研样本的基本信息包括企业规模、企业年龄、所属行业、企业类型、研发投入等样本特征，并对数据进行初步处理（包括均值、标准差、百分比、频数分布等），以考察样本总体的概况及其代表性。当数据均值、标准差等符合统计要求时认为数据稳定性较好。

2. 信度分析

信度（Reliability）即可靠性，是指使用相同技术或测量工具，重复测量同一个对象时，得到结果的一致性和稳定性程度，常用稳定性、等值性和内部一致性等指标来进行测度，本书将采用 Cronbach's α 值和 CITC（Corrected - Item Total Correlation，修正的总体相关系数）对内部一致性加以衡量。当分量表的 Cronbach's $\alpha > 0.7$，总量表 Cronbach's α 的 > 0.8（Nunnally，1978；Hinkin，1998；吴明隆，2010），CITC > 0.4（李怀祖，2004；Tian 等，2001；Zaichowsky，1985），SMC（Squared Multiple Correlation，相关系数的平方）≥ 0.5（Bagozzi 等，1988），就可以认为量表具有较好的内部一致性。

3. 效度分析

效度是指量表在多大程度上反映了变量的真实含义（艾尔·巴比），

或者说测量工具能正确测量出研究对象真实特征的程度，即测量的正确性。效度衡量通常包括内容效度和构念效度两方面。内容效度旨在检测衡量内容代表所要测量的构念的程度，本书根据 Haynes 等（1995）的建议，主要通过参考现有文献中的成熟量表并结合企业调研和专家学者的建议制定而成，因此可以认为具有较高的内容效度。构念效度是从理论角度出发，是指理论结构的测量能度量理论构念的程度（Schwab，1980）包括收敛效度和区分效度。因子分析（Factor Analysis）可以很好地检验变量是否有一套正确的、可操作性的测度（吴明隆，2003），本书将采用探索性因子分析和验证性因子分析来检验构念效度。

4. 因子分析

本书主要运用探索性因子分析和验证性因子分析进行数据检验。探索性因子分析可用于发掘一组多元观测变量的结构（刘军，2008）。由于本研究中知识搜寻的四个变量，即技术知识国内搜寻、技术知识国际搜寻、市场知识国内搜寻和市场知识国际搜寻是在企业实地调研并结合专家建议，借鉴已有文献进行理论研究并在其基础上加以修改形成的，本书的探索性因子分析检验数据质量。而验证性因子分析目的在于检验事先确定因子的模型拟合实际数据的程度（Child，1990）。本书将运用 lisrel 进一步对变量进行验证性因子分析，分析数据与测量模型的拟合情况，检验变量的因子结构与理论预期的一致性。

5. 相关分析和回归分析

相关性分析主要是为了呈现变量间的相互关系，并判定样本数据是否适宜进行回归分析。本书用 Pearson 相关系数矩阵来分析变量间的相关系数，考察各研究变量间是否存在显著相关。

层次多元回归分析使得研究者可以观察到随着解释变量的增加，模型解释力所发生的变化。本书将运用层级多元回归分析方法验证企业网络特征、知识搜寻与创新绩效之间的关系，并检验环境动荡性和吸收能力对这些影响关系所发挥的调节效应。

第四节　正式调研数据分析与假设检验

信度和效度分析的检验，证明了数据的可靠性，为进一步开展正式数据分析和假设检验奠定了基础。在前述分析的基础上，接下来我们继续通过层级回归分析对本书模型和假设进行分析，借助 SPSS 软件进行变量的描述性统计分析、信效度检验和多元回归分析，从而得出假设检验的相关结果。

一、变量描述性统计分析

本书对企业网络的三个变量位置中心度、联接强度和联接广度，知识搜寻的四个变量国内技术搜寻、国际技术搜寻、国内市场搜寻和国际市场搜寻，以及环境动荡性和吸收能力，还有企业创新绩效等测量问项的均值和标准差进行了描述性统计分析（如表 5.25 所示）。从研究变量的均值来看，国内技术搜寻和国际技术搜寻的均值均在 5.0 以上，这说明对被调研企业而言，它们更倾向进行产品方面的知识搜寻。而国内市场和国际搜寻的均值均在 5.0 以下，分别是 4.84 和 4.68，这说明虽然相对产品搜寻而言，市场方面的知识搜寻力度不如产品搜寻力度大，但是也已经具有相当高的搜寻水平。均值最低的为环境动荡性，为 3.97，说明对国际企业而言，整体的环境水平处于一种相对稳定状态，其标准差为 1.23，说明个体差异相对较大，有利于检验环境动荡性的调节作用。网络变量的均值处于 4.0 ~5.0，说明国际企业具有较高的网络能力，有利于检验网络变量对企业绩效的影响。

表 5.25　研究变量测量问项的描述性统计分析结果

变量	均值	标准差	峰度	偏度
位置中心度	4.54	1.13	-0.367	0.100
联接强度	4.67	1.17	-0.299	-0.120
联接广度	4.73	1.11	-0.244	0.024
国内技术搜寻	5.28	1.04	-0.578	0.215
国际技术搜寻	5.06	1.10	-0.492	-0.039
国内市场搜寻	4.84	1.08	-0.341	0.394
国际市场搜寻	4.68	1.13	-0.393	0.267
环境动荡性	3.97	1.23	0.083	-0.391
吸收能力	4.78	1.37	-0.643	0.171
创新绩效	4.68	1.33	-0.397	-0.104

资料来源：本书整理。

二、信效度检验

为确保研究效果的准确性，本书对正式调研的数据再次进行信效度检验，从而确保研究数据的质量和可靠性。

研究变量的信度检验结果如表 5.26 所示，从中可以看出，整体研究量表的 α 值为 0.958，远 >0.70 的信度标准。同时，各测量变量的信度指标最低为 0.747，最高为 0.918，均在 0.70 以上，说明各测量指标具有相当高的内部一致性，可信度很高。

表 5.26 关键变量的信度检验

构念		Means	SD	α 值	问项数	整体 α 值
1	位置中心度	4.54	1.13	0.747	4	0.958
2	联结强度	4.67	1.17	0.829	5	
3	联结广度	4.73	1.11	0.833	3	
4	国内技术	5.28	1.04	0.874	6	
5	国际技术	5.06	1.10	0.879	6	
6	国内市场	4.84	1.08	0.899	6	
7	国际市场	4.68	1.13	0.888	6	
8	市场动荡性	3.97	1.23	0.776	3	
9	技术动荡性	4.78	1.37	0.895	4	
10	吸收能力	4.68	1.33	0.855	4	
11	创新绩效	4.54	1.13	0.918	6	

资料来源：本书整理。

本书主要检验测量数据的内容效度和构念效度。内容效度方面，本书主要采用成熟量表，并结合专家访谈和学者探讨对相关量表进行了分析，因此，可以判断本研究的数据具有良好的内容效度。本书从收敛效度和判别效度两个方面来测量表的构念效度。收敛效度的检验主要通过结构方程模型来计算组合信度（CR）和平均萃取方差（AVE）的值，通过表 5.27 可以看到最终的统计结果，吸收能力的 CR 值最低，为 0.60，其余测量变量的 CR 值均在 0.70 以上，按照吴明隆的说法，吸收能力的 CR 值也在可接受的范围内，其余变量的 CR 值更符合要求。而 AVE 的最低值为 0.48，接近 0.50 的水平，也在可接受范围内，因此，我们可以判断本研究所测量的构念具有良好的收敛效度。

表 5.27 模型的收敛效度检验

测量构念	测量指标	标准化因子载荷	CR	AVE
位置中心度	NC1	0.66	0.78	0.48
	NC2	0.72		
	NC3	0.84		
	NC4	0.51		

续表

测量构念	测量指标	标准化因子载荷	CR	AVE
联结强度	TI1	0. 64	0. 83	0. 48
	TI2	0. 70		
	TI3	0. 66		
	TI4	0. 73		
	TI5	0. 75		
联结广度	TB1	0. 99	0. 88	0. 71
	TB2	0. 84		
	TB3	0. 68		
国内技术	TL1	0. 79	0. 87	0. 54
	TL2	0. 80		
	TL3	0. 77		
	TL4	0. 68		
	TL5	0. 61		
	TL6	0. 74		
国际技术	TG1	0. 67	0. 88	0. 56
	TG2	0. 85		
	TG3	0. 83		
	TG4	0. 78		
	TG5	0. 59		
	TG6	0. 77		
国内市场	ML1	0. 77	0. 90	0. 60
	ML2	0. 79		
	ML3	0. 77		
	ML4	0. 76		
	ML5	0. 78		
	ML6	0. 76		

续表

测量构念	测量指标	标准化因子载荷	CR	AVE
国际市场	MG1	0.75	0.89	0.57
	MG2	0.70		
	MG3	0.78		
	MG4	0.83		
	MG5	0.78		
	MG6	0.70		
市场动荡性	MT1	0.86	0.83	0.64
	MT2	0.93		
	MT3	0.55		
技术动荡性	TT1	0.91	0.90	0.70
	TT2	0.95		
	TT3	0.79		
	TT4	0.67		
吸收能力	AC1	0.78	0.61	0.86
	AC2	0.89		
	AC3	0.74		
	AC4	0.69		
创新绩效	IP1	0.77	0.92	0.65
	IP2	0.80		
	IP3	0.80		
	IP4	0.85		
	IP5	0.80		
	IP6	0.82		

区别效度的检验标准为各变量间相关系数小于对应 AVE 的平方根（Fornell and Larcker，1981），如表 5.28 所示变量间的相关系数最小值为 0.13，最大值为 0.75，均小于其所对应的 AVE 平方根 0.80 和 0.84，即测量量表具有良好的区别效度。

表 5.28 变量间的相关性检验

变量	1	2	3	4	5	6	7	8	9	10	11
位置中心度	0.69										
联结强度	0.54**	0.69									
联结广度	0.62**	0.75**	0.84								
国内技术	0.49**	0.46*	0.53**	0.73							
国际技术	0.46**	0.55**	0.56**	0.65**	0.75						
国内市场	0.50**	0.55**	0.58**	0.62**	0.73**	0.77					
国际市场	0.52**	0.55**	0.55**	0.56**	0.69**	0.73**	0.75				
市场动荡性	0.15*	0.54**	0.13*	0.18*	0.20**	0.21**	0.27**	0.80			
技术动荡性	0.17*	0.15*	0.17**	0.21**	0.29**	0.30**	0.37**	0.56**	0.84		
吸收能力	0.21**	0.14*	0.15*	0.21**	0.31**	0.38**	0.42**	0.41**	0.55**	0.93	
创新绩效	0.45**	0.16**	0.58**	0.45**	0.61**	0.63**	0.61**	0.29**	0.29**	0.28**	0.81

注：**表示显著性水平 $p<0.01$（双尾检验）；*表示显著性水平 $p<0.5$（双尾检验）；N=214；阴影数字为变量 AVE 的开方。

三、假设检验

本书在采用多元回归模型对变量间作用关系和研究假设进行检验之前，首先对回归模型的可靠度和准确性进行了评价，结果显示本书所有回归模型的 VIF 值均<10，DW 值均接近 2，因此可以认为解释变量间不存在多重共线性问题，回归模型并不存在序列相关性问题。

本书将采用多元回归分析方法对假设进行检验，具体包括三部分内容：首先是针对企业网络对知识搜寻和创新绩效影响作用的主效应进行检验，其次检验知识搜寻在企业网络与创新绩效间发挥的中介作用，最后是验证环境动荡性与吸收能力对“知识搜寻→创新绩效”影响关系的调节效应。

（一）主效应回归分析

由于在对测量量表进行效度检验时已经借助相关分析矩阵测度量表的区分效度，因此这里在进行回归分析前不再对相关分析进行赘述，上述分析已经表明调研所获得的数据适合进行进一步的回归分析，回归分析结果如表 5.29 所示。

为准确检验变量间的关系，本书对知识搜寻和创新绩效之间的关系进行回归分析，以检验假设 1 和假设 2。通过层级回归分析，模型 3 的研究结果表明国内市场搜寻对企业创新绩效具有显著正向的影响作用（$\beta=0.181$，$P<0.01$），假设 1 得到验证；研究结果表现国际技术搜寻对企业创新绩效具有显著的正向影响（$\beta=0.168$，$P<0.01$），假设 2 得到验证（见表 5.29）。

为检验假设 3 和假设 4，本书通过层级回归分析，进一步在模型 3 中检验国内技术搜寻和国际市场搜寻对企业创新绩效的影响。模型 3 中的回归分析结果表明：国内技术搜寻对企业创新绩效的影响显著（$\beta=0.30$，$P<0.001$），假设 3 得到验证；国际市场搜寻对企业的创新绩效具有显著的影响（$\beta=0.163$，$P<0.01$），假设 4 得到支持与验证。

为进一步检验企业网络对知识搜寻的影响，本书设计了研究模型 5、模型 6、模型 7 和模型 8。从模型 5 可以看出，位置中心度对国内技术知识搜寻具有显著的正向影响（$\beta=0.210$，$P<0.001$），假设 8a－2 得到验证；从模型 6 中可以看出，位置中心度对国际技术知识搜寻具有显著的正向影响（$\beta=0.152$，$P<0.01$），假设 9a－2 得到验证；从模型 7 中可以看出位置中心度对国内市场知识搜寻具有显著的正向影响（$\beta=0.183$，$P<0.001$），假设 8a－1 得到验证；从模型 8 中可以看出位置中心度对国际市场知识搜寻具有显著的正向影响（$\beta=0.260$，$P<0.001$），假设 9a－1 得

到验证，即位置中心度对国内和国际知识搜寻具有显著的正向影响，假设8和假设9得到验证。

表5.29　企业网络、知识搜寻对创新绩效的回归分析

变量	模型1 创新绩效	模型2 创新绩效	模型3 创新绩效	模型4 创新绩效	模型5 国内技术	模型6 国际技术	模型7 国内市场	模型8 国际市场
控制变量								
企业规模	0.132 *	0.076	-0.020	-0.004	0.128 **	0.107 **	0.156 ***	0.114 **
企业年龄	-0.013	-0.001	0.006	0.005	0.030	-0.040	-0.034	-0.018
产业类型	-0.146 *	-0.111 *	-0.115 ***	-0.106 *	0.005	-0.083†	0.033	0.000
自变量								
位置中心度		0.115 *		-0.013	0.210 ***	0.152 **	0.183 ***	0.260 ***
联结强度		0.260 ***		0.116†	0.214 ***	0.241 ***	0.212 ***	0.245 ***
联结广度		0.302 ***		0.127†	0.317 ***	0.270 ***	0.299 ***	0.193 * *
国内技术			0.30 ***	0.218 ***				
国际技术			0.168 **	0.134 *				
国内市场			0.181 **	0.144†				
国际市场			0.163 **	0.137†				
模型统计量								
R	0.047	0.406	0.517	0.541	0.457	0.387	0.413	0.395
调整后的 *R*	0.038	0.394	0.505	0.525	0.445	0.375	0.401	0.383
F 值	4.814	32.707	35.952	31.414	25.47	30.244	33.656	31.257
VIF	≤1.061	≤2.690	≤4.018	≤4.111	≤2.690	≤2.690	≤2.690	≤2.690

资料来源：本书整理（注：†表示 p<0.1；＊表示 p<0.05；＊＊表示 p<0.01；＊＊＊表示 p<0.001）。

从模型5中可以看出，联结强度对国内技术知识搜寻具有显著的正向影响（β=0.214，P<0.001），假设10a-1得到验证；从模型7中可以看出，联结强度对国内市场知识搜寻具有显著的正向影响（β=0.212，P<0.001），假设10a-2得到验证；从模型6中可以看出，联结强度对国际技术知识搜寻具有显著的正向影响（β=0.241，P<0.001），假设11a-1被拒绝；从模型8中可以看出，联结强度对国际市场知识搜寻具有显著的正向影响（β=0.245，P<0.001），假设11a-2被拒绝，即联结强度对国内和国

际知识搜寻具有显著的正向影响，假设 10a 得到验证但假设 11a 被拒绝。

从模型 5 可以看出，联结广度对国内技术知识搜寻具有显著的正向影响（$\beta=0.317$，$P<0.001$），假设 12a－1 得到验证；从模型 7 中可以看出，联结广度对国内市场知识搜寻具有显著的正向影响（$\beta=0.299$，$P<0.001$），假设 12a－2 得到验证；从模型 6 中可以看出，联结广度对国际技术知识搜寻具有显著的 4 正向影响（$\beta=0.270$，$P<0.001$），假设 13a－1 得到验证；从模型 8 中可以看出，联结广度对国际市场知识搜寻具有显著的正向影响（$\beta=0.193$，$P<0.01$），假设 13a－2 得到验证，即联结广度对国内和国际知识搜寻具有显著的正向影响，假设 12a 和假设 13a 得到验证。

（二）双元均衡效应回归分析

为了检验知识搜寻的双元均衡效应，本书首先对知识搜寻的四个变量进行了中心化，其次两两相乘构建交互项。根据不同的组合，他们分别代表了不同的知识搜寻双元均衡策略。具体而言，国内技术和国内市场的交互项代表了纯开发策略；国际技术和国际市场的交互项则代表了纯探索策略；国内技术和国际技术的交互项以及国内市场和国际市场的交互项则代表了知识搜寻的域内均衡；国内市场和国际技术的交互项以及国内技术和国际市场的交互项则代表了知识搜寻的域间均衡。通过引入交互项放入层级回归方程，从而判断双元均衡对创新绩效的影响。回归分析结果如表 5.30 中的模型 9 所示。

通过模型 9 的回归分析可以看出，国内技术和国内市场交互项所代表的知识搜寻纯开发策略对创新绩效的影响显著（$\beta=0.093$，$P<0.10$），假设 5a 得到验证；国际技术和国际市场交互项所代表的知识搜寻纯探索策略对创新绩效的影响显著（$\beta=0.105$，$P<0.05$），假设 5b 得到验证；国内技术和国际技术的交互项所代表的知识搜寻域内均衡对创新绩效的影响不显著（$\beta=0.042$，$P>0.10$），假设 6b 被拒绝，而国内市场和国际市场的交互项所代表的知识搜寻域内均衡对创新绩效的影响显著（$\beta=0.179$，$P<0.001$），假设 6a 得到验证；国内市场和国际技术的交互项以及国内技术和国

际市场的交互项所代表的知识搜寻域间均衡对创新绩效的影响均显著（β = 0.084，P < 0.10；β = 0.086，P < 0.10），假设 7a 和假设 7b 均得到验证。

表 5.30　知识搜寻双元均衡对创新绩效的回归分析

变量	模型 1 创新绩效	模型 3 创新绩效	模型 9 创新绩效
控制变量			
企业规模	0.132 *	-0.020	-0.003
企业年龄	-0.013	0.006	0.002
产业类型	-0.146 *	-0.115 * * *	-0.076†
自变量			
国内技术		0.30 * * *	0.236 * * *
国际技术		0.168 * *	0.177 * * *
国内市场		0.181 * *	0.111
国际市场		0.163 * *	0.075
双元交互项			
国内技术 * 国内市场（纯开发）			0.093†
国际技术 * 国际市场（纯探索）			0.105 *
国内技术 * 国际技术（域内均衡）			0.042
国内市场 * 国际市场（域内均衡）			0.179 * * *
国内市场 * 国际技术（域间均衡）			0.084†
国内技术 * 国际市场（域间均衡）			0.086†
模型统计量			
R ?	0.047	0.517	0.592
调整后的 *R* ?	0.038	0.505	0.573
F 值	4.814	35.952	31.124
VIF	≤1.061	≤4.018	≤4.058

资料来源：本书整理（注：† 表示 p < 0.1；* 表示 p < 0.05；* * 表示 p < 0.01；* * * 表示 p < 0.001）。

（三）中介效应回归分析

中介效应的检验主要包括三个步骤：一是自变量与因变量的关系需要显著；二是自变量与中介变量的关系需要显著；三是加入中介变量后，自变量对因变量的影响降低，若仍然保持显著，则为部分中介作用，若自变量对因变量的影响不再显著则为完全中介作用。

第一个步骤是看自变量企业网络和创新绩效之间的相关关系。如上节所述，从表5.29中的模型2可以看出，企业网络的位置中心度、联结强度和联结广度均与创新绩效存在显著的正相关关系，标准化回归系数分别为0.115（P<0.05）、0.260（P<0.001）、0.302（P<0.001）。

第二个步骤看自变量企业网络与中介变量知识搜寻之间的相关关系。从从表5.29中的模型5、模型6、模型7和模型8可以看出，位置中心度、联结强度和联结广度对国内技术搜寻具有显著的正向影响，标准化回归系数分别为0.210（P<0.001）、0.214（P<0.001）、0.317（P<0.001）；位置中心度、联结强度和联结广度对国内市场搜寻具有显著的正向影响，标准化回归系数分别为0.183（P<0.001）、0.212（P<0.001）、0.299（P<0.001）；位置中心度、联结强度和联结广度对国际技术搜寻具有显著的正向影响，标准化回归系数分别为0.152（P<0.01）、0.241（P<0.001）、0.270（P<0.001）；位置中心度、联结强度和联结广度对国际市场搜寻具有显著的正向影响，标准化回归系数分别为0.260（P<0.001）、0.245（P<0.001）、0.193（P<0.01）。

第三个步骤是把自变量与中介变量同步放入回归方程中进行检验。从表5.31中的模型3-1中可以看出，当加入国内技术搜寻变量后，国内技术搜寻对创新绩效的影响依然显著，标注化回归系数为0.385（P<0.001），满足第一个条件。而模型3-1中位置中心度的标准化回归系数为0.041（P>0.10）小于模型2中的标准化系数0.115（P<0.05），联结强度的标准化系数为0.181（P<0.01），小于模型2中的标准化系数0.260（P<0.001），联结广度的标准化系数为0.189（P<0.01）小于模型2中的标准化系数0.302（P<0.001）。根据这些结果以及第二个判断标准可以判定：国内技术知识搜寻在位置中心度影响创新绩效的机制中起完全中介作用；国内技术知识搜寻在联结强度影响创新绩效的机制中起部分中介作用；国内技术知识搜寻在联结广度影响创新绩效的机制中起部分中介作

用。假设 8b－2、假设 10b－2 和假设 12b－2 得到验证。

从表 5.31 中的模型 3－2 中可以看出，当加入国际技术搜寻变量后，国际技术搜寻对创新绩效的影响依然显著，标注化回归系数为 0.356（$P < 0.001$），满足第一个条件。而模型 3－2 中位置中心度的标准化回归系数为 0.061（$P > 0.10$）小于模型 2 中的标准化系数 0.115（$P < 0.05$），联结强度的标准化系数为 0.174（$P < 0.01$），小于模型 2 中的标准化系数 0.260（$P < 0.001$），联结广度的标准化系数为 0.205（$P < 0.01$）小于模型 2 中的标准化系数 0.302（$P < 0.001$）。根据这些结果以及第二个判断标准，我们可以判断：（1）国际技术知识搜寻在位置中心度影响创新绩效的机制中起完全中介作用；（2）国际技术知识搜寻在联结强度影响创新绩效的机制中起部分中介作用；（3）国际技术知识搜寻在联结广度影响创新绩效的机制中起部分中介作用。假设 9b－2、假设 11b－2 和假设 13b－2 得到验证。

表 5.31　企业网络、知识搜寻对创新绩效的回归分析

变量	模型 1 创新绩效	模型 2 创新绩效	模型 3－1 创新绩效	模型 3－2 创新绩效	模型 3－3 创新绩效	模型 3－4 创新绩效	模型 4 创新绩效
控制变量							
企业规模	0.132*	0.076	0.029	0.038	0.015	0.035	－0.004
企业年龄	－0.013	－0.001	－0.011	0.014	0.012	0.006	0.005
产业类型	－0.146*	－0.111*	－0.115*	－0.081†	－0.124**	－0.111*	－0.106*
自变量							
位置中心度		0.115*	0.041	0.061	0.044	0.020	－0.013
联结强度		0.260***	0.181**	0.174**	0.177**	0.170*	0.116†
联结广度		0.302***	0.189**	0.205**	0.185**	0.231***	0.127†
中介变量							
国内技术			0.358***				0.218***
国际技术				0.356***			0.134*
国内市场					0.390***		0.144†
国际市场						0.366***	0.137†
模型统计量							
R	0.047	0.406	0.476	0.484	0.498	0.487	0.541

续表

变量	模型1 创新绩效	模型2 创新绩效	模型3-1 创新绩效	模型3-2 创新绩效	模型3-3 创新绩效	模型3-4 创新绩效	模型4 创新绩效
调整后的 *R*	0.038	0.394	0.463	0.471	0.483	0.477	0.525
F 值	4.814	32.707	36.980	38.289	36.444	38.777	31.414
VIF	≤1.061	≤2.690	≤2.878	≤2.809	≤2.842	≤2.690	≤4.111

资料来源：本书整理（注：† 表示 p<0.1；* 表示 p<0.05；* * 表示 p<0.01；* * * 表示 p<0.001）。

从表5.31中的模型3-3中可以看出，当加入国内市场搜寻变量后，国内市场搜寻对创新绩效的影响依然显著，标注化回归系数为0.390（P<0.001），满足第一个条件。而模型3-3中位置中心度的标准化回归系数为0.044（P>0.10）小于模型2中的标准化系数0.115（P<0.05），联结强度的标准化系数为0.177（P<0.01），小于模型2中的标准化系数0.260（P<0.001），联结广度的标准化系数为0.185（P<0.01）小于模型2中的标准化系数0.302（P<0.001）。根据这些结果以及第二个判断标准，我们可以判断：（1）国内市场知识搜寻在位置中心度影响创新绩效的机制中起完全中介作用；（2）国内市场知识搜寻在联结强度影响创新绩效的机制中起部分中介作用；（3）国内市场知识搜寻在联结广度影响创新绩效的机制中起部分中介作用。假设8b-1、假设10b-1和假设12b-1得到验证。

从表5.31中的模型3-4中可以看出，当加入国际市场搜寻变量后，国际市场搜寻对创新绩效的影响依然显著，标注化回归系数为0.366（P<0.001），满足第一个条件。而模型3-4中位置中心度的标准化回归系数为0.020（P>0.10）小于模型2中的标准化系数0.115（P<0.05），联结强度的标准化系数为0.170（P<0.05），小于模型2中的标准化系数0.260（P<0.001），联结广度的标准化系数为0.231（P<0.001）小于模型2中的标准化系数0.302（P<0.001）。根据这些结果以及第二个判断标准，我们可以判断：（1）国际市场知识搜寻在位置中心度影响创新绩效的机制中起完全中介作用；（2）国际市场知识搜寻在联结强度影响创新绩效的机制中起部分中介作用；（3）国际市场知识搜寻在联结广度影响创新绩效的机

制中起部分中介作用。假设 9b－1、假设 11b－1 和假设 13b－1 得到验证

通过以上分析，可以判断：假设 8b 国内知识搜寻在位置中心度影响创新绩效的机制中起中介作用得到验证；假设 9b 国际知识搜寻在位置中心度影响创新绩效的机制中起中介作用得到验证；假设 10b 国内知识搜寻在联结强度影响创新绩效的机制中起中介作用得到验证；假设 11b 国际知识搜寻在联结强度影响创新绩效的机制中起中介作用得到验证；假设 12b 国内知识搜寻在联结广度影响创新绩效的机制中起中介作用得到验证；假设 13b 国际知识搜寻在联结广度影响创新绩效的机制中起中介作用得到验证。

（四）调节效应回归分析

本书将采用多元线性回归分析方法分别检验环境层面的环境动荡性和组织层面的吸收能力对知识搜寻与创新绩效关系的调节作用，为消除原始数据因量纲、变化幅度等多种因素的影响，在将变量纳入回归模型前首先需要对解释变量和调节变量进行中心化处理（温忠麟，侯杰泰和张雷，2005；Aiken and West，1991；陈晓萍，徐淑英，樊景立等，2012），因此，在数据处理时先对解释变量和调节变量做中心化处理，之后将处理后的解释变量分别与处理后的调节变量两两相乘得到交互项，再将解释变量、调节变量、交互性分层纳入以创新绩效为结果变量的模型。

1. 吸收能力的调节作用

为检验吸收能力在知识搜寻与创新绩效之间的调节作用，本书延续上述多层回归模型分析的检验方法，得到的统计分析结果如表 5.33 所示。在模型 11 中将控制变量、自变量、调节变量以及自变量与调节变量“吸收能力”的乘积交互项放入回归模型中进行检验，研究结果表明：吸收能力在国内技术知识搜寻与创新绩效之间的调节作用在 $p<0.1$ 的水平上为正向显著（$\beta=0.121$，$P<0.1$），因此认为假设 14a 得到支持，同时吸收能力正向调节国内市场与创新绩效的关系（$\beta=0.163$，$P<0.05$），假设 14b 得到支持，除此之外，假设 14c 和假设 14d（$\beta=-0.047$，$P>0.1$，$\beta=-0.047$，$P>0.1$）均未能获得支持性验证。

表 5.32　吸收能力对“知识搜寻—创新绩效”的调节效应

	模型 1	模型 2	模型 10	模型 11
控制变量				
企业规模	-0.147 *	-0.115 * *	-0.113 * *	-0.111 * *
企业年龄	-0.013	0.006	0.007	0.012
产业类型	0.131 *	-0.020	-0.016	-0.024
自变量				
国内技术		0.300 * * *	0.264 * * *	0.218 * * *
国际技术		0.168 *	0.165 *	0.179 * *
国内市场		0.181 *	0.173 *	0.178 *
国际市场		0.163 *	0.145†	0.153 *
调节变量				
吸收能力			0.076	0.086
交互项				
国内技术×吸收能力				0.121†
国际技术×吸收能力				-0.047
国内市场×吸收能力				0.163 *
国际市场×吸收能力				-0.047
模型统计量				
R^2	.048	.517	.519	.532
调整后 R2	.038	.505	.506	.512
F	4.812 * *	43.515 * * *	38.326 * * *	26.569 * * *

资料来源：本书整理（注：†表示 $p<0.1$；*表示 $p<0.05$；* *表示 $p<0.01$；* * *表示 $p<0.001$）。

2. 环境动荡性的调节作用

为降低多元回归模型中的多重共线性问题，先将自变量和调节变量进行中心化并构造交互项，再将未进行中心化的自变量、因变量以及交互项分层放入多元层级回归方程中以检验变量的调节作用（见表 5.32）。模型 12 的结果表明，环境动荡性对创新绩效具有一定程度的正向影响作用（$\beta=0.098$，$P<0.05$）。之后在模型 13 中，将自变量、调节变量“环境动荡性”，以及二者的乘积交互项同时放入回归模型中，结果表明：环境动

荡性在国际市场知识搜寻与创新绩效间的调节作用显著（β = 0.196，P < 0.05），假设16a得到支持性验证；同时从表中回归模型所得结果可以看出环境动荡性对其他三种类型知识搜寻策略与创新绩效间关系的调节作用不显著（β = -0.009，P > 0.1，β = -0.05，P > 0.1，β = -0.062，P > 0.1），因此，假设15a、假设15b、假设16b均未能得到支持性验证。

表5.33　环境动荡性对“知识搜寻—创新绩效”的调节效应

	模型1	模型2	模型12	模型13
控制变量				
企业规模	-0.147 *	-0.115 * *	-0.108 *	-0.119 * *
企业年龄	-0.013	0.006	0.001	0.002
产业类型	0.131 *	-0.020	-0.017	-0.034
自变量				
国内技术		0.300 * * *	0.297 * * *	0.278 * * *
国际技术		0.168 *	0.164 *	0.170 * *
国内市场		0.181 *	0.190 *	0.211 * *
国际市场		0.163 *	0.127†	0.121
调节变量				
环境动荡性			0.098 *	0.084†
交互项				
国内技术 × 环境动荡性				-0.009
国际技术 × 环境动荡性				-0.050
国内市场 × 环境动荡性				-0.062
国际市场 × 环境动荡性				0.196 *
模型统计量				
R^2	.048	.517	.525	.539
调整后R2	.038	.505	.512	.519
F	4.812 * *	43.515 * * *	39.251 * * *	27.263 * * *

资料来源：本书整理（注：†表示 $p < 0.1$；*表示 $p < 0.05$；* *表示 $p < 0.01$；* * *表示 $p < 0.001$）。

四、结果与讨论

本书的实证结果表明，大部分预期的研究假设均得到了支持，即企业网络是通过影响知识搜寻进而作用于创新绩效的，研究假设的检验情况如表 5.34 所示。

表 5.34　本书实证检验结果汇总

假设	结果
假设 1：国内市场知识搜寻策略对企业创新绩效具有显著的正向影响	支持
假设 2：国际技术知识搜寻策略对企业创新绩效具有显著的正向影响	支持
假设 3：国内技术知识搜寻策略对企业创新绩效具有显著的正向影响	支持
假设 4：国际市场知识搜寻策略对企业创新绩效具有显著的正向影响	支持
假设 5a：知识搜寻纯开发策略对创新绩效具有显著的正向影响	支持
假设 5b：知识搜寻纯探索策略对创新绩效具有显著的正向影响	支持
假设 6：知识搜寻域内均衡对创新绩效具有显著的正向影响	部分支持
假设 6a：国内市场搜寻和国际市场搜寻双元均衡对创新绩效具有显著的正向影响	支持
假设 6b：国内技术搜寻和国际技术搜寻双元均衡对创新绩效具有显著的正向影响	拒绝
假设 7：知识搜寻域间均衡对创新绩效具有显著的正向影响	支持
假设 7a：国内市场搜寻和国际技术搜寻双元均衡对创新绩效具有显著的正向影响	支持
假设 7b：国内技术搜寻和国际市场搜寻双元均衡对创新绩效具有显著的正向影响	支持
假设 8a：位置中心度对国内知识搜寻具有显著的正向影响	支持
假设 8a－1：位置中心度对国内市场知识搜寻具有显著的正向影响	支持
假设 8a－2：位置中心度对国内技术知识搜寻具有显著的正向影响	支持
假设 8b：国内知识搜寻在位置中心度影响创新绩效的机制中起中介作用	支持
假设 8b－1：国内市场知识搜寻在位置中心度影响创新绩效的机制中起中介作用	支持
假设 8b－2：国内技术知识搜寻在位置中心度影响创新绩效的机制中起中介作用	支持
假设 9a：位置中心度对国际知识搜寻具有显著的正向影响	支持
假设 9a－1：位置中心度对国际市场知识搜寻具有显著的正向影响	支持
假设 9a－2：位置中心度对国际技术知识搜寻具有显著的正向影响	支持
假设 9b：国际知识搜寻在位置中心度影响创新绩效的机制中起中介作用	支持
假设 9b－1：国际市场知识搜寻在位置中心度影响创新绩效的机制中起中介作用	支持
假设 9b－2：国际技术知识搜寻在位置中心度影响创新绩效的机制中起中介作用	支持

续表

假设	结果
假设 10a：联结强度对国内知识搜寻具有显著的正向影响	支持
假设 10a－1：联结强度对国内市场知识搜寻具有显著的正向影响	支持
假设 10a－2：联结强度对国内技术知识搜寻具有显著的正向影响	支持
假设 10b：国内知识搜寻在联结强度影响创新绩效的机制中起中介作用	支持
假设 10b－1：国内市场知识搜寻在联结强度影响创新绩效的机制中起中介作用	支持
假设 10b－2：国内技术知识搜寻在联结强度影响创新绩效的机制中起中介作用	支持
假设 11a：联结强度对国际知识搜寻具有显著的负向影响	拒绝
假设 11a－1：联结强度对国际市场知识搜寻具有显著的负向影响	拒绝
假设 11a－2：联结强度对国际技术知识搜寻具有显著的负向影响	拒绝
假设 11b：国际知识搜寻在联结强度影响创新绩效的机制中起中介作用	支持
假设 11b－1：国际市场知识搜寻在联结强度影响创新绩效的机制中起中介作用	支持
假设 11b－2：国际技术知识搜寻在联结强度影响创新绩效的机制中起中介作用	支持
假设 12a：联结广度对国内知识搜寻具有显著的正向影响	支持
假设 12a－1：联结广度对国内市场知识搜寻具有显著的正向影响	支持
假设 12a－2：联结广度对国内技术知识搜寻具有显著的正向影响	支持
假设 12b：国内知识搜寻在联结广度影响创新绩效的机制中起中介作用	支持
假设 12b－1：国内市场知识搜寻在联结广度影响创新绩效的机制中起中介作用	支持
假设 12b－2：国内技术知识搜寻在联结广度影响创新绩效的机制中起中介作用	支持
假设 13a：联结广度对国际知识搜寻具有显著的正向影响	支持
假设 13a－1：联结广度对国际市场知识搜寻具有显著的正向影响	支持
假设 13a－2：联结广度对国际技术知识搜寻具有显著的正向影响	支持
假设 13b：国际知识搜寻在联结广度影响创新绩效的机制中起中介作用	支持
假设 13b－1：国际市场知识搜寻在联结广度影响创新绩效的机制中起中介作用	支持
假设 13b－2：国际技术知识搜寻在联结广度影响创新绩效的机制中起中介作用	支持
假设 14：吸收能力正向调节知识搜寻策略与创新绩效间的关系	部分支持
假设 14a：吸收能力正向调节国内技术知识搜寻与创新绩效间的关系	支持
假设 14b：吸收能力正向调节国内市场知识搜寻与创新绩效间的关系	支持
假设 14c：吸收能力正向调节国际技术知识搜寻与创新绩效间的关系	拒绝
假设 14d：吸收能力正向调节国际市场知识搜寻与创新绩效间的关系	拒绝
假设 15：环境动荡性调节技术知识搜寻与创新绩效的关系	拒绝
假设 15a：环境动荡性负向调节国际技术知识搜寻与创新绩效的关系	拒绝

续表

假设	结果
假设 15b：环境动荡性正向调节国内技术知识搜寻与创新绩效的关系	拒绝
假设 16：环境动荡性调节市场知识搜寻与创新绩效的关系	部分支持
假设 16a：环境动荡性正向调节国际市场知识搜寻与创新绩效的关系	支持
假设 16b：环境动荡性负向调节国内市场知识搜寻与创新绩效的关系	拒绝

资料来源：本书整理。

（一）知识搜寻对创新绩效的影响作用分析

本书的统计分析结果验证了知识搜寻策略及其双元均衡对创新绩效的正向影响作用（假设 1 ~ 假设 7），其中仅有域内均衡中的技术知识搜寻双元（假设 6b）未能得到支持性验证，这说明从外部知识来源搜寻异质性和多样化的新信息和知识对企业创新绩效具有重要的促进作用，研究结论支持了以往学者关于知识搜寻与创新绩效关系的观点（Katila and Ahuja，2002；Ahuja and Katila，2004；Giuliani and Bell，2005；Laursen and Salter，2006；Phene 等，2006；Fabrizio，2009；Fabrizio，2009；Leiponen and Helfat，2010；Li 等，2013）。同时也是对现有研究关注不同类型知识搜寻策略的平衡与创新间关系研究（Sidhu 等，2007；Lin 等，2007；Venkatraman 等，2007；Grimpe and Sofka，2009；Yamakawa 等，2011；Lavie 等，2011）的有益补充和丰富。

（二）知识搜寻在企业网络与创新绩效间发挥的中介作用机制

首先，本书证实了企业网络特征与知识搜寻间的作用关系，即位置中心度、联结强度和联结广度对四种不同类型的知识搜寻策略分别产生了显著的影响，其中联结强度对国际技术知识搜寻和国际市场知识搜寻均发挥了正向促进作用，但这与预期的作用关系方向相反，因此假设 11a 未获得验证性支持，这可能是由于本研究采用主观调查问卷以 likert 量表打分的形式来收集数据，无法通过计算企业间具体联结数量的方式来更为全面准确地判定联结强度导致的结果，同时还可能受到大样本调查过程中样本选择偏差的影响，如地理范围和样本数量等方面的限制。除此之外，假设 8 ~ 假设 13 的 a 假设全部得到验证性支持，这是对以往研究较少关注网络特征作为知识搜寻前因的重要补充，且与 Tortoriello and Krackhardt（2010）、Koka and Prescott（2008）等学者得出了一致的研究结论。

其次，研究结果还进一步证实了企业网络是通过作用于知识搜寻策略进而正向影响创新绩效的，即知识搜寻在企业网络与创新绩效间所发挥的重要的中介作用（假设 8 ~ 假设 13 的 b 假设），除位置中心度与创新绩效间关系受到知识搜寻的完全中介作用外（假设 8b 和 9b），其他中介效应均表现为部分中介。这说明，占据位置中心度的企业能够凭借位置和信息控制优势汲取多样化的新知识和优质信息，而且还能有效地将外部网络中可用的互补性资源加以整合，帮助企业搜寻外部知识资源并加以内化从而提升创新绩效；强联结能有效提升企业间信任、关系稳定性与合作频率，帮助企业准确评估合作伙伴所拥有的资源及其价值，从而促进企业跨越组织边界开展知识资源特别是默会知识的搜寻和转移，最终推动企业创新活动的成功实施；而联结广度有利于企业以自身为核心创建开放性和多样化的网络关联，这些关系资本促进企业搜寻和汲取多元化和异质性的知识信息，降低企业所获知识资源的冗余程度，为企业创新活动的开展和创新能力的提升提供多重视角和多个领域的知识和信息。

（三）环境和组织情境因素对知识搜寻与创新绩效关系的调节效应

本书还从权变视角出发检验了吸收能力和环境动荡性对知识搜寻策略与创新绩效间的关系，实证分析结果表明，吸收能力对国内市场知识搜寻和国内技术搜寻与创新绩效间关系发挥了调节作用，即假设 14a 和 14b 成立，这说明吸收能力高的企业具有更高的潜能汲取和搜寻国内知识，与外部知识来源间的认知距离更近，能快速有效地识别和整合外部的重要新知识和信息，避免认知局限对知识搜寻活动的负面影响，从而推动创新绩效的提高。吸收能力在国际知识搜寻与创新绩效间并未发挥调节作用，可能的原因是对吸收能力的发展表征着企业拥有更为稳固的知识基础，在内部学习努力方面会投入更多的资源用以研发活动同时提高研发活动强度，培训和引进更多拥有专业知识和技能的技术人才，这意味着企业需要为此投入大量资源和战略关注，而对国际知识的搜寻代表探索性学习，二者间可能存在一定的张力导致调节效应并不显著反而呈相反作用方向，这与以往研究认为吸收能力/内部研发与外部知识搜寻间必须加以平衡和取舍（Love and Roper，1999；Desyllas and Hughes，2008）的观点是一致的。

环境动荡性对知识搜寻与创新绩效间关系的调节效应只有假设 16a 得到支持，即环境动荡性越高，企业开展国际市场知识搜寻能获得更好的创新绩效，这说明在当今日益动荡的国际市场环境和全球网络中，企业跨国界的市场搜寻行为有利于把握和跟踪国际范围内多个不同区域的多样化顾客需求和市场趋势，从而推动企业有针对性地推出创新性产品。环境动荡性在国内技术知识搜寻与创新绩效关系间的调节效应不显著且与预期方向相反，在一定程度上说明稳定环境中企业汲取和搜寻国内知识的开发性搜寻活动将有利于企业的渐进式创新，但随着企业国际化进程的深入，仅依靠国内技术知识搜寻已无法满足企业开展创新所需的知识资源，因此，其对创新绩效的影响作用也较为有限。

第六章 企业网络与知识搜寻策略动态演化研究

本章将采取定性研究中的案例研究方法对上文理论推演和大样本实证检验的理论模型进一步深化和拓展，即运用定性研究解释和补充定量研究结论以实现研究方法和数据的三角互证，研究结论的拓展和完善。从理论角度来讲，这主要是考虑企业处于不同的发展阶段所面临的环境及其所选取的战略均会发生动态变化，而企业间网络必然是一个不断演变和调整的过程，企业根据自身所处的内外部环境及网络结构选择恰当的知识搜寻策略才能提升和改善创新绩效，因此，应对企业所处网络与知识搜寻策略的动态演化过程进行深入探讨。

具体而言，虽然应对多家企业采取长时间追踪和观察的方式来取得纵向研究数据，以开展对企业网络和知识搜寻策略演化关系的实证研究，但对我国国际化企业而言，即使投入大量人力和物力也未必能获取全面完整的多家企业的时间序列数据，因此本书将采取案例研究方法弥补大样本分析的不足，以更加深入地刻画案例企业在所处物力中开展的知识搜寻实践行为，从而为我国国际化企业提供可供借鉴的管理实践和启示。

本书将采用案例研究方法，将案例企业视为一个系统并从微观层面对其进行近距离的深入观察以识别该系统中蕴含的因果关系，从演化的角度来探讨案例企业在网络中开展知识搜寻和创新的行为特征，从而分析和解答上文提到的问题：企业如何在所处网络环境中通过动态调整和选择知识搜寻策略实现创新绩效的探索？为本书所提出和验证的理论模型加以佐证和深化拓展，并为研究结论提供管理实践方面的有效支持。

第一节　案例选择与分析方法

一、案例研究方法

案例研究通常用于探索难以从所处情境中分离出来的现象时所采用的研究方法，能用以分析受到前后联系的多种因素影响的复杂的社会现象（Yin，1994；2003），与标准科学研究中的渐进式增量理论构建高度互补，是对主流的演绎式研究的自然补充，因此，作为一种主要的社会科学研究形式和方法越来越多地被研究者所采用（Yin，2003）。案例研究方法可以重新验证现有理论，通过案例构建新的理论，或证明现有理论的过程中产生新的理论。这种研究方法尤其适用于新的研究领域，通过对特定行为或事件的剖析探究 how（怎么样）和 why（为什么）的问题（Eisenhardt，1989；Yin，2003），所得到的理论往往更具新意、可检验，并具有实证效度，这些优势源于与实证证据的紧密联系。案例可以是历史性回顾，更多的是对当前事件的即时描述，也可能是定量的，或两者兼有。

在标准的科学研究中，理论是通过渐进的实证检验和扩展建立的，因此构建理论的过程既基于以往文献和实证观察或经验，也依赖研究者的洞察力，从而构建更具说服力的理论；理论检验研究中产生了某个偶然发现也会促使采用新的研究视角，此时案例研究特别恰当，因为，从案例中构建不需要基于过去文献或先前的实证数据。此外当现有理论贫瘠乏力的时候，案例研究的过程所蕴含的内在矛盾较可能导致新颖理论的产生。Van de Ven 和 Poole（1990）已经证实，案例研究方法特别适用于研究那些新领域中纵贯变化的全过程。

案例研究可用来实现不同的研究目标包括提供描述（Kidder，1982），检验理论（Pinfield，1986；Anderson，1983）或者构建理论（Gersick，1988；Harris and Sutton，1986），也可以根据不同目的将案例研究区分为探索性、描述性和解释性三种类型（Yin，2003），探索性案例有利于研究者进行开创性研究，通过案例分析以构建新的理论或凝练特定概念从而进一步开展演绎式研究；描述性案例研究提供了对现象及其情境的完整描述；解释性案例研究目的在于对所观察到的现象进行归纳总结以得出结论，或考察相关性或因果性的问题，偏重理论检验（Eisenhardt，1989；Shavelson and Townes，2002）。本书采用案例研究的目的是试图从演化的观点来探讨国际化如何在其所处网络中开展知识搜寻从而提升创新绩效的，是对前文研究结果的进一步深化和完善，因此，适宜采用解释性的案例研究来考察我国国际化企业管理实践，以验证和扩展理论的适用性（张丽华和刘松博，2006）。

案例研究可以是单案例也可以是多案例，并且有多个分析层次，这一研究方法的核心在于复制性逻辑（Eisenhardt，1989）。不同学者对于应采用单案例还是多案例进行研究这一问题的看法存在差异。Dyer 和 Wilkins（1991）认为单案例研究能确保研究的深度，特别是能更加深入地探究案例企业所处的情境，但 Eisenhardt（1989）却提出，与单个案例相比，多案例更可能产生一般化的研究结论，帮助研究者得出更为稳健和更具普适性的结论，从而提高研究效度。Yin（2003）提出，二者只是案例研究方法的两种不同变式，并不存在明确的分界线，但多个案例应当加以选择以便能实现相互复现，或是得出类似结果（原样复现，literal replication），或基于可以预测的原因得出不同的结果（理论复现，theoretical replication）。由此可以发现，学者们认为单案例研究能更好地识别和跟踪实践中的新现象和新问题，对其开展深入分析有助于发现案例在不同阶段的变化趋势和特征，更好地回答和解释根据研究框架所提出的问题（Pettigrew，1990；Chakravarthy and Doz，1992）。因此本书将选择纵向多案例研究方法，以期对上文定量研究所得的研究结论进一步深化拓展。

案例研究的开展需要遵循特定的研究步骤以确保研究的严谨性和可靠性，Yin（2003）将案例研究步骤分为研究设计、数据收集准备工作、数据收集和分析以及撰写报告几部分，而 Eisenhardt（1989）基于从案例构建理论的角度对案例研究步骤进行了详细的分解，具体包括启动、案例选择、研究工具和程序设计、进入现场、数据分析、形成假设、文献对比和结束研究几大步骤。此外，国内的学者也对案例研究的过程和步骤给出了类似的细分（项保华和张建东，2005；侯历华，2010），总的来说，完整的案例研究应包括研究问题的确定、研究方案的设计、数据资料收集和分析以及最后的研究报告的撰写。

本书选取纵向多案例研究主要基于以下几个方面的原因：（1）案例研究适宜对特定情境下的现象或问题进行研究，而本书所研究的国际化企业知识搜寻策略在相应企业网络特征下的发展变化正属于这一类型；（2）多案例研究适用于解答过程和机理的问题，研究目的在于探究企业网络作用于知识搜寻策略及其双元均衡进而影响创新绩效的过程，因此考虑采用多案例研究来把握这一内在演化机制；（3）国际化本身是一个演变和发展的过程，加之企业知识搜寻策略双元均衡的发展也需要采取动态和纵向的研究视角；（4）多案例能获得更为一般化和可验证的研究结论，通过跨案例对比不同类型的国际化企业在企业网络和知识搜寻策略均衡方面的表现，相比单案例能获得更多可归纳性的见解。

本书将按照上述研究步骤进行案例分析，首先明确具体的研究问题：案例企业在不同的内外部环境中是如何通过网络模式配置实现动态的知识搜寻双元均衡进而提升创新绩效的？在此基础上确定分析层次和分析单元，即所选取的案例企业借助网络实现知识搜寻策略双元均衡的过程，具体可以细分为网络模型、知识搜寻策略双元均衡和创新绩效三个主要方面，在此基础上将所得数据资料与研究模型进行模式匹配，考察模型的有效性并得出研究结论和启示。

二、案例企业选取

本书选择了四家具有典型性和代表性的我国国际化企业作为案例研究对象，案例企业包括天津天海同步科技股份有限公司（下文简称天海）、天士力控股集团（下文简称天士力）、天津华源工业有限公司（下文简称华源）、天津力神电池股份有限公司（下文简称力神）、天津博苑高新材料有限公司（下文简称博苑）、博益（天津）气动技术研究所有限公司（下文简称博益）。案例选择标准如下：

（1）典型性和代表性原则，案例研究要求遵循理论抽样而非随机抽样的原则，以更好地展示构念间的关系（Eisenhardt，1989），本书立足探讨国际化企业在不同发展阶段的行为特征和演变过程，为此在选取案例企业时从行业、企业国际化经历和发展特征等考虑案例对象的代表性。传统制造业是我国国际化发展较早且较为成功的行业，中医药行业具有其自身独特性，其国际化也因此具备一定的代表性和典型性，除此之外选取的案例企业属于高科技行业或高新技术领域企业；企业具有丰富的国际化发展经验，处于商业开发的相对晚期阶段，以便能够获取充分翔实的数据资料证明其演化和发展过程；在国际范围内开展营销活动，并与不同类型组织保持联系和合作，曾经历过多次知识搜寻策略转化，为本研究的研究问题提供丰富的研究情境和背景；案例企业应具有较强的国际化实力和创新能力，所选取的四家案例企业所生产的产品行销海内外，且达到国内外先进水平，参与国家相关行业标准制定，在国内外处于行业中心或领导者地位。

（2）复制性逻辑，上文已经提到多案例已经的复制性原则包括原样复制和差别复制，基于这一原则，选择了具有对百姓的两类案例企业，以实现多重检验的目的，而根据 Eisenhardt（1989）建议的理论抽样时在数量方面倾向于选择偶数，便于将案例对立分组对比，充分进行跨案例分析，以获得新颖理论或改善已有理论（Eisenhardt，2007）。选择的案例企业包含传统制造业和高科技产业两类企业，而且其所处外部环境动态特征和网络模式也存在较大差异，为案例对比提供了前提和基础，此外关注多个行业并加以比对，基于行业差异发现和深入挖掘企业知识搜寻策略的演进，有助于形成在可比较的环境下的案例记录，保证研究结果不是某一行业轨迹的产物，从而深化研究结论并进行理论扩展。而且本书还从企业规模方面对案例企业加以控制，从规模不同的企业中可以发现国际化活动的差异性，从而基于案例比对形成相互佐证的研究结论，互为补充，提高研究结论的效度和准确性。

（3）便利性原则，作者及所在的研究团队由于一直从事企业国际化的相关研究，长期与案例企业的中高层管理者保持密切合作和联系，积累了丰富的案例资料，因此能较为便利地获取更为真实准确的信息和数据，以确保案例研究的信效度。案例企业的基本情况见表 6.1。

表 6.1　案例企业概况

企业名称	华源	天海	力神	金锚
所属行业	钢铁行业	汽车同步器	电池	五金建材
创立时间	1992 年	1990 年	1997 年	1984 年
国际化起始时间	2000 年	1999 年	1998 年	1988 年
国际化类型	渐进国际化	渐进国际化	天生国际化	天生国际化
总资产（亿元）	14	12	60	7
营业收入（亿元）	10	0.7	30	5
主要业务	钢丝、钢丝绳、模具	同步器、行星排、防滑差速器	锂离子蓄电池	梯具、伸缩杆、园林装修工具
企业排名	天津市百强企业	天津市百强企业，国内同步器销量排名第一	市场份额稳居全球前五	挤胶枪在北美市场的占有率达 25% 以上

资料来源：本书整理。

三、案例数据收集

数据收集过程包括多轮次的企业调研和深度访谈，但大致可以分为两个阶段，第一阶段开展预调研，搜集案例企业的基本信息和国际化发展方面的数据资料，借助所在研究团队前期获得多家企业的一手资料，加之二手数据的收集和整理，大体明晰了需要考察的概念和主题，在此基础上从多家企业中挑选出适合本书的6家企业作为案例研究对象，制定预调研的访谈提纲并开展实验性调研，根据预调研反馈的信息和相关专家的建议修改和完善访谈提纲，之后进行第二阶段调研和数据收集工作，主要通过对访谈对象的深度访谈获取数据，同时收集其他用以佐证和补充一手访谈资料的数据。

本书采取了多种数据来源，通过多层次的资料收集有助于进行三角验证以提升研究结论可靠性（Yin，2010；Miles and Huberman，1984），主要包括（1）档案资料，如企业内部总结、报告、报纸期刊、档案材料等；（2）半结构化访谈；（3）参与式观察，参与公司会议等活动；（4）其他非正式信息渠道，包括电子邮件、电话等；（5）其他外部调查人包括客户、行业专家、供应商和其他相关企业等方面的信息。

档案资料的收集包括获得详尽的内外部档案数据，内部数据主要包括企业创立以来的会议记录、领导讲话记录、企业总结、内部期刊等资料。外部资料主要包括网络新闻报道、宣传资料、研究论文等。这些二手资料在案例研究中主要发挥验证和补充辅助一手资料的作用，以起到三角互证的效果，确保数据的可信性和最终研究结论的信度。

本书主要通过半结构化深度访谈来收集数据，其中被访者主要是案例企业的高层管理者，每家案例企业至少选择3名高管作为访谈对象，其中包括负责和执行企业战略的CEO，以及市场和营销、产品研发、人力资源等方面的高管，被访者的选择标准包括（1）在案例企业中任职年限较长，能为本书提供一种时序的视角；（2）至少直接参与了国际化与知识搜寻的过程，能提供深入的一手知识；（3）职能层级多样，可以从丰富的视角获得数据资料。此外，选择案例企业的客户、行业专家以及对该企业有深入了解的MBA学员等外部调查人以补充和验证内部调查人提供的信息，从而缓解因任何单一受访者所带来的潜在偏差（Golden，1992；Miller，Cardinal and Glick，1997）。

本书对访谈对象进行了多次访谈，每次的访谈时间在 1.5 到 3 个小时不等，对所有访谈进行了录音，并在 24 小时之内转录。访谈大纲主要包括两个部分：第一部分是开放式问题，让被调查人对相关行业情况、国际化过程、公司发展、经营战略等提供一些总体看法；第二部分聚焦企业国际化发展过程中为开展创新所采取的知识搜寻行动以及与市场参与者建立合作伙伴关系等方面的事件，当被访者提到一个事件时，让他按照时间顺序讲述该事件背后的故事。在这个阶段，访谈问题主要集中于事实、事件和直接解释，而不是道听途说或含糊其辞的评论（Eisenhardt，1989）。深度访谈的一个重要好处是识别档案资料中没有提及的网络与知识搜寻策略的演化过程。通过档案数据和回顾性描述的匹配进一步降低了回溯性偏差的可能性。

四、案例分析框架与构念测度

基于上文理论模型构建了案例分析的研究框架，用以剖析案例企业网络与知识搜寻及创新绩效的演化过程和内在作用机制，之后的案例分析将以此框架为基础展开，这是一个多阶段、多要素的分析框架，如图 6.1 所示。

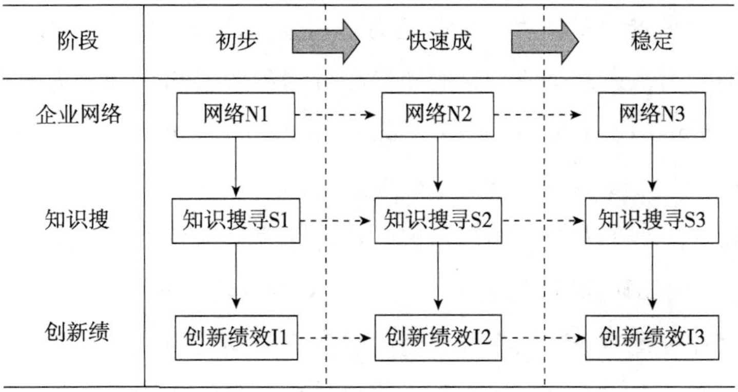

图 6.1　案例分析框架

在数据编码过程方面，本书遵循 Eisenhardt（1989）和 Yin（2003）的建议，首先整理了每个案例的历史数据。在繁杂的历史数据中，保留了多渠道相互印证的数据，对单一渠道出现的数据进行求证，对无法印证的数据进行删除（Jick，1979；刘洋、魏江、江诗松，2013）。

本书的编码和分析工作按照如下过程展开：首先对案例开展纵向分析，依据公司成长和国际化程度进行了阶段划分，然后针对每个公司不同阶段的网络模式、知识搜寻策略与创新绩效的演化过程展开细致分析。针对研究问题，编码者首先各自独立分析案例，各自形成对案例的观点，独立识别案例中与研究问题相关的理论构念、关系和时序模式。基于此，编码者形成了对关键构念及其关系的理解。当编码出现不一致时通过重新查看数据，或是重访受访者来达成一致，从而识别案例中构念间的内在逻辑联系。在单案例分析的基础上，进一步开展跨案例对比分析，从而识别出一致的模式和逻辑。在分析过程中，注重在理论、数据和文献中反复穿梭，在不断完善研究发现的过程中逐渐实现数据与所涌现理论的匹配。最后，在所涌现的理论和现有理论之间建立联系，并明确研究结论与贡献。

为了最大限度降低由于研究者主观认知造成的偏差，案例研究应尽可能寻找客观数据对关键构念进行明确测量（毛基业和苏芳，2012）。为此，借鉴已有文献中对本书中构念的界定，并用关键词来识别企业国际化过程中的行为特征。

（1）吸收能力的测度。吸收能力是指企业评价、吸收和利用外部信息和知识的能力，通过企业积累的知识存量和创造新知识的努力程度加以表征（Cohen and Levinthal，1990；Zahra and George，2002）。借鉴 Giuliani 和 Bell（2005）、Grimpe 和 Sofka（2009）、Tsai（2009）等学者的研究，本书从研发投入、员工专业技能和知识以及研发活动强度来度量吸收能力。

（2）企业网络结构的测度。与上文保持一致，本书从网络联结广度、联结强度和位置中心度三个方面衡量案例企业网络模式和特征。首先，网络中心度在一定程度上表征企业可获得信息的多元化程度，用节点类型数量加以度量。网络节点类型包括八类：长期供应商、领先用户、竞争对手、大学、科研院所、中介机构、金融机构、政府部门。其次，网络联结强度。本书首先从企业间二元关系层面判断联结强弱。借鉴 Granovetter（1992），Rowley，Behrens 和 Krackhardt（2000）以及李新春（2006）的研究，从双方企业合作范围、合作形式和合作深度等方面判定和区别强弱联结，本书认为一般传统合约、联合营销、共享分销渠道、技术及专利许可协议等都属于弱联结；强联结包括非股权联合研发、长期供应合作、联合制造、共同标准研究以及包括股权联盟、合资等在内的所有股权安排。再基于 Capaldo（2007）的研究从网络联结强弱比例来判断网络整体强度。强联结所占比例大于弱联结，则视为强联结网络，反之则为弱联结网络，弱联结比例在 50% ~80% 之间，则视为二元网络。最后，网络广度。测度方式是考察案例企业以各种联系方式与主要伙伴建立的合作关系数量。

（3）知识搜寻策略的测度。借鉴 Sidhu 等（2007）、马如飞（2009）等学者对地域维度知识搜寻的界定，本书将其定义为在不同的地理区域范围内对技术或市场知识进行的搜寻活动，因此以企业所搜寻外部知识来源的地理区位来判定是否国内知识搜寻（市场和技术）和国际知识搜寻（市场和技术），即如果企业关注国内相关行业企业、合作者、竞争者、研发和服务机构等的知识和信息，则属于国内知识搜寻，在国际范围内开展关注该类信息则属于国际知识搜寻；同时企业跨越业务领域边界对新的市场或技术知识展开搜寻，对市场需求、消费者偏好、相关产品价格与质量、市场销售状况、其他企业营销策略等属于市场知识搜寻范畴，而对技术范式、技术标准、技术趋势与走向、技术应用、新技术研发进展等的关注属于技术知识搜寻。

（4）创新绩效的测度。创新绩效是对企业技术创新活动效率和效果的整体评价，本书将采用新产品数量、申请专利数量、新产品新颖程度、新产品开发速度和成功率这几个维度加以度量（Hagedoom and Cloodt，2003；Tsai and Wang，2009；许冠南，2008；彭新敏，2009）。

具体的编码工作由三位研究者采用背对背的双盲方式完成，参考李飞等（2010）和彭新敏（2011）的方式，首先对数据按照来源进行一级编码，访谈等一手数据按照企业分别编码（华源集团：HY；天海：TH；天士力：TS；力神：LS；博苑：YC；博益：YQ；金锚集团：JM），二手资料在企业代号后添加S加以区分；其次按照企业国际化进程分阶段对一级条目进行进一步划分，形成二级条目库，在此基础上对构念进行二级编码，按照企业网络、知识搜寻策略、创新绩效、环境动态性、吸收能力对条目库中的条目编码，并归类到相应的构念条目库中；最后按上述的测度变量进行三级编码，由编码者分别将构念下的条目转变为与测度变量相关的关键词，与预设关键词表加以对比，根据意思的接近程度确定编码结果。最终的编码结果确定了1146个构念条目，具体的构念条目数和测度变量的关键词表如表6.2所示。

表6.2　主要构念测量的关键词举例及编码条目数表

构念	测量维度	测量变量	识别关键词	时期			条目数
				Ⅰ	Ⅱ	Ⅲ	
创新绩效	新产品数量 产品新颖性		新产品、专利、利润、价值、速度、成功、新颖性	16	31	56	103
知识搜寻	知识类型	市场搜寻	客户、销量、市场、销售、产品、价格、营销策略、出口、广告、投标、广交会	29	45	71	145
		技术搜寻	技术范式、技术应用、技术标准、基础研究、研发、试验、研发机构、科研院所	31	49	68	148
	知识距离	国内搜寻	本地、国内、业务联系、利用、提取、培养、政府关系、巩固、客户拜访、老客户	22	39	52	113
		国际搜寻	国外、全球、搜索、技术、制造、先进经验、全球价值链	18	41	59	118

续表

构念	测量维度	测量变量	识别关键词	时期			条目数
				Ⅰ	Ⅱ	Ⅲ	
企业网络	位置中心度		直接联系、多家企业、技术交流、经验共享、建议、支持、帮助、了解、业务联系、桥梁、媒介、沟通	19	28	45	92
	联结强度		合同、联盟、共享、许可协议、合作、联合生产、联合研发、联合营销、合资	21	36	58	115
	联结广度		多样化、数量、开放、长期合作、客户、供应商、大学、中介、金融机构	18	31	44	93
吸收能力	研发强度		专业、研发、实验、试错、合作、风险、成本	18	27	35	80
	研发投入		员工技能、员工知识、投入、资金、资源、人员	15	21	33	69
	与跨国企业合作经验		合作、利用、吸收、经验、消化、转化、应用	11	23	36	70

整个编码过程中，意思一致或相近的条目只计算一次，而且在每个阶段的编码过程中对意见不统一的条目都要进行讨论，以查找原始数据或再次确认等方式取得共识决定条目是否进入条目库或予以删除，确保编码的准确性。

第二节　案例分析

本节将首先对案例企业进行国际化阶段的划分，之后对每家案例企业不同阶段的网络模式和知识搜寻活动展开细致分析，基于案例内分析解释知识搜寻随时间推移出现的间断双元过程，再通过案例间比较两种不同类型企业实现知识搜寻双元均衡过程和机制的差异，总结我国国际化企业借助网络和知识搜寻双元均衡提升创新绩效的过程和路径。

一、案例企业类型与国际化阶段划分

为分析案例企业国际化发展过程中网络、知识搜寻和创新绩效的演化路径和作用机制，首先需要对企业进行国际化阶段划分，基于国际化过程理论的阶段模型通常按国际化承诺的程度划分企业的国际化发展阶段，如三阶段模型、四阶段模型和五阶段模型等。其次天生国际化理论能较好地解释企业自创立伊始就开展国际化经营的新兴现象，这种新兴国际化企业往往出自高科技产业，企业的国际化发展路径不同于传统的渐进式国际化过程理论所认为的国际化阶段模型。

本书所选择的四家案例企业可以分为两种类型，华源和天海归属于渐进国际化企业，而力神和金锚遵循天生国际化两种国际化路径，为便于对比将两类国际化企业进行了阶段划分，其中，渐进国际化企业分为国际化初步阶段、国际化成长阶段和国际化稳定阶段三个时期，而天生国际化包括国际化快速成长阶段和国际化稳定两个阶段。

二、渐进国际化企业网络、知识搜寻策略的演进过程

(一) 天海

两家渐进国际化企业都是首先在国内市场开展经营活动，发展到一定阶段之后开始通过代理出口，之后获得自营进出口权，逐步自主地与海外贸易公司或最终客户建立联系并发展合作伙伴关系，通过多样化的知识搜寻活动获取创新所需的互补性知识资源以改善企业绩效。

在初步进入国际市场阶段，天海主要依靠与少数大客户和科研机构等知识主体构建强联结以形成稳固的合作伙伴关系，在强联结的影响下企业的知识搜寻活动以开发性知识搜寻为特征，具体而言，在市场职能方面通过对国内市场进行开发性知识搜寻获取最新的市场走向和趋势信息，在寻求进入配件市场的过程中深入了解国内市场的竞争形势、客户的产品偏好和需求等；在技术方面充分发挥自身作为 OEM 厂商的优势，迅速汲取客户所提供的技术信息和知识，同时投入人力物力强化企业内部的技术研发强度，这也有利于企业对行业内主流的技术标准、参数和指标等形成初步的认知，并联合国内吉林大学、天津大学、北京理工大学等高校和科研院所共同开发同步器膜材材料和树脂材料等，从而推动企业技术创新能力的提高。

随着企业国际化进程的加快，天海日益转变生产和创新方式，认识到开放性创新对企业及所在行业的重要影响，企业在巩固原有网络联结的基础上，大力开拓多种类型的网络联结，与国内外多家客户初步建立起合作关系，由于网络联结的丰富为企业带来了多样化的资源和信息，天海开始转变国际化初期的开发性知识搜寻为国际和国内市场知识域间均衡搜寻，在国内市场作为江淮、三菱等多家主机厂的优秀供应商，天海从这些高端用户处获取了重要优质的市场信息和知识，而在国际市场方面的探索性知识搜寻表现为从美国迪尔、博格华纳、德国格特拉克、意大利卡拉罗等发达国家跨国企业身上获得对市场的敏锐感知，此阶段由于天海在保持研发

强度的同时加大研发投入，强化员工技能和专业知识培训，有利于企业更好地吸收从国内外市场环境中搜寻的知识和信息，从而更进一步地提升企业技术创新能力和创新绩效。

天海国际化进入稳定阶段，企业开始有选择地建构网络结构和模式，一方面加大对多样化伙伴关系的拓展，另一方面巩固和维系原有的核心网络联结，推动企业网络结构朝着二元网络方向发展，受此影响，企业的知识搜寻活动演变为国内市场搜寻和国际技术搜寻相结合的域间均衡模式，有效地避免了同类知识或职能发展对企业有限资源和能力条件的争夺，在上阶段对市场知识广泛和深入搜寻的基础上强化对技术知识的探索性搜寻，也有利于企业对市场和技术职能的平衡和协调发展，具体而言，天海在市场知识搜寻方面立足于深化与现有长期用户的合作，以共享市场最新信息并共同对市场未来走向和最终客户需求做出预测和发展规划，与此同时在国际范围内搜寻技术知识，特别是从下游汽车产业主导企业德国奔驰、大众、宝马等公司获得客户方面的技术知识，并与博格华纳、约翰迪尔、日本中产连公司、马扎克公司、CAXA 公司等合作研发高科技含量的材料和产品。借助于前期的研发基础积累和与跨国企业合作经验，天海的吸收能力逐步提升，这也促进了企业对所搜寻的国内市场知识和国际技术知识的消化吸收和应用，推动企业开发更具创新性的新产品并申请了多项国家专利，进一步提升了企业创新能力和绩效。天海国际化过程中企业网络和知识搜寻活动演化证据举例如表 6.3 所示。

表 6.3　天海国际化过程中知识搜寻活动演化证据举例

阶段	活动	典型资料举例	关键词	企业网络
天海 I	国内市场（17）	建厂之初就是个村办小厂，就坚持要开拓配件市场，非常艰难，到 1995 年终于被一汽集团确定为维修配件定点生产厂	OEM、配件市场	少数合作伙伴、强联结
	国内技术（22）	就是依靠来图加工、OEM 学习人家的技术；同国内有关单位合作研发同步器摩擦材料、树脂材料生产树脂同步环样品	研发、合作	

续表

阶段	活动	典型资料举例	关键词	企业网络
天海Ⅱ	国内市场（29）	在国内我们是江淮星瑞、东安三菱、抗维公司、临工桥箱、徐州良羽等多家主机厂的优秀供应商，这些几乎都是高端用户	质量、供应、高端	强联结为主并出现一定数量的弱联结、合作伙伴增多
	国际市场（24）	跟国际跨国公司建立供应合作关系，包括美国迪尔、博格华纳、德国哥特拉克、意大利卡拉罗、日本铃木等公司；还利用展销会、展览会了解市场发展趋势	供货商、质量	
天海Ⅲ	国内市场（32）	齿轮这方面主要是跟哈尔滨齿轮厂、陕齿、六安齿轮厂这些长期稳定用户合作	巩固、开拓	二元网络、大量合作伙伴、中心度提升
	国际技术（28）	跨国公司对技术指标的要求其实就包含了技术未来的发展趋势；派出技术中心人员到发达国家的知名公司学习交流、洽谈技术合作	新技术、学习、引进	

资料来源：本书收集整理。

（二）华源

华源在国际化的初级阶段，主要依靠代理出口的方式开展国际化经营活动，由于起步较早，华源与河北五矿、青岛金利等国内贸易公司确立了长期稳定的合作关系，由此以强联结方式嵌入并构建网络联结，这些强联结促使企业以开发性知识搜寻的方式汲取国内市场和技术知识来丰富自身知识基础，在市场方面不仅通过国内专业贸易公司获取最新的市场信息，还成立了自己的三家贸易公司跟客户直接沟通，从而更为有效快速地搜寻准确真实的客户需求和偏好方面的知识；在技术知识搜寻方面，华源立足于与天津大学、北京航空航天大学等高校和科研院所合作，汲取企业技术创新和产品改进所必需的技术知识，此阶段华源开始设立企业内部的技术中心，从提升自身吸收外界新知识的能力入手加大研发强度和员工培训力度，在上述网络结构、国内开发性知识搜寻和吸收能力的综合作用下，华源将技术产业化以不断推出新产品，同时改进现有产品的技术技能和产品质量，提高企业创新能力。

随着企业国际化程度的深化，快速成长阶段的华源开始着力于拓展多样化的网络联结关系，在国内贸易伙伴的基础上努力开拓与跨国贸易公司的合作，并与国外最终客户确立初步的交易关系，由此构建起以强联结为主并出现一定数量弱联结的网络结构并有助于企业提升自身在国际市场网络中的位置中心度，网络结构的转变带动企业知识搜寻行为的变化，华源进入市场知识搜寻的域内均衡阶段，即依靠对国内和国际市场知识的搜寻和学习以改善创新绩效，专注市场知识搜寻也有助于企业资源和战略重点的集中和高效配置，注重对最终客户信息的收集，并有针对性地推出多款产品，丰富产品线的同时培养了大批稳定的忠诚客户，具体而言，华源在国际市场方面实施“弯道超车”战略，发现并挖掘金融危机中蕴含的机遇开拓国际市场，从多家长期合作的跨国贸易公司和发达国家企业处获取最新的市场信息，更为有效地把握国际市场动向，同时加大对国内市场的知识搜寻力度，借力长期合作的伙伴关系对复杂多变的国内市场环境进行分析和定位，分散海外市场经营风险的同时扩大企业在国内行业的影响力。此阶段华源积累了较强的资金和资源实力用以进行内部研发和技术学习，并开始逐年增加研发投入占比，有效地提升了企业的吸收能力，凭借与网络结构协同的市场知识域内均衡搜寻，加之吸收能力的促进作用，华源在快速成长阶段不断推出多元化的创新产品，将先进技术转变为新产品，有利于创新绩效的提升。

国际化稳定阶段，华源的网络结构在上一阶段的基础上逐步向二元结构转变，形成了以少数强联结为核心，外围大量弱联结的网络特征，企业在网络中的位置中心度也得到显著提升，随着网络结构的变化，企业知识搜寻向国内市场搜寻和国际技术搜寻的域间均衡模式转变，一方面华源更加关注国内市场发展并日益扩大国内市场占比，平衡国内外市场及其经营风险和收益，基于华源在国际市场的经验积累和口碑效应，对国内市场知识的开发和扩展聚焦于外资企业在华工厂；另一方面着力强化企业对国际技术知识的探索性搜寻，通过展会跟踪最新技术趋势和潮流、深化与客户的合作获得更多默会性的技术经验知识和信息、借助发达国家权威技术认证了解最新的行业技术标准和发展趋势，与此同时，由于华源越发加大研发活动投入和研发强度，形成了较为坚实的研发基础，而且还积累了与跨国企业合作的经验，因此，吸收能力得以提高，凭借区域间均衡的知识搜寻策略，华源的创新绩效得以显著提升。华源国际化过程中企业网络和知识搜寻活动演化证据举例如表 6.4 所示。

表 6.4　华源国际化过程中知识搜寻活动演化证据举例

阶段	活动	典型资料举例	关键词	企业网络
华源 I	国内市场（17）	华源要成为国内线材的一流企业，就要重视最终客户，推出有针对性的产品，还专门成立了 3 家贸易公司，跟客户建立直接联系	产品、客户沟通、需求变动	少数合作伙伴、强联结
	国内技术（23）	除了自己建设市级技术中心以外，还跟国内高校和研究机构合作，提升技术实力	研发、技术中心	
华源 II	国内市场（28）	金融危机以后华源就开始转型了，开始增加国内市场比例，但是需要定位、了解、分析才能做好	转型、开拓、适应、调研	强联结为主并出现一定数量的弱联结、合作伙伴增多
	国际市场（24）	金融危机中我们努力实现弯道超车，优质中价的产品让许多国外客户放弃了以前的供应商而将目光转向了华源；拓展了直接面对最终客户的渠道，有助于更好地把握客户需求；跟美国宝安、WGC、日本中司公司这些大型跨国公司都有 10 年以上的合作经历	双反、弯道超车、进入、开拓、长期供应合作	

续表

<table>
<tr><th>阶段</th><th>活动</th><th>典型资料举例</th><th>关键词</th><th>企业网络</th></tr>
<tr><td rowspan="2">华源Ⅲ</td><td>国内市场（24）</td><td>现在国内市场比例大概 30% 吧，有一半以上是外资企业在中国建的工厂，这也是考虑我们长期做国际市场积累的经验和实力在这方面</td><td>口碑、产品、质量、信誉</td><td rowspan="2">二元网络、大量合作伙伴、中心度提升</td></tr>
<tr><td>国际技术（36）</td><td>至今唯一一家通过日本 NTT 认证的企业，获得发达国家技术认证的过程就是技术提升的过程；积极参加国外展会，了解国外技术潮流；
这些客户能提供很多建设性的意见，如帮助我们开发设计新产品、提供最新的技术信息，有什么技术方面的问题大家一起商量解决</td><td>新技术、研发合作、技术认证、技术趋势</td></tr>
</table>

资料来源：本书收集整理。

基于上述天生国际化企业的案例分析可以发现，渐进国际化企业在国际初期阶段构建了以强联结占绝对主导地位的网络结构，强联结有利于企业实施开发性知识搜寻活动，在国内范围内深度挖掘和搜寻技术和市场知识，从而促进企业推出适应市场需求和技术要求的多种新产品。随着企业进入国际化快速成长阶段，企业的网络结构调整为以强联结为主，并开始出现一定数量弱联结，同时联结广度日益提高，由于网络架构的转变，企业的知识搜寻策略演化为以国内市场和国内技术知识搜寻双元为表征的域内均衡，并推动企业开发更多新产品的同时显著提升产品的创新性。当企业进入稳定的国际化发展阶段，网络联结开始呈现向二元网络结构的转变，同时联结广度和位置中心度得以提高，网络架构的变化推动企业采取国内市场开发性搜寻的同时进行国际技术知识的探索性搜寻，通过知识搜寻的区域间均衡进一步促使企业创新绩效的显著提升。渐进国际化企业的企业网络、知识搜寻双元平衡演进的过程如图 6.2 所示。

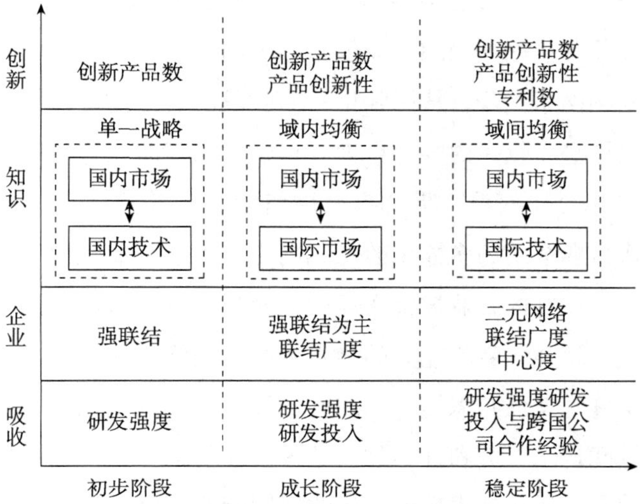

图 6.2 渐进国际化企业知识搜寻策略选择演进过程

三、天生国际化企业营销探索与开发的演进过程

（一）力神

与渐进国际化企业相比，天生国际化企业创立之初就进入了国际化快速成长阶段，往往努力发展合作伙伴，借助网络中的弱联结从技术和市场两方面开展探索性知识搜寻活动，在国际范围内寻找技术和市场机会，获取创新所需资源和知识，力图在竞争激烈和动荡的市场环境中实现生存和发展。在国际化初期，面对高不确定性的外部环境，力神集团的吸收能力主要表现在依靠成立前积累的知识和技术资源大力开展内部研发，同时在资源有限的条件下，尽可能地增加研发投入以适应客户对产品技术性能的要求，主动与摩托罗拉、三星、苹果、斯达康等跨国企业初步建立起网络关联为其提供小批量初级产品，借此在国际范围内开展市场和技术知识搜寻，获取关键客户的技术认证和产品订单，凭借所探索到的市场知识进一步获得新客户，技术知识搜寻帮助力神从合作伙伴所提供的技术参数和指标等信息中汲取最新的技术标准和技术发展趋势，为企业研制新产品、提

高产品的创新性提高了重要条件，并申请了大量实用新型专利。

随着国际化程度的加深和企业创新能力的提升，力神开始有意识地以自我为中心建构网络关联，从国际化初期阶段所建立的合作关系中选择行业影响力和发展潜力较大的企业作为重点发展的战略伙伴关系，同时开发大量新的客户和合作伙伴，借此提升网络中心度并建立了以核心为强联结，外围为大量弱联结的多样化的二元网络。由于企业积累了与行业内主导企业等多家大型跨国企业的合作经验，而且也有更多的资源和能力用以投入企业研发，得益于吸收能力的增强和企业网络结构的调整，力神着重在技术职能实施开发性知识搜寻，同时开展国际市场知识搜寻，通过知识搜寻行为的域间均衡促进和推动创新绩效。在前期探索性知识搜寻的基础上提高产品质量、优化技术性能、构建国际营销网络、并保持与关键客户的良好关系来推进国际化进程，并兼顾在国内搜寻技术知识，巩固手机电池技术和产品性能的同时，利用技术优势进入动力电池、超能和光伏领域等相关技术领域。区域间均衡的知识搜寻策略双元均衡模式使力神获得技术创新的大量优质信息和知识资源，有助于企业推出多款创新性新产品，还获得了大量发明专利和实用新型专利，极大地促进了企业创新绩效的提升。力神国际化过程中企业网络和知识搜寻活动演化证据举例如表 6. 5。

表 6. 5　力神国际化过程中知识搜寻活动演化证据举例

阶段	活动	典型资料举例	关键词	企业网络
力神 I	国际市场（32）	以前跟 Moto 做得比较多，后来觉得风险太大，应该跟行业最领先的企业合作，就跟 LG、斯达康、飞利浦这些国际巨头接触，但刚开始只能做一些初级产品，批量也小	新客户、初级产品	发展合作伙伴、弱联结为主
	国际技术（28）	苹果会列出详细的技术参数，这就成为力神技术创新的标准；这些顾客要求很高，也使我们掌握了锂电池相关的领先技术	领先技术、创新标准	

续表

阶段	活动	典型资料举例	关键词	企业网络
力神 II	国际市场（33）	在全球构建营销网络；我们和三星、苹果、迈尔斯等大客户合作，成为这些企业的第一梯队供应商，也一直坚持跟这些大客户合作；我们更在乎客户给我们的荣誉，获得很多优秀供应商、合作共赢等荣誉	营销、拓展、共赢	二元网络、合作伙伴增多、中心度提升
	国内技术（26）	涉足动力电池领域，引进锂离子电池生产线，年产能达 2 万辆纯电动汽车配套电池；成立力神研究院、光伏事业部	新领域、涉足	

（二）金锚

在国际化初期阶段，金锚积极主动构建与国际市场参与者的网络联结，但由于自身能力和资源的限制，网络联结以弱联结为主，与国际知名的渠道商麦德龙、家得宝等接触或确立了初步交易关系，还与美国 GAM 公司达成小批量的供应协议，在此背景下实施积极的技术和市场方面的探索性知识搜寻活动，通过展会的信息主动联系国外客户，经过反复修改样品努力争取海外客户的订单并确定初步合作，在获得海外订单的同时积极研发满足客户需要的产品，按国际市场客户所提的技术要求来定设备、定原料、定工艺，通过试错开拓国际市场。此时金锚凭借对市场和技术知识的汲取和理解，加之不断地提升自身技术水平和创新能力，大力投入资金和资源用以内部研发和工艺改进从而提高企业吸收能力，使多款产品和技术指标达到发达国家的技术标准，成为国内首个拥有 TUV 公司认证的梯具类“TMP 实验室”，并不断推出新产品，产品系列逐步从传统挤胶枪向伸缩杆乃至产品附加值更高的梯具扩展。

随着国际市场的扩张，金锚开始注重强化与关键伙伴企业的合作，如维护，同时尽可能与多种类型的市场参与者建立网络关联，着力构建开放性、多样化的二元网络并提升网络中心度以更好地促进知识搜寻活动的实施，如与南非、加拿大的跨国贸易公司初步确立合作意向，坚持与 SGS

（美国通标标准技术服务有限公司）、BV、INTERTEK、TUV等国际知名检验检测机构的合作，有利于企业及时掌握行业动态和国外市场对相关材料和产品的最新要求。在网络结构转变的影响下，金锚采用域间均衡的方式开展知识搜寻，在技术职能方面以国内开发性的知识搜寻活动为主，主要是在现有技术的基础上进行技术提升，如与天津合成材料研究所共同开发梯具产品的新材料，跟中国玻璃钢协会、清华大学等合作铝材、复合材料的研发工作等。深入国际化阶段中金锚虽然受到金融危机的冲击，但仍坚持开展对国际市场知识的探索性搜寻，一方面维护和保持与加拿大 feather life 公司、美国零售业巨头 homedepot、英国连锁超市 homebase 等企业的长达10年左右的良好合作关系，这些大客户作为大型五金类连锁超市，为金锚提供了大量重要市场信息；考虑成本等因素金锚开始探索香港和东南亚市场，在保持与大型五金分销商合作的同时自主开发中小型客户，改进现有产品，进入新兴国家市场。得益于企业采用知识搜寻活动的域间均衡，以及持续引入先进的生产技术和设备，日臻完善的企业技术研究中心等增强吸收能力的举措，金锚确立了国内外梯具行业的领先地位，产品不仅在外观和功能上不断创新，而且产品获得的技术专利就有400多个，其中在美国申请发明专利3项，有效提升了企业创新绩效。博苑国际化过程中企业网络和知识搜寻活动演化证据举例如表6.6所示。

表6.6　金锚国际化过程中知识搜寻活动演化证据举例

阶段	活动	典型资料举例	关键词	企业网络
金锚Ⅰ	国际市场（24）	最早走出去就是靠的广交会，主动联系国外客户，他们要什么样品就马上开发然后邮寄过去，如刚开始接触美国GAM公司，就是反复修改、寄样、确认，才得到客户认可	首次、开拓、试错	发展合作伙伴、弱联结为主
	国际技术（20）	梯具完全是从零开始，对安全性能要求很高，所有取得GS认证非常重要，当时我们设法拿到美国的梯子标准，组织翻译搞清各项技术指标，后来美国家得宝对我们的梯子开发很感兴趣，表示有合作的意向	技术要求、新技术、合作、认证	

续表

阶段	活动	典型资料举例	关键词	企业网络
金锚 II	国际市场（36）	我们跟随家得宝成长，看着它从当年到现在两千多亿美金，上千家门店；俄罗斯客户现在也可以做到两百万美金；巩固欧美市场的同时寻找新的市场机会，如香港、东南亚市场；开拓新市场主要是做交易会、展会	跟随、拓展、市场进入	二元网络、合作伙伴增多、中心度提升
	国内技术（31）	主要是根据已经掌握的铝型材、玻璃钢材料来做；借助清华大学、中南大学和天津大学等国内知名大学的技术研发优势，先后建立了铝材和复合材料两个专业技术研发部门	合作研发、相关技术	

资料来源：本书收集整理。

综合上述天生国际化企业的案例分析可以发现，天生国际化企业在国际初期即快速成长阶段构建了以弱联结为主的网络结构，松散的网络联结使其与多个网络主体建立起初步关联，具备一定的联结广度，弱联结有利于企业实施探索性知识搜寻活动，在国际范围内广泛搜寻技术和市场知识，从而促进企业推出多种类型具有创新性的产品。随着企业进入稳定的国际化发展阶段，网络联结开始呈现向二元网络结构的转变，同时联结广度和位置中心度得以提高，网络架构的变化推动企业采取国内技术开发性搜寻的同时进行国际市场知识的探索性搜寻，通过知识搜寻的域间均衡进一步促使企业创新绩效的显著提升。天生国际化企业的网络结构、知识搜寻双元平衡演进的过程如图 6.3 所示。

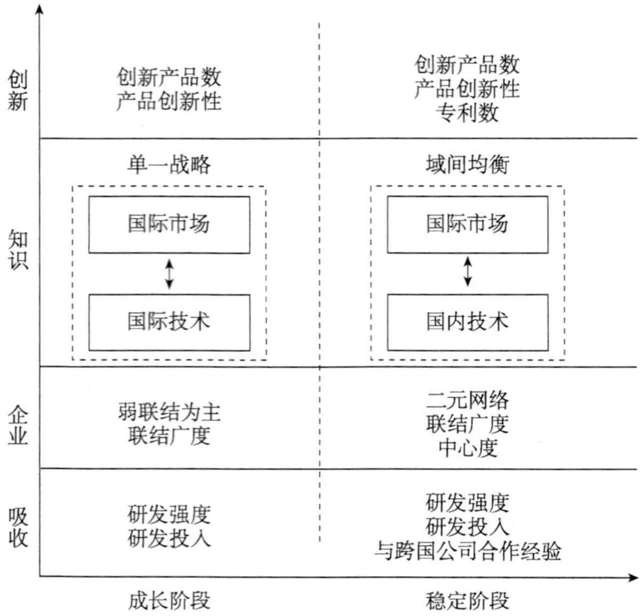

图 6.3　天生国际化企业知识搜寻策略选择演进过程

第三节 案例讨论

一、企业网络与知识搜寻双元平衡模式的耦合和动态协同

由于企业组织学习的模式与其生命周期所处的阶段往往存在某些规律性的演化关联，案例企业的网络结构与其知识搜寻模式间存在一定的耦合性。此外，纵观案例企业的国际化发展进程，可以发现正是企业在一定的吸收能力条件下不断地调整网络结构与知识搜寻类型使二者相互匹配和协调适应的过程。从上述案例企业不同国际化阶段的网络架构与知识搜寻策略选择中也能较为明确地发现二者间的协同演化规律。

（一）企业网络与知识搜寻双元平衡模式的耦合关系

强联结网络与开发性知识搜寻。在初步国际化阶段，渐进国际化企业构建了强联结占主导地位的企业网络，网络联结较为有限，企业在整体网络中的位置中心度较低，强联结能帮助企业以信任和互惠为基础获取网络中的专门技能和知识等默会知识。这种网络特征的形成是由于企业在开展国内经营的基础上进入国际市场，主要依靠个别国外大客户或者国内贸易公司，这些网络主体掌握着重要的信息和资源，因此案例企业不断强化与其合作，并在强联结的影响下进行国内市场知识和技术知识的开发性搜寻，通过对相似知识的搜寻和吸收，企业的生产工艺和技术水平得到改进，产品质量得以明显提升，推动企业的渐进性产品创新，并开发企业层面和国内层面的先进产品和新产品。

强联结为主的网络结构与知识搜寻区域内均衡。在渐进国际化企业的快速成长阶段，案例企业的网络转变为以强联结为主，并开始出现一定数量弱联结的网络模式，网络联结广度得以扩大，同时也提高了企业在整体网络中的中心度，强联结对企业知识搜寻的促进作用表现在进行开发性知识搜寻以深化对相似知识的吸收和应用，而若干弱联结也帮助企业在开发的基础上同时开展探索性知识搜寻，以汲取更为多样化的知识和信息，在案例企业的分析过程中发现强联结为主的网络架构主要推动渐进式国际化企业的市场知识国内和国际知识搜寻的域内均衡模式，这一知识搜寻双元平衡模式使企业在地理区域范围内平衡开发性和探索性知识搜寻，避免了对国内知识的过度依赖以及由此导致的组织惯性和知识冗余对企业创新的不利影响，有助于企业开发更为多样化的创新产品，提升企业的技术创新能力。

弱联结与探索性知识搜寻。天生国际化企业创立之处即以开拓国际市场为目标，在网络联结方面表现为以弱联结构建的网络，网络联结虽不少但集中于松散的联结方式，而且企业自身在整体网络中的位置中心度并不高，然而弱联结能为企业带来多样化和异质性的知识和信息，丰富企业既有知识基础，有利于企业搜寻和汲取与自身认知距离较远的知识，从而促进企业开展探索性知识搜寻，在国际范围内广泛搜寻技术和市场信息，推进企业的创新能力提升特别是以探索性创新为主的新产品研发。

二元网络与知识搜寻域间均衡。在国际化稳定阶段，案例企业逐步构建了以少数强联结为核心，外围大量弱联结为特征的二元网络结构，这一开放的网络特征扩展了企业的网络联结广度，并提升了企业在整体网络中的位置中心度，既能帮助企业借助弱联结获取异质性和优质的知识和信息，也能通过强联结习得默会知识并充分挖掘和利用这些信息的价值，即有利于企业开展双元均衡的知识搜寻活动，具体到渐进国际化企业表现为国内市场和国际技术知识搜寻的域间均衡，而天生国际化企业为国内技术和国际市场的知识搜寻域间均衡。这不仅将本地与远程这两种知识搜寻所代表的探索性和开发性学习加以有机协调和整合，而且还有助于企业产品创新能力和工艺创新水平的提高。

（二）企业网络与知识搜寻双元平衡模式的动态协同

通过对案例的纵向对比分析可以发现，企业创新能力和创新绩效的提升过程本质上是企业在特定吸收能力的情境下，不断地调整自身网络结构与知识搜寻策略并使二者相互适应和匹配的过程。这一协同演化的规律如图6.4所示。

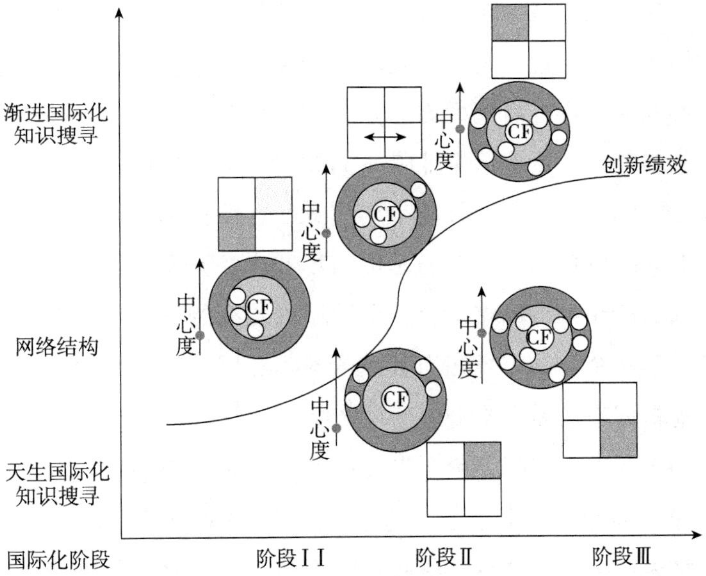

图6.4 国际化企业网络结构与知识搜寻双元均衡模式演化

注：知识搜寻平衡模式与图3.8保持一致，其中，双向箭头代表市场知识搜寻双元。

渐进式国际化企业在初步进入国际市场的阶段，根据国际市场环境的特点和行业特征，选择同国内贸易公司等企业及科研院所等合作汲取产品的生产技术和市场信息，囿于企业能力和资源限制，网络联结以强联结为主导，有利于隐性知识的转移，而且企业前期已经积累了一定的技术和研发能力，从而推动了企业早期以国内市场和国内技术知识的开发性搜寻，促使企业基于现有知识基础深化对相关技术和市场信息的理解和应用，改进产品性能、提高产品质量并更好地满足顾客需求。正如 Hanaki，Nakajima 和 Ogura（2010）所指出的，企业倾向与原有伙伴或与其推荐的企业合作，这导致网络循环闭环并最终使整个网络结构呈现卫星形态，进而促使外部知识来源和合作产生于本地范围。该阶段企业根据外部环境特点构建了适合自身能力的强联结网络，并以获得和利用国内技术和市场知识的开发性搜寻为目标，初步提高了自身创新能力并为下一阶段的国际化发展奠定了良好的基础。

国际化快速成长阶段的企业进入高速增长期，该阶段企业网络结构呈现出以强联结为主并出现一定数量弱联结的特征，企业不仅可以通过强联结进行开发性知识搜寻，对国内市场知识的深化开发有利于企业生产技术和工艺水平的提高，并由此给企业带来高质量、低成本的制造能力，而且还推动企业在国际范围内广泛收集市场信息，在保持和维系现有国内市场和顾客基础的同时发现和开拓新的国际市场和产品开发机会，将稳定的定位领域与新兴的产品和市场相结合，借助域内均衡的方式提高企业对市场的感知能力，丰富企业的市场知识基础，国际和国内市场知识的整合有利于企业更好地根据市场需求推动创新性产品。

随着案例企业进入国际化稳定发展阶段，此阶段企业构建的网络是一个既有利于开发性知识搜寻又有利于探索性知识搜寻的全球化的二元网络，在该网络内，企业以自身为核心，既有与少数战略优质客户和供应商等的强联结关系，又有与大量普通和潜在客户、行业协会、高校院所等的弱联结关系，使企业在降低生产成本并满足不同区域客户偏好的产品和工艺技术的同时，还能为高端客户提供全面的解决方案，开发性知识搜寻与探索性知识搜寻通过域间均衡的方式在二元网络架构内得到了较好的平衡及协同。具体而言，企业虽然继续保持上一阶段的在国内范围内搜寻市场知识的开发性搜寻策略，以保障渐进性创新为企业带来的稳定绩效，同时强化对国际技术知识的探索性搜寻来广泛搜寻行业内先进的技术知识和经验。通过对国际技术知识的广泛搜寻和吸收，并结合对国内市场的深入了解从而更好地满足国内市场不同层次客户的需求，企业的技术创新能力和创新绩效得以显著提升。

两家天生国际化企业创立初期均经历了国际市场的艰难探索阶段，这一阶段企业根据外部环境的特点，选择同国际客户等企业、高校及科研院所合作获取基本产品的生产技术和市场信息，网络联结以弱联结为主导但初步呈现多样化联结广度的趋势和特点，适合早期的探索性知识搜寻。正如 Rosenkopf 和 Nerkar（2001）所指出的在开发项目的早期阶段，技术型初创企业为了发现一些新事物而进行探索式搜寻，这种搜索经常通过探索性联盟的形式来实现。由于该阶段企业根据外部环境特点构建了适合自身能力的企业网络，并以获得外部技术和市场知识的探索性搜寻为目标，取得了较好的创新绩效，从而为下一阶段的国际化发展奠定了良好的基础。

国际化稳定发展阶段的天生国际化企业，逐渐加大实施国际化战略，面临全球化的竞争和不同世界区域客户的多样化需求，企业构建了二元网络以推动开发性和探索性知识搜寻的协调发展，二者通过域间均衡的方式在二元网络架构内得到了较好的平衡及协同。具体而言，企业虽然继续保持上一阶段的在国际范围内广泛搜寻市场知识的探索性搜寻策略，但同时强化对国内技术知识的开发性搜寻来保障渐进性创新为企业带来的稳定绩效，正如 Rothaermel（200la）所指出的，在成功的探索之后，企业搜寻过程转向了开发所获得新知识，并经常通过利用性联盟与伙伴企业联合开发来实现。通过对国内日臻成熟的行业技术知识开发实施全球市场扩张策略以满足各个市场不同客户的需求，技术创新能力和创新绩效得以显著提升。

二、案例研究发现与总结

基于前述两项子研究的基础上，本章案例研究主要从演化的视角探讨了国际化企业网络结构与知识搜寻双元均衡模式相互耦合和协同演变的过程和作用机制。针对研究主题和研究对象，本书选择了我国四家具有代表性的国际化企业开展纵向多案例研究，对渐进国际化和天生国际化两种不同类型企业不同国际化发展阶段的网络结构和知识搜寻策略选择进行了对比分析，研究结果发现，企业通过域内均衡和域间均衡方式实现知识搜寻双元平衡，网络结构与知识搜寻类型存在耦合性，网络结构的动态变化会影响企业的知识搜寻策略选择，反过来企业选择特定的知识搜寻模式也需要网络架构进行相应的转变。纵向多案例研究得到以下发现：

（1）网络与知识搜寻始终是贯穿于企业创新能力提升背后的驱动因素，在网络结构方面，案例企业始终保持独立性、合作性和主动性，在国际化发展的进程中，企业的知识搜寻深度和广度在不断扩展，从最初的资源、能力和渠道受限而依赖网络伙伴，到能够积极嵌入网络并主动构建以自身为核心的网络联结并开展网络资源共享，企业在整体网络中的地位和中心度得到明显提升，网络形式不断演变的同时知识搜寻方式也发生了效应的转变。

（2）渐进国际化企业和天生国际化企业在网络结构的设计方面存在差异，虽然两类企业在国际化稳定阶段都构建了二元网络结构并推动企业知识搜寻实现区域间均衡，但在国际化初期阶段却存在网络结构特征方面的显著不同，渐进国际化企业在初步国际化时期依靠强联结网络开展开发性知识搜寻，并随着企业国际化进程的深入转变为以强联结为主并适当增加弱联结的网络结构，在此影响下知识搜寻呈现区域内均衡特征。与之对比，天生国际化企业在快速成长的国际化阶段构建弱联结网络并开展探索性知识搜寻，之后进入稳定发展阶段并构建二元网络推动知识搜寻实现域间均衡。

（3）网络结构与知识搜寻存在耦合性并呈现协同演化的特征，强联结网络会推动企业开展开发性知识搜寻，弱联结有利于探索性知识搜寻的实施，而二元网络结构会促使企业通过知识搜寻域间均衡实现对知识的汲取和学习，从而提升创新绩效。在不同的国际化阶段，不同类型的企业会根据网络结构特征选择和匹配适应性的知识搜寻策略，网络结构与知识搜寻策略的协同和匹配将更好地提升企业创新绩效。

第七章 研究结论及展望

本章将总结上述章节的理论推导过程、大样本实证检验和纵向多案例研究的结论，本书包括三个相关的子研究，共同对我国国际化企业过程中企业网络、知识搜寻双元均衡与创新绩效的关系展开探讨：首先在理论基础和文献综述部分梳理和回顾了组织搜寻理论、企业网络、组织双元性理论的相关文献，在此基础上对整体模型构建和研究设计进行了阐述，构建了企业网络、知识搜寻与创新绩效的理论模型并形成相应的研究假设；其次对形成的模型和假设开展大样本实证数据调研和检验，以探讨企业网络对知识搜寻和创新绩效的影响机制，并从企业内外部环境两个层面即组织特征和外部环境动荡性明晰了理论模型的情境因素和理论边界；再次通过我国国际化企业的纵向多案例研究探讨知识搜寻双元平衡的实现过程及其前因变量和结果变量在此过程中的演化路径。本章内容主要归纳上述子研究的研究结论，总结该研究在理论方面的贡献和对管理实践的启示和借鉴意义；最后指出研究的局限性和未来研究方向。

第一节 研究结论及研究启示

本书旨在探讨知识搜寻及其前因变量网络效应对创新绩效的影响机制和这一作用机制的实现路径和过程，采用混合研究方法，基于对国际化企业的样本数据和四家典型案例企业的数据资料，首先对企业网络、知识搜寻及其双元均衡对创新绩效的影响机制进行研究；其次引入组织和环境变量检验情境因素对知识搜寻策略和创新绩效关系所发挥的调节效应；最后基于对四家案例企业的纵向多案例研究揭示多种因素综合影响下的国际化企业知识搜寻策略选择及演化路径，本节将归纳并凝练上述研究结论。

一、研究结论与讨论

本书以我国国际化企业为研究对象，基于组织搜寻理论、网络理论和双元性理论等相关理论的文献基础，对我国企业国际化进程中的管理实践进行总结，借助理论推演、实证检验和案例研究等多种研究方法，探讨了企业网络通过知识搜寻进而影响创新绩效的作用机制，环境和组织特征的调节效应，以及知识搜寻策略随网络结构不断演化的过程和路径，根据前述研究内容得出如下研究结论：

结论一：知识搜寻及其双元均衡正向影响企业创新绩效，企业网络通过知识搜寻策略进而作用于创新绩效。

首先，知识搜寻是企业对有价值信息和新知识的汲取和快速运用，对企业实现创新成功和获得持续竞争优势具有非常重要的作用（Laursen and Salter，2006；Katila and Ahuja，2002），知识搜寻策略是企业网络促进创新绩效的关键中介变量，实证研究结果表明这一影响作用是多维度的。具体而言，首先检验了知识搜寻与创新绩效的关系，除技术知识搜寻双元与创新绩效的假设关系未获支持外，知识搜寻及其双元均衡对创新绩效均产生了显著的正向影响。这说明企业不仅需要借助知识搜寻汲取外部有价值的新知识和信息，而且在不同类型的知识搜寻策略间的平衡对企业创新活动的开展和成功同样具有重要意义，同时也是对 Lin 等（2007），Venkatraman（2007），Lavie，Kang and Rosenkopf（2011），Yamakawa，Yang 和 Lin（2011）等研究的有益补充。

其次，企业网络对创新绩效的影响是通过知识搜寻的中介效应发挥作用的，位置中心度、联结强度与联结广度三种网络特征影响知识搜寻进而作用于创新绩效的机制是对 Fabrizio（2009）、Hanaki 等（2010），Vanhaverbeke 等（2005），Tiwana（2008），Tortoriello and Krackhardt（2010），Gilsing 等（2008），Giuliani and Bell（2005）等研究的扩展。联结强度能提升企业间的信任水平和合作稳定性，促进默会知识的搜寻和传递，显著推动企业创新绩效的提升，这与 Granovetter（1973；1985），Hansen（1999），Podolny（2001），Rosenkopf and Almeida（2003），Gulati and Sytch（2007），Tiwana（2008），Fabrizio（2009），Eisingerich，Bell and Tracey（2010）等的观点是一致的；联结广度代表网络的开放性和多样性程度，能有效地帮助企业获取多样化和异质性的新知识等创新所需的互补性资源，为企业带来更多创新性的思维和机会，有利于企业创新活动的实施和成功，这与 Burt（2000），Boschma and Ter Wal（2007），Lavie（2007），Tsai（2009），Eisingerich，Bell and Tracey（2010）等的研究结论相符；位置中心度使企业获取信息控制优势和位置特权，引导网络内资源以有利于自身创新活动的方向流动和扩散，推进企业间的特殊信任以及共同解决问题的效率和效果，从而促进创新绩效的提升，这也验证和支持了 Uzzi（1996），Tsai（2001），Boschma and TerWal（2007），Tiwana（2008）等学者的观点。

结论二：环境动荡性和吸收能力在知识搜寻对创新绩效的作用机制中

发挥调节效应。

随着全球竞争的不断加剧和技术创新活动的日趋复杂化、网络化，权变思想在社会学和管理学研究中日益得到重视，学者们已认识到知识搜寻作用的发挥还取决于重要的情境因素（Lichtenthaler，2011；Salge 等，2012；Ihl and Wagner，2012）。由此，组织特性调节变量即吸收能力和环境特征调节变量即环境不确定性被引入本书，共同考察知识搜寻对创新绩效的权变效应。实证结果显示，企业吸收能力越强，国内技术搜寻和国内市场搜寻对创新绩效的促进作用更加显著，这说明当企业所拥有的吸收和整合知识的能力越强时，国内知识搜寻能够更为有效地促进创新绩效的提升，吸收能力对整合国内知识资源发挥着更为显著的作用；环境动荡性越高，国际市场知识搜寻对创新绩效的正向效应更为显著，说明当企业所处的外部环境越为复杂多变，企业在国际范围内搜寻和汲取市场知识越能推动创新能力的提高和创新成功的可能性。上述研究结论在一定程度上与 Sidhu 等（2007），Salge 等（2012），Sofka and Grimpe（2010），Escribanoa，Fosfurib and Tribó（2009），Kim and Atuahene – Gima（2010），Posen and Levinthal（2012）等关注环境和组织因素影响知识搜寻与创新绩效关系的研究结论相符，可见与组织行为等领域的文献研究结果一致，探索性与开发性知识搜寻策略与创新绩效的关系会因内外部的环境因素和组织特征的差异而有所不同，企业的知识搜寻策略不仅受到网络前因的驱动和影响，而且还需要根据外部环境动荡性程度和自身所构建的吸收能力基础及其变化选择恰当的知识搜寻策略。

结论三：企业网络与知识搜寻策略间存在耦合性和协同演化关系。

企业知识搜寻和创新活动的开展均无法脱离其所处的外部网络情境，企业间联结所构成的网络环境对企业选择特定的知识搜寻策略以推动创新绩效的提升而言具有重要意义（Tiwana，2008；Tortoriello and Krackhardt，2010；Koka and Prescott，2008）。在研发网络中进行知识搜寻和整合将带来辩证张力和矛盾张力（Ritala 等，2017），而从组织双元性理论出发，探索性和开发性知识搜寻作为企业需要平衡和兼顾的两类组织学习行为

（Laursen，2012），其本质上具有一定的矛盾和不兼容性，同时二者又无法互相替代而具有一定的互补效应，因此企业在不同知识搜寻策略间进行平衡和取舍以期取得最佳搜寻绩效时，需要考虑企业网络结构和模式及其演变发展。这是对基于网络演化视角探讨网络结构与知识搜寻关系协同演化研究（Gilsing and Nooteboom，2005；Hanaki，Nakajima and Ogura，2010）的有益发展。

对企业网络与知识搜寻间的逻辑关系，本书实证研究结果表明，企业网络中的强联结有利于企业实施开发性知识搜寻，同时通过案例研究发现以弱联结为主的网络结构能有效促进企业在国际范围内的技术和市场知识搜寻，即联结强度与开发性知识搜寻及探索性知识搜寻之间存在耦合性。纵向案例研究进一步表明，企业网络与知识搜寻之间可以实现协同演化，企业网络结构的动态变化会影响到知识搜寻策略类型的选择，同时企业选择不同的知识搜寻类型也需要网络结构进行相应的转变，企业网络结构与知识搜寻类型的相互匹配可持续提升企业创新绩效。具体而言，渐进国际化企业在国际化发展的不同阶段会以“强联结－强联结为主的网络结构－二元网络结构”的网络结构促进知识搜寻以“纯开发策略－域内均衡－域间均衡”的方式发展演变，而天生国际化企业的网络结构经历了由弱联结为主到二元结构的变化，在其影响下的知识搜寻呈现以纯探索策略到域间均衡发展的特征。

二、研究贡献

本书的理论贡献体现在对知识搜寻理论以及网络理论的深化和拓展，接下来将基于研究结论与讨论对本书的理论贡献进行归纳和阐述，提升并凝练本书的研究结论的理论价值。

（一）拓展了组织搜寻理论的相关研究

现有研究认为知识搜寻是企业用以解决问题的组织学习方式，国内搜寻与远程搜寻分别表征企业的开发性与探索性学习，而作为无法相互替代的组织学习模式，其固有的差异与独特性使二者的平衡长期以来都是组织学习领域的研究热点问题。因此，本书基于组织双元性理论视角对知识搜寻策略进行了界定和区分，从知识距离和知识类型两个维度和层面将知识搜寻细分为国内技术知识搜寻、国际技术知识搜寻、国内市场知识搜寻和国际市场知识搜寻，并在此基础上探讨了知识搜寻及其双元均衡对于创新绩效的影响作用，是对组织搜寻领域文献（Katila and Ahuja，2002；Rosenkopf and Almeida，2003；Laursen and Salter，2006；Fabrizio，2009；Leiponen and Helfat，2010；Lavie，Kang and Rosenkopf，2011）关于知识搜寻有利于企业创新能力和持续竞争优势培养与提升的有益补充和完善，并丰富了开发与探索平衡关系的研究。

如果单纯从组织层面来看，企业同时开展两种性质差异的知识搜寻活动存在组织资源和结构方面的制约和限制，但本书以身处全球网络的我国国际化企业为对象的实证研究表明网络能够帮助企业突破自身资源稀缺的束缚，获取丰富的知识资源以推动创新活动的成功，企业网络不同特征对不同类型的知识搜寻策略的影响作用大小和方向也存在差异，企业可以通过设计合理的网络模式和架构来实现知识搜寻策略间的平衡，从而将网络嵌入性悖论和本地搜寻与远程搜寻间的平衡困境这两组矛盾加以调和并有机统一起来，是对考察网络结构与知识搜寻关系研究（Tiwana，2008；Tortoriello and Krackhardt，2010；Koka and Prescott，2008；Fabrizio，2009；Hanaki 等，2010；Vanhaverbeke 等，2005；Gilsing 等，2008；Giuliani and Bell，2005）的补充和扩展。因此，本书综合了多方面因素考察了国际化企业的知识搜寻策略选择问题，由于企业采取特定的知识搜寻行动是出于对所处环境及自身内部特征的综合考量，所以本书在探讨知识搜寻策略对企业创新活动的影响时充分考虑了企业内外部因素，并将知识搜寻的前因和结果变量整合并纳入统一的、一体化的研究框架中，是对现有组织搜寻理论的深化和拓展。

（二）推进了企业网络对创新绩效作用机制的研究

虽然网络对企业创新活动的重要性已得到了广泛认可（Tiwana，2008；Fabrizio，2009；Eisingerich，Bell and Tracey，2010），但基于现有文献却可以发现学者的研究结果并未取得一致结论，相反却形成了企业网络研究领域的诸多悖论（Uzzi，2003），如部分学者认为强联结能帮助企业基于情感信任和互惠交换吸收默会知识从而提升企业创新绩效，而另外一些学者却认为弱联结为企业带来多样化的信息，对于企业创新更为关键（Elfring and Hulsink，2007）；有些研究发现网络中心位置将为企业带来独特的信息优势和位置优势（Vissa and Chacar，2009），但其他研究却提出结构洞位置是企业创新成功的重要驱动因素（Gilsing 等，2008；Ferrian，Cattani and Baden - Fuller，2009）；还有研究者认为网络联结广度越大，创新绩效越高（Eisingerich，Bell and Tracey，2010），但同时又有不少学者持相反观点（Laursen and Salter，2006）。这些悖论促使研究者认识到“网络二重性”的存在，并日益深入企业网络与创新绩效作用机制的研究中，同时从权变的视角探讨企业网络对创新所产生的具体影响，但现有研究仍未能有效解释企业网络二重性与创新绩效间的因果关系机制。本书基于上述理论背景，认为网络悖论产生的一个重要原因正是现有研究大多忽略了知识学习过程中的具体活动，并未将企业从外部学习新知识的过程加以细分，因此为打开上述作用机制的“黑箱”，本书以我国国际化企业为研究对象，在知识搜寻领域引入组织双元性理论中的探索与开发这组对立统一的概念，区分不同类型的知识搜寻策略，并将其作为中介变量，同时融入权变管理的思想探讨了企业网络不同特征通过不同类型的知识搜寻策略作用于创新绩效的机制，从而在一定程度上有助于解决网络悖论困境，并推动现有企业网络与创新绩效关系研究的深化。

（三）深化了新兴国际化企业知识搜寻作用情境的研究

企业知识搜寻行为对创新绩效发挥效应的大小和方向还会受到组织内

外部情境因素的影响（Sidhu 等，2007；Lin 等，2007；Venkatraman 等，2007；Wu and Shanley，2009；熊伟等，2011；Tippmann 等，2014），因此企业选择特定知识搜寻策略是基于对内外部因素的综合考量，本书基于权变视角，引入组织特征以及外部环境动荡性探讨知识搜寻策略影响创新的作用边界和情境，研究结果表明环境动荡性和吸收能力在知识搜寻策略与创新绩效间发挥了重要的调节效应，为国际化企业根据自身能力条件和环境特点以合理方式嵌入或自主构建网络、选择有效的知识搜寻策略以最大化促进创新绩效提升提供了新的管理思维。本书整合组织内外部多种影响因素共同考察企业知识搜寻策略选择问题更为符合企业管理实践的现实，所获得的研究结论有助于深化对现有知识搜寻作用情境的理解。

企业的知识搜寻策略在不同国际化阶段有所差异，而且会根据所处网络情境的改变不断演变，这种演变过程与企业所处行业环境及其自身能力也具有一定的相关性，本书的纵向多案例研究表明，企业网络与知识搜寻策略间存在耦合性，二者均会随着时间推移和国际化进程的深化不断协同演化，不同的知识搜寻策略要求不同的网络模式，而网络模式的不同也会促进企业不同类型的知识搜寻行为的开展，两者的匹配和协同将促进创新绩效的不断提升，本书的案例研究发现拓展了对企业知识搜寻策略演化的认识和理解，进一步丰富了知识搜寻的研究视角。

三、管理启示

本书立足于国际化企业的现实背景和管理实践，基于网络理论、知识搜寻、组织双元性的理论基础和研究切入点，以全球化背景下的我国国际化企业为研究对象，考察了企业网络通过知识搜寻对创新绩效的影响机制，研究结果对国际化企业构建合理的网络架构以实现与知识搜寻的协同和匹配，进而推进企业创新绩效和机制优势的不断提升具有一定的借鉴和启示作用。

（一）采取并强化平衡性的知识搜寻策略以提升自主创新能力

在经济全球的背景下，企业面临更为严峻的国际市场竞争压力和挑战，与发达国家的大型跨国企业相比，我国企业仍处于国际化初级阶段，从企业规模、资源和技术能力、国际化管理水平和经验等方面均处于劣势地位，为了改变产品成本低、技术水平和附加价值低的不利现状，企业亟须提升自身技术能力和自主创新能力，为此我国国际化企业需要积极主动地从外部搜寻重要的和新颖性的知识资源和信息，充分发掘新思想和新机会以有效帮助企业解决创新问题。在这样的现实环境下，借助网络开展知识搜寻以获取后发企业为实现创新追赶所必需的多样化知识和资源对提升自身自主创新能力至关重要。因此我国企业应强化知识搜寻活动，快速汲取和吸收应用从外部环境中获得的多样化、异质性知识和信息，推动创新成功的实现。

为了构建和保持持续竞争优势，企业需要在开发性学习和探索性学习间保持平衡，过分注重其中任何一个方面都会导致对竞争优势和企业绩效的损害。因此，在快速高效搜寻市场知识和技术知识的同时也要密切关注在不同地理区域或空间范围内参与国家和全球竞争时及时汲取多样化的新知识，而且鉴于我国国际化企业规模和资源的限制，还需要根据知识类型和知识距离进行知识搜寻行动的平衡和选择，企业应力图实现市场和技术知识的搜寻平衡，以及本地和远程知识的搜寻平衡。当处于生命周期和国际化进程的早期阶段时，企业规模较小，吸收能力和自身资源有限，此时企业应充分发掘单一知识搜寻策略（包括知识搜寻探索策略和知识搜寻开发策略两种类型）的优势，集中企业资源和能力聚焦于探索性或开发性的知识搜寻活动，以快速从外部环境中汲取生存和发展所需的知识和资源。随着企业国际化进程的深化和自身实力水平的提升，应考虑转变单一知识搜寻为平衡性知识搜寻策略，即在搜寻国内技术知识的同时追踪国际市场知识，或在搜寻国内市场知识时收集获取国际技术知识，以丰富和完善企业知识基础，并避免对某一职能领域知识的过分挖掘导致的路径依赖和组织惯性，从而为企业带来多样化、异质性的新思维和观点，推动创新活动的开展。

（二）战略性设计企业网络结构以推动知识搜寻

随着产业化全球进程的加快和全球市场环境日益加剧的动荡，全球网络为嵌入其中的发展中国家企业提供了快速学习和创新的机会，但与此同时也可能带来两方面的不利后果，一方面是由于过度嵌入带来的锁定效应，企业对环境变化反应迟钝，知识搜寻动机减退等导致企业长期处于全球价值链的低端环节，竞争能力特别是自主创新能力不足；另一方面是因嵌入不足导致的企业难以融入和参与全球网络分工，使企业难以有效开展知识搜寻，无法获取创新所需的互补性资源，最终会因难以适应环境快速变化而被市场所淘汰。此外，鉴于我国国际化企业多数规模较小，网络开放性和异质性不足，在全球价值链中处于较低的层级和环节，在网络中占据的位置中心度不高，还往往依赖网络中个别大型企业，缺乏多样化的以弱联结形式保持联系的合作伙伴，因此可能出现注重开发性知识搜寻而探索性知识搜寻行为不足的情况，且这种网络结构并不利于企业适应动荡的市场环境变革。随着世界经济结构的重大变革和调整，探索性的知识搜寻策略更能帮助企业把握动荡环境中的市场和技术机会。

由此可见，国际化企业不仅应尽可能主动参与和嵌入国内和国际网络，发展多种类型的网络联结，提高网络联结广度和网络位置中心度，通过占据更为有利的网络位置实现对多样化知识资源和潜在发展机遇的搜寻，更重要的是应根据自身资源和外部环境特点有针对性地选择恰当的网络结构，通过平衡和战略性构建网络配置实现与知识搜寻策略的协同和匹配，实现企业既能与核心伙伴保持长期密切信任关系以开展开发性知识搜寻，充分挖掘合作伙伴的默会知识和专业技能，而且还能与大量外围企业保持弱联结关系来探索新知识、拓展新市场，从而获得开发性和探索性知识搜寻活动的平衡，提高为创新开展知识搜寻的效率和效果，进而推动创新能力提升和获得持续的竞争优势。

（三）动态合理调整企业知识搜寻以持续提升创新绩效

在全球经济一体化的背景下，我国国际化企业的知识搜寻机制并非静止不变的，而且还会受到不断变化中的外部环境、网络联结和自身能力条件等多种因素的综合影响，因此这一综合影响也会随时间的推移不断演化。可见，动态变化中的企业网络并非总是推动创新活动，唯有企业的知识搜寻策略与其所处环境和资源能力相互匹配协同，即企业的知识搜寻与其所处环境相适应，企业创新所需知识资源与企业获取这些资源所能借助的网络联结相适应，企业网络特征与知识搜寻目标实现协同时，才能最大限度地发挥知识搜寻对创新绩效的促进作用。我国国际化企业通过参与到全球网络中有更多的机会获取和吸收多样化的关键知识资源，但这不意味着企业的自主创新能力必然获得提升。环境动荡性和企业吸收能力的差异导致企业知识搜寻的策略和效果也有所不同，因此，企业应在全球网络环境中不断调整知识搜寻策略，以匹配和适应自身资源、战略与外部环境要求，从而实现更好的知识搜寻效果并持续提升创新绩效。

第二节　研究局限性及未来研究方向

针对本书的研究问题与目标，本书在开展过程中遵循管理学研究的范式，运用整合定性与定量研究的混合研究方法，尽可能提高研究过程的规范性以及研究结论的科学性和准确性。虽然本书有助于为现有研究提供理论视角方面的补充和拓展，得出了一些具有创新性的结论和观点，但鉴于研究条件的限制、研究问题的复杂性等方面的原因，本书也存在一定的不足之处与值得改进和深化研究的内容。本节将总结本研究的局限性，明晰研究结论的适用性和情境，确保研究结论在适用范围内的解释力度，并明确今后研究的方向和出发点。

一、研究局限

开放式创新环境下企业获取知识以开展创新的研究日益成为学术界和实践界的关注热点和焦点问题，借助网络获得多样化和异质性的知识在其中扮演重要的角色，但对我国国际化企业特别是处于国际化初级阶段的企业而言，合理有效地平衡知识搜寻策略间的关系以最大化企业创新绩效并非易事，知识搜寻策略间的关系及其与网络和创新绩效的关系具有较高程度的复杂性，加之获取真实准确的企业国际化数据对研究假设和理论模型进行实证检验也是一项艰巨的挑战，因此本书还存在不少有待完善之处，今后研究中将开展更为深入全面的研究以期加以弥补和完善。在书内容开展和研究方法实施操作方面，本书还存在以下不足之处：

首先，定量研究部分未对不同类型国际化企业和处于不同阶段国际化企业加以区分分析，虽然为力求研究数据的准确性和真实性，本书耗费了大量精力借助多种途径发放调研问卷，根据我国对外直接投资存量和流量确定被调研企业地理范围，并尽可能控制被调研企业的性质、企业规模、年龄和所处产业类型，以确保问卷的质量和降低未回复偏差，尽管在调研问卷中包含了对企业国际化类型和阶段的调查，但在开展量化研究时并非对这些特征加以区分，特别是在案例研究部分所发现的不同类型企业在知识搜寻策略双元均衡方面的差异性，未能在实证部分得到体现；而且由于样本采集的难度等制约，本书也没有开展时间序列分析，以更好地解释企业网络特征、知识搜寻策略与创新绩效关系随时间的推移而演化。

其次，变量测量方面有待改进，尽管本研究的测量量表是在借鉴现有文献测度指标，并结合专家建议和企业实地调研的基础上综合形成的，而且通过预调研的方式进行了修正和完善，在数据分析时也通过了信效度检验，以最大限度保证量表的有效性和可信性，但由于 likert 量表测量的是被调查者的主观评分，因此不可避免地存在一定的测量误差和不足，因此在未来的研究过程中将采用更为科学客观的方法测量研究变量，保证研究结论更为准确和可靠。

最后，案例研究存在一定的研究局限性，虽然本研究运用混合研究方法，以力图整合定性和定量研究的优势，实现对研究问题的解释，本书中案例研究是对量化研究的补充和深化，从纵向研究视角对不同类型国际化企业创新过程中网络和知识搜寻策略的演化进行了探讨，研究结论能较为有效地反映本书的基本命题，但考虑到案例研究方法理论抽样和样本数量的限制，案例研究的结论还有待进一步确认，特别是其普适性应加以谨慎对待，而且案例研究方法所获数据资料的庞杂加之研究者自身能力的限制，也使在数据分析过程中未能完整展示研究资料，案例分析过程有待进一步细化和完善。

二、未来研究方向

针对上述研究不足，在本书现有的研究基础上，今后的研究问题和研究方向将考虑从以下几个方面展开：

首先，在研究知识搜寻对企业创新活动的作用关系时，不仅要考察企业所处网络特征与模式对企业行为的影响，也要注重强化探讨组织内部特征与外部环境的综合影响。未来研究应致力于整合上述影响因素，一方面，本书以企业为中心的网络视角选取了三个分析维度和层面来探讨企业网络对知识搜寻和创新绩效的影响机制，但企业网络还存在诸如网络密度、结构洞等多个指标，今后，可以从更为全面的整体网络视角分析网络特征对知识搜寻和创新绩效的作用；另一方面，在考察网络情境的同时兼顾各种情境因素，如企业文化、内部网络、冗余资源、动态能力、行业技术冲击等组织和环境层面的变量（Wang 等，2017；Li - Ying 等，2016；Vuori and Huy，2016；Roper and Hewitt - Dundas，2015），更好地模拟企业的现实情况来研究企业在多种因素综合影响下的知识搜寻策略选择问题（袁健红，2011）。此外，由于研究目的和研究问题的差异，不同的学者就环境和组织层面因素对知识搜寻的作用机制得出了不同结论，有些研究者将其作为调节知识搜寻与创新绩效关系的变量，而还有些学者将其作为前置变量加以研究。因此，未来将根据研究主题合理地选择情境因素作为调节变量，特别是针对我国国际化企业，可以更多地考虑文化、制度或其他转型经济背景下的特定因素对企业国际化进程的影响（宋晶等，2014），以更加深入地探查情境因素对知识搜寻及其双元均衡的影响机制，从而更好地贡献于我国企业的管理实践。

其次，引入时间维度进行纵向研究，即在研究条件可行的前提下考虑收集纵向的时间序列数据，本书采用了纵向多案例研究方法分析企业网络、知识搜寻与创新绩效的动态演化过程与作用机制，研究发现不同类型企业在不同国际化发展阶段知识搜寻双元均衡的形成与演化存在一定差异，如果今后研究能通过定量研究的方法对纵向的大样本数据进行分析将有助于考察和检验在不同时间点知识搜寻及其双元均衡与企业网络的作用关系及其对绩效的影响作用，将是对本书案例研究不足之处的弥补，为本书研究模型提供更为有效的证据支撑，并提高研究结论的适用性。

最后，本书采用混合研究方法整合了大样本实证调研和纵向多案例研究的研究设计，充分利用了定量和定性研究的优势，定量研究用于发现变量间的作用关系，定性研究有助于对其研究结论加以解释、完善和深化，能更好地拓展和明确量化研究结论的作用边界和适用情境。未来研究可以考虑采用这种研究方法在本书研究结论的基础上进一步明晰关键变量间的逻辑关系，并构建更为准确和精细化的研究模型，之后通过大样本实证检验，揭示变量间的作用机制和相关关系，从而丰富现有研究并构建更具普适性和可推广性的理论模型。

附　录

调查问卷

尊敬的先生/女士：

您好！非常感谢您在百忙之中填写这份问卷。

本问卷旨在了解企业在国际化发展过程中所采取的措施与经营行为，您的意见对我们的研究有重要价值，因此恳请您不吝笔墨。

我们向您郑重声明：我们所获取的调研数据资料仅用于学术研究，任何涉及您身份或企业情况的资料均会绝对保密。

企业基本信息

1. 企业成立年份：______________　国际化经营始于________年

2. 企业员工总人数约为____________人

3. 企业所有制性质：____________

A. 国有及控股　　B. 外资及合资　　C. 民营

4. 企业近三年年均销售额约为(人民币)：____________

A. <500 万以下　B. 500 万 ~ 1000 万　C. 1000 万 ~ 2999 万

D. 3000 万 ~ 1 亿　E. 1 亿及以上

5. 企业近三年来研发投入占当年销售额的比例：____________

A. <1%　B. 1 ~ 2.9%　C. 3 ~ 4.9%

D. 5 ~ 10%　E. 10% 以上

6. 所属行业：____________

A. 电气机械及器材制造业

B. 通信设备、计算机及其他电子设备制造业

C. 交通运输设备制造业　　D. 通用、专用设备制造业

E. 办公机械、仪表　　F. 家具制造业

G. 文教体育用品　　H. 纺织、服装

I. 石油、化学、化工　　J. 医药、生物制品

K. 金属、非金属制品　　L. 食品、饮料

M. 电信、计算机服务和软件业　　N. 金融

O. 交通运输、邮政和旅游　　P. 其他________

提示：

☆ 您全部的回答都是立足您所在企业的视角，而非对所在行业整体情况的评价。

☆将您企业的情况与问项陈述进行对比，“5”表示程度极高或完全符合，“1”表示程度极低或完全不符合，并在相应的选项上打“√”或画圈。

第一部分　企业网络

中心度	完全不符合 < – >完全符合					
01	网络中发生业务联系时更多地经过我们公司	1	2	3	4	5
02	我们与网络中很多合作伙伴的直接联系多于间接联系	1	2	3	4	5
03	网络中很多企业愿意与我们公司开展交流合作	1	2	3	4	5
04	当遇到问题时，合作伙伴会首先考虑寻求我们的帮助	1	2	3	4	5
广度	完全不符合 < – >完全符合					
01	我们与不同规模、技术水平和区域的供应商建立了广泛的联系	1	2	3	4	5
02	我们与不同规模、技术水平和区域的客户建立了广泛的联系	1	2	3	4	5
03	我们与不同规模、技术水平和区域的科研机构建立了广泛的联系	1	2	3	4	5
强度	完全不符合 < – >完全符合					
01	我们与合作伙伴等网络成员经常接触以共享资源与信息	1	2	3	4	5
02	我们与网络成员会定期分享供需预测的相关信息	1	2	3	4	5

续表

强度	完全不符合 < - > 完全符合					
03	我们与网络成员经常共同解决问题	1	2	3	4	5
04	我们和网络成员企业会共同处理和承担合作过程中出现的问题和责任	1	2	3	4	5
05	我们与合作伙伴等网络成员保持长期稳定的合作关系	1	2	3	4	5

第二部分　知识搜寻

国内技术	完全不符合 < - > 完全符合					
01	我们非常了解国内本行业的技术和工艺发展	1	2	3	4	5
02	我们会收集所有国内使用同类技术的产业的信息	1	2	3	4	5
03	我们密切地关注国内技术相关的产业	1	2	3	4	5
04	我们在国内获取大量将现有设备用于生产新产品的机会的信息	1	2	3	4	5
05	我们在国内密切监控那些在我们的产品领域不活跃,但拥有与我们相匹敌的技术和知识诀窍的企业	1	2	3	4	5
06	我们在国内密切监测上游行业在产品和流程方面的技术进步	1	2	3	4	5
国际技术	完全不符合 < - > 完全符合					
01	我们非常了解国际范围内本行业的技术和工艺发展	1	2	3	4	5
02	我们会收集所有国际范围内使用同类技术的产业的信息	1	2	3	4	5
03	我们密切地关注国际范围技术相关的产业	1	2	3	4	5
04	我们在国际范围内获取将现有设备用于生产新产品的机会信息	1	2	3	4	5
05	我们在国际范围内密切监控那些在我们的产品领域不活跃,但拥有与我们相匹敌的技术和知识诀窍的企业	1	2	3	4	5
06	我们在国际范围监测上游行业在产品和流程方面的技术进步	1	2	3	4	5
国内市场	完全不符合 < - > 完全符合					
01	我们密切地跟踪国内以我们的顾客为目标顾客的公司的营销策略	1	2	3	4	5
02	我们关注国内顾客对产品偏好的变化	1	2	3	4	5
03	我们收集大量国内潜在顾客群体的产品偏好信息	1	2	3	4	5
04	我们对国内提供替代性产品的行业发展非常了解	1	2	3	4	5
05	我们密切跟踪国内提供互补性产品的公司的活动	1	2	3	4	5
06	我们非常了解国内顾客在产品和流程上的创新活动	1	2	3	4	5

续表

国际市场		完全不符合 < - > 完全符合				
01	我们在国际范围跟踪与我们目标顾客相同的公司的营销策略	1	2	3	4	5
02	我们在国际范围内关注顾客对产品偏好的变化	1	2	3	4	5
03	我们收集大量国际范围内潜在顾客群体的产品偏好信息	1	2	3	4	5
04	我们对国际范围内提供替代性产品的行业发展非常了解	1	2	3	4	5
05	我们密切跟踪国际范围内提供互补性产品的公司的活动	1	2	3	4	5
06	我们非常了解国际范围内顾客在产品和流程上的创新活动	1	2	3	4	5

第三部分 企业创新绩效

与同行业企业平均水平相比，贵公司的产品创新情况：		低 < - > 高				
1	新产品数	1	2	3	4	5
02	申请专利数	1	2	3	4	5
03	新产品市场成功率	1	2	3	4	5
04	新产品开发速度	1	2	3	4	5
05	新产品占销售总额比重	1	2	3	4	5
06	新产品利润率	1	2	3	4	5

第四部分 环境与组织

环境动荡性		完全不符合 < - > 完全符合				
01	我们很难预测市场需求的变化	1	2	3	4	5
02	我们很难预测顾客偏好的变化	1	2	3	4	5
03	新顾客对产品/服务的需求，与老顾客的需求明显不同	1	2	3	4	5
04	我们所处行业的技术变革速度很快	1	2	3	4	5
05	我们所处行业的技术变化幅度很大	1	2	3	4	5
06	我们所处行业中的技术和工艺，常由于科技的发展而被淘汰	1	2	3	4	5
07	很难预测未来的2－3年，我们所处的行业将会出现何种新技术	1	2	3	4	5
吸收能力		完全不符合 < - > 完全符合				
01	我们能很快发现外部的重要信息和知识	1	2	3	4	5
02	我们能很快识别外部新知识可能给本企业产品带来的变化	1	2	3	4	5
03	我们能很快地消化吸收从外部获得的新知识	1	2	3	4	5
04	我们能很快将外部新知识应用于相关产品	1	2	3	4	5

参考文献

一、中文部分

[1]蔡宁,潘松挺．网络关系强度与企业技术创新模式的耦合性及其协同演化——以海正药业技术创新网络为例[J]．中国工业经济,2008(4):137－144.

[2]陈力田,许庆瑞．知识搜寻边界协同对自主创新能力结构类型影响的实证研究[J]．科学学与科学技术管理,2014,35(10):13－25.

[3]陈劲,李飞．中小企业全面创新管理模式的关键维度研究[J]．管理工程学报,2009,S1:71－80.

[4]陈君达,邬爱其．国外创新搜寻研究综述[J]．外国经济与管理,2011(2):58－65.

[5]奉小斌,陈丽琼．探索与开发之间的张力及其解决机制探析[J]．外国经济与管理,2010(12):19－26.

[6]郭国庆,吴剑峰．绩效管理企业知识库、技术探索与创新绩效关系研究:基于美国电子医疗设备行业的实证分析[J]．南开管理评论,2007(3):87－93.

[7]郭志刚.社会统计分析方法——SPSS 软件应用[M].北京:中国人民大学出版社,1999.

[8]胡保亮,方刚．网络位置、知识搜索与创新绩效的关系研究——基于全球制造网络与本地集群网络集成的观点[J]．科研管理,2013(11):

18 – 26.

[9]焦豪．双元型组织竞争优势的构建路径：基于动态能力理论的实证研究[J]．管理世界，2011(11)：76 – 91.

[10]江旭，高山行，廖貅武．外部知识获取、新产品开发与企业绩效关系的实证研究[J]．研究与发展管理，2008(5)：72 – 77.

[11]李桦，彭思喜．战略柔性、双元性创新和企业绩效[J]．管理学报，2011(11)：1604 – 1609.

[12]李生校．外部创新搜寻战略对新创企业创新绩效的影响研究[J]．管理学报 2013，10(8)：1185 – 1193.

[13]李剑力．探索性创新、开发性创新及其平衡研究前沿探析[J]．外国经济与管理，2009(3)：23 – 29.

[14]李晓翔，霍国庆．中小企业沉淀冗余对产品创新的影响机制——基于跨界搜索和环境特征的视角[J]．经济管理，2013，35(1)：171 – 185.

[15]凌鸿，赵付春，邓少军．双元性理论和概念的批判性回顾与未来研究展望[J]．外国经济与管理，2010(1)：25 – 33.

[16]马如飞．跨界搜索对企业绩效的影响机制研究[D]．杭州：浙江大学，2009.

[17]马如飞，王艳．公司治理结构与恶意融资行为——基于我国上市公司的实证研究[J]．经济与管理研究，2009(5)：26 – 31.

[18]彭新敏．权变视角下的网络联结与组织绩效关系研究[J]．科研管理，2009(3)：47 – 55.

[19]钱锡红，杨永福，徐万里．企业网络位置、吸收能力与创新绩效——一个交互效应模型[J]．管理世界，2010(5)：118 – 129.

[20]宋晶，陈菊红，孙永磊．双元战略导向对合作创新绩效的影响研究——网络嵌入性的调节作用[J]．科学学与科学技术管理，2014(6)：102 – 109.

[21]宋晶，陈菊红，孙永磊．不同地域文化下网络搜寻对合作创新绩效的影响[J]．管理科学，2014，27(3)：39 – 49.

[22]王大洲. 企业创新网络:进化与治理[M]. 北京:知识产权出版社,2006.

[23]王辑慈. 超越集群——中国产业集群的理论探索[M]. 北京:科学出版社,2010.

[24]王雷,姚洪心. 全球价值链嵌入对集群企业创新类型的影响——知识搜寻的中介效应[J]. 科学学与科学技术管理,2014, 35(1):66-74.

[25]魏江,冯军政. 国外不连续创新研究现状评介与研究框架构建[J]. 外国经济与管理,2010(6):9-16.

[26]魏江,冯军政,王海军. 制度转型期中国本土企业适应性成长路径——基于海尔不连续创新的经验研究[J]. 管理学报,2011(4):493-503.

[27]魏江,冯军政. 企业知识搜索模式及其对企业技术创新的影响研究[J]. 科学管理研究,2009(6):55-60.

[28]吴晓波,彭新敏,丁树全. 我国企业外部知识源搜索策略的影响因素[J]. 科学学研究,2008(2):364-372+408.

[29]吴晓波,刘雪锋,胡松翠. 全球制造网络中本地企业知识获取实证研究[J]. 科学学研究,2007(3):486-492.

[30]邬爱其,李生校. 外部创新搜寻战略与新创集群企业产品创新[J]. 科研管理,2012,33(7):1-7.

[31]邬爱其,李生校. 从"到哪里学习"转向"向谁学习"——专业知识搜寻战略对新创集群企业创新绩效的影响[J]. 科学学研究,2011,29(12):1906-1913.

[32]邬爱其,方仙成. 国外创新搜寻模式研究述评[J]. 科学学与科学技术管理,2012(4):67-74.

[33]谢洪明,刘常勇,陈春辉. 市场导向与组织绩效的关系:组织学习与创新的影响[J]. 管理世界,2006(2): 80-94.

[34]熊伟, 奉小斌, 陈丽琼. 国外知识搜寻研究回顾与展望[J]. 外国经济与管理,2011,33(6):18-26.

[35]许冠南,周源,刘雪锋. 关系嵌入性对技术创新绩效作用机制案例

研究[J]. 科学学研究,2011(11):1728－1735.

[36]于洪彦,银成钺. 市场导向、创新与企业表现的关系——基于中国服务业的实证研究[J]. 南开管理评论,2006, 9(3): 10－15.

[37]袁健红,龚天宇. 企业知识搜寻前因和结果研究现状探析与整合框架构建[J]. 外国经济与管理,2011,33(6):27－33＋49.

[38]张峰,刘侠. 外部知识搜寻对创新绩效的作用机理研究[J]. 管理科学,2014,27(1):31－42.

[39]张婧,段艳玲. 制造型出口企业市场驱动型学习对新产品绩效的影响研究[J]. 科学学研究,2010, 28(6): 912－919.

[40]张婧,段艳玲. 市场导向均衡对制造型企业产品创新绩效影响的实证研究[J]. 管理世界,2010(12):119－130.

[41]张文红, 赵亚普,施建军. 创新中的组织搜寻:概念的重新架构[J]. 管理学报, 2011, 8(9):1387－1392.

[42]郑素丽,章威,吴晓波. 基于知识的动态能力:理论与实证[J]. 科学学研究, 2010(3):405－411＋466.

二、英文部分

[1]Abernathy W. J., Clark K. B.. Innovation: Mapping the winds of creative destruction[J]. Research policy, 1985, 14(1): 3－22.

[2]Adner R., Kapoor R.. Innovation ecosystems and the pace of substitution: Re－examining technology S－curves[J]. Strategic Management Journal, 2015.

[3]Ahuja G., Katila R.. Where do resources come from? The role of idiosyncratic situations[J]. Strategic Management Journal,2004,25(8/9):887－907.

[4]Ahuja G., Lampert C. M.. Entrepreneurship in the large corporation: A longitudinal study of how established firms create breakthrough inventions[J]. Strategic Management Journal,2001,22(6－7):521－543.

[5] Andersson U. , Forsgren M. , Holm U. . The strategic impact of external networks: subsidiary performance and competence development in the multinational corporation[J]. Strategic Management Journal, 2002, 23(11): 979 - 996.

[6] Andriopoulos C. , Lewis M. W. . Exploitation - exploration tensions and organizational ambidexterity: Managing paradoxes of innovation[J]. Organization Science, 2009, 20(4): 696 - 717.

[7] Andriopoulos C. , Lewis M. W. . Managing innovation paradoxes: ambidexterity lessons from leading product design companies[J]. Long range planning, 2010, 43(1): 104 - 122.

[8] Argyris C. , Schön D. . Organizational learning: A theory of action perspective, 1978[J]. Massachusetts: Addison - Wesley Publishing Company, 1995.

[9] Atuahene - Gima Kwaku. Resolving the Capability: Rigidity Paradox in New Product Innovation[J]. Journal of Marketing, 2005, 69(4): 61 - 83.

[10] Atuahene - Gima K. , Murray J. Y. . Exploratory and exploitative learning in new product development: A social capital perspective on new technology ventures in China[J]. Journal of International Marketing, 2007, 15(02): 1 - 29.

[11] Auh S. , Menguc B. . Balancing exploration and exploitation: The moderating role of competitive intensity[J]. Journal of Business Research, 2005, 58(12): 1652 - 1661.

[12] Baum J. A. C. , Calabrese T. , Silverman B. S. . Don't go it alone: Alliance network composition and startups' performance in Canadian biotechnology [J]. Strategic management journal, 2000, 21(3): 267 - 294.

[13] Beckman C. M. . The influence of founding team company affiliations on firm behavior[J]. Academy of Management Journal, 2006, 49(4): 741 - 758.

[14] Benner M. J. , Tushman M. L. . Exploitation, exploration, and process management: The productivity dilemma revisited[J]. Academy of management review, 2003, 28(2): 238 - 256.

[15] Begona Lloria M. , Peris - Ortiz M. . Knowledge creation. The ongoing

search for strategic renewal[J]. Industrial Management & Data Systems, 2014, 114(7): 1022 - 1035.

[16] Boschma R. A., Ter Wal A. L. J.. Knowledge networks and innovative performance in an industrial district: the case of a footwear district in the South of Italy[J]. Industry and Innovation, 2007, 14(2): 177 - 199.

[17] Bonesso S., Comacchio A., Pizzi C.. Technology sourcing decisions in exploratory projects[J]. Technovation, 2011, 31(10): 573 - 585.

[18] Brucks M.. An Experimental Methodology to Assess the Influence of Prior Knowledge on Information Search[C]//Proceedings of the 1984 Academy of Marketing Science (AMS) Annual Conference. Springer International Publishing, 2015: 87 - 89.

[19] Burt R. S.. The contingent value of social capital[J]. Administrative science quarterly, 1997: 339 - 365.

[20] Cao Q., Gedajlovic E., Zhang H.. Unpacking Organizational Ambidexterity: Dimensions, Contingencies, and Synergistic Effects. [J]. Organization Science, 2009, 20(4): 781 - 796.

[21] Capaldo A.. Network structure and innovation: The leveraging of a dual network as a distinctive relational capability[J]. Strategic management journal, 2007, 28(6): 585 - 608.

[22] Cassiman B., Veugelers R.. In search of complementarity in innovation strategy: Internal R&D and external knowledge acquisition[J]. Management science, 2006, 52(1): 68 - 82.

[23] Cavusgil S. T., Cavusgil E.. Reflections on international marketing: destructive regeneration and multinational firms[J]. Journal of the Academy of Marketing Science, 2012, 40(2): 202 - 217.

[24] Chesbrough H. W.. Open innovation: The new imperative for creating and profiting from technology[M]. Harvard Business Press, 2006.

[25] Chesbrough H.. Business model innovation: it's not just about technol-

ogy anymore[J]. Strategy & leadership, 2007, 35(6): 12 - 17.

[26]Chetty S., Holm D. B.. Internationalisation of small to medium - sized manufacturing firms: a network approach [J]. International business review, 2000, 9(1): 77 - 93.

[27]Chen A., Lu Y., Chau P. Y. K., et al.. Classifying, Measuring, and Predicting Users' Overall Active Behavior on Social Networking Sites[J]. Journal of Management Information Systems, 2014, 31(3): 213 - 253.

[28]Chen Jin, Chen Yufen, Vanhaverbeke W.. The influence of scope, depth, and orientation of external technology sources on the innovative performance of Chinese firms [J]. Technovation, 2011, 31(8): 362 - 373.

[29]Chung S. A., Singh H., Lee K.. Complementarity, status similarity and social capital as drivers of alliance formation[J]. Strategic management journal, 2000, 21(1): 1 - 22.

[30]Cohen W. M., Levinthal D. A.. Absorptive capacity: a new perspective on learning and innovation[J]. Administrative science quarterly, 1990: 128 - 152.

[31]Cohen S. S., Fields G.. Social capital and capital gains in Silicon Valley[J]. Knowledge and social capital, 2000: 179 - 200.

[32]Coleman J. S.. Equality and achievement in education[M]. Westview press, 1990.

[33]Coviello N. E., Munro H. J.. Growing the entrepreneurial firm: networking for international market development[J]. European journal of marketing, 1995, 29(7): 49 - 61.

[34]Cruz - Gonzάlez J., Lόpez - Sάez P., Emilio Navas - Lόpez J., et al. Directions of external knowledge search: investigating their different impact on firm performance in high - technology industries[J]. Journal of Knowledge Management, 2014, 18(5): 847 - 866.

[35]Cruz - Gonzalez J., Lopez - Saez P., Navas - Lopez J., Delgado - Verde M.. Open search strategies and firm performance: the different moderating role of

technological environmental dynamism[J]. Technovation,2015,35:32 -45.

[36]Cui Shaojie A., Wu Fang. The impact of customer involvement on new product development: contingent and substitutive effects [J]. Journal of Product Innovation Management, 2017, 34(1): 60 -80.

[37] Cyert, R. M., and March, J. G.. A behavioral theory of the firm [M]. Englewood Ciffs, NJ :Prentice - Hall, 1963.

[38]Dahlander L., Gann D. M.. How open is innovation? [J]. Research policy, 2010, 39(6): 699 -709.

[39]Danneels E.. Survey measures of first - and second - order competences[J]. Strategic Management Journal, 2015.

[40]Danneels E., Sethi, R.. New product exploration under environment turbulence [J]. Organization Science, 2011, 22(4): 1026 -1039.

[41]Dhanaraj C., Lyles M. A., Steensma H. K., et al.. Managing tacit and explicit knowledge transfer in IJVs: the role of relational embeddedness and the impact on performance[J]. Journal of International Business Studies, 2004, 35(5): 428 -442.

[42]Drechsler W., Natter M.. Understanding a firm's openness decisions in innovation[J]. Journal of Business Research, 2012, 65(3): 438 -445.

[43]Droge C., Calantone R., Harmancioglu N.. New product success: is it really controllable by managers in highly turbulent environments? [J]. Journal of Product Innovation Management, 2008, 25(3): 272 -286.

[44]Dyer J. H., Singh H.. The relational view: Cooperative strategy and sources of interorganizational competitive advantage[J]. Academy of management review, 1998, 23(4): 660 -679.

[45]Dyer J. H., Nobeoka K.. Creating and Managing a High Performance [J]. 2000.

[46]Ebben J. J., Johnson A. C.. Efficiency, flexibility, or both? Evidence linking strategy to performance in small firms[J]. Strategic management journal,

2005, 26(13): 1249 -1259.

[47]Eisenhardt K. M.. Building theories from case study research[J]. Academy of management review, 1989, 14(4): 532 -550.

[48]Eisenhardt K. M. ,Graebner M. E.. Theory building from cases: opportunities and challenges[J]. Academy of management journal,2007,50(1):25 -32.

[49] Eisingerich A. B. , Bell S. J. , Tracey P.. How can clusters sustain performance? The role of network strength, network openness, and environmental uncertainty[J]. Research Policy, 2010, 39(2): 239 -253.

[50]Enkel E. ,Gassmann O. ,Chesbrough H.. Open R&D and open innovation:exploring the phenomenon[J]. R&D Management,2009,39(4),311 -316.

[51]Eriksson P. E. ,Patel P. C. ,Sjödin D. R. ,et al.. Managing interorganizational innovation projects: Mitigating the negative effects of equivocality through knowledge search strategies[J]. Long Range Planning,2016,49(6):691 -705.

[52]Eriksson P. G. , Weisner S. E. B.. An experimental study on effects of submersed macrophytes on nitrification and denitrification in ammonium - rich aquatic systems[J]. Limnology and Oceanography, 1999, 44(8): 1993 -1999.

[53]Fabrizio, K.. Absorptive capacity and the search for innovation[J]. Research Policy, 2009, 38:255 -267.

[54]Feldman M. S. , Pentland B. T.. Reconceptualizing organizational routines as a source of flexibility and change[J]. Administrative science quarterly, 2003, 48(1): 94 -118.

[55]Felin T. , Zenger T. R.. Closed or open innovation? Problem solving and the governance choice [J]. Research Policy, 2014, 43(5): 914 -925.

[56]Ferreras - Méndez J. L. , Fernάndez - Mesa A. , Alegre J.. The relationship between knowledge search strategies and absorptive capacity: A deeper look[J]. Technovation, 2016, 54: 48 -61.

[57] Ferreras - Mendez J. , Newell S. , Fernandez - Mesa A. , Alegre J.. Depth and breadth of external knowledge search and performance: the media-

ting role of absorptive capacity [J]. Industrial Marketing Management, 2015, 47: 86 - 97.

[58] Ferrian S., Cattani G., Baden - Fuller C.. The relational antecedents of project - entrepreneurship: Network centrality, team composition and project performance[J]. Research Policy, 2009, 38(10): 1545 - 1558.

[59] Flor M. L., Cooper S. Y., Oltra M. J.. External knowledge search, absorptive capacity and radical innovation in high - technology firms[J]. European Management Journal, 2017.

[60] Flores Luis G., Zheng Wei, Rau D., Thomas C. H.. Organizational learning: subprocess identification, construct validation, and an empirical test of cultural antecedents [J]. Journal of Management, 2010, 38(2): 640 - 667.

[61] Folta T. B., Miller K. D.. Real options in equity partnerships [J]. Strategic Management Journal, 2002, 23(1): 77 - 88.

[62] Geiger S. W., Makri M.. Exploration and exploitation innovation processes: The role of organizational slack in R & D intensive firms[J]. The Journal of High Technology Management Research, 2006, 17(1): 97 - 108.

[63] Ghemawat P., Ricart i Costa J. E.. The organizational tension between static and dynamic efficiency[J]. Strategic management journal, 1993, 14: 59 - 59.

[64] Gibson C. B., Birkinshaw J.. The antecedents, consequences, and mediating role of organizational ambidexterity[J]. Academy of management Journal, 2004, 47(2): 209 - 226.

[65] Gilsing V., Nooteboom B., Vanhaverbeke W., et al.. Network embeddedness and the exploration of novel technologies: Technological distance, betweenness centrality and density[J]. Research Policy, 2008, 37(10): 1717 - 1731.

[66] Gimeno J., Woo C. Y., Baum J. A. C., et al.. Economic Multiplexity: The Structural Embeddedness Of Cooperation [J]. Advances In Strategic Management, 1996, 13: 323 - 361.

[67] Giuliani E., Bell M.. The micro - determinants of meso - level learn-

ing and innovation – evidence from a Chilean wine cluster[J]. Research Policy, 2005,34:47 –68.

[68]Gnyawali D. R. , Madhavan R. . Cooperative networks and competitive dynamics: A structural embeddedness perspective[J]. Academy of Management review, 2001, 26(3): 431 –445.

[69]Granovetter M. . Economic action and social structure: the problem of embeddedness[J]. American journal of sociology, 1985: 481 –510.

[70]Granovetter M. . Economic institutions as social constructions: a framework for analysis[J]. Acta sociologica, 1992, 35(1): 3 –11.

[71] Grant R. M. , Baden - Fuller C. . A knowledge accessing theory of strategic alliances[J]. Journal of management studies, 2004, 41(1): 61 –84.

[72]Grigoriou K. , Rothaermel F. T. . Organizing for knowledge generation: internal knowledge networks and the contingent effect of external knowledge sourcing [J]. Strategic Management Journal, 2017, 38(2):395 –414.

[73]Grimpe C. ,Sofka W. ,Zimmermann J. . Young Open and international: The impact of search strategies on the internationalization of new ventures[EB/OL]. http: / /ssrn. com/abstract = 1395623, 2009.

[74]Grimpe C. , Sofka W. . Search patterns and absorptive capacity: Low and high technology sectors in European countries[J] . Research Policy, 2009, 38(3) : 495 - 506.

[75]Gulati J. . Borehole seismic surveying: 3C –3D – VSP and land vertical cable analysis[M]. University of Calgary, 1998.

[76]Gulati R. , Sytch M. . Dependence asymmetry and joint dependence in interorganizational relationships: Effects of embeddedness on a manufacturer´s performance in procurement relationships[J]. Administrative Science Quarterly, 2007, 52(1): 32 –69.

[77] Hagedoom J. . Sharing Intellectual Property Rights – an Exploratory Study of Joint Patenting amongst Companies Industrial and Corporate Change,

Vol. 12, No. 5[J]. at, 1041: 1035 - 1050.

[78]Hagedoorn J., Duysters G.. External sources of innovative capabilities: the preferences for strategic alliances or mergers and acquisitions[J]. Journal of management studies, 2002, 39: 167 - 188.

[79]Håkansson H., Snehota I.. The burden of relationships or who's next [C]//IMP Conference (11th). IMP, 1995, 11.

[80]Halinen A., Törnroos J. A.. The meaning of time in the study of industrial buyer - seller relationships[J]. Business marketing: An interaction and network perspective, 1995: 493 - 529.

[81]Hamel G., Prahalad C. K.. Strategy as stretch and leverage[J]. Harvard business review, 1992, 71(2): 75 - 84.

[82]Hanaki N., Nakajima R., Ogura Y.. The dynamics of R&D network in the IT industry[J]. Research Policy, 2010, 39: 386 - 399.

[83]Henttonen K., Ritala P., Jauhiainen T.. Exploring open search strategies and their perceived impact on innovation performance - Empirical evidence [J]. International Journal of Innovation Management, 2011, 15(3), 525 - 541.

[84]Hess M.. 'Spatial' relationships? Towards a reconceptualization of embedded ness[J]. Progress in human geography, 2004, 28(2): 165 - 186.

[85]Heeley M. B., Jacobson R.. The recency of technological inputs and financial performance[J]. Strategic Management Journal, 2008, 29(7): 723 - 744.

[86]Hoang H., Rothaermel F. T.. The effect of general and partner - specific alliance experience on joint R&D project performance[J]. Academy of Management Journal, 2005, 48(2): 332 - 345.

[87]Holm S., Ghatnekar L.. Apomixis and sexuality in hexaploid Potentilla argentea[J]. Hereditas, 1996, 125(1): 53 - 60.

[88]Hsieh K. N., Tidd J.. Open versus closed new service development: The influences of project novelty[J]. Technovation, 2012, 32, 600 - 608.

[89]Humphrey J., Schmitz H.. How does insertion in global value chains

affect upgrading in industrial clusters? [J]. Regional studies, 2002, 36(9): 1017 - 1027.

[90]Hung K., Chou C.. The impact of open innovation on firm performance: the moderating effects of internal R&D and environmental turbulence [J]. Technovation, 2013, 33: 368 - 380.

[91]Ihl C., Piller F. T., Wagner P.. Organizing for open innovation: Aligning internal structure with external knowledge search[J]. Available at SSRN 2164766, 2012.

[92]Jansen B., Nierop K. G. J., Hageman J. A., et al.. The straight - chain lipid biomarker composition of plant species responsible for the dominant biomass production along two altitudinal transects in the Ecuadorian Andes[J]. Organic Geochemistry, 2006, 37(11): 1514 - 1536.

[93]Jansen J. J. P., Simsek Z., Cao Q.. Ambidexterity and performance in multiunit contexts: Cross - level moderating effects of structural and resource attributes[J]. Strategic Management Journal, 2012, 33(11): 1286 - 1303.

[94]Jansen J. J. P., Tempelaar M. P., Van den Bosch Frans A. J., Volberda H. W.. Structural Differentiation and Ambidexterity: The Mediating Role of Integration Mechanisms. [J]. Organization Science, 2009, 20(4): 797 - 811.

[95]Jansen J. J. P., Van Den Bosch F. A. J., Volberda H. W.. Managing potential and realized absorptive capacity: how do organizational antecedents matter? [J]. Academy of Management Journal, 2005, 48(6): 999 - 1015.

[96] Jansen J.. Swap - Arten und der Einsatz von Swaps zur Risikosteuerung im Kreditgeschäft[J]. 2005.

[97]Johanson J., Vahlne J. E.. The mechanism of internationalisation[J]. International marketing review, 1990, 7(4).

[98]Johanson J., Mattsson L. G., Hood N., et al.. Internationalization in industrial systems—a network approach[J]. Strategies, 1988: 287 - 314.

[99]Johannisson B., Ramírez - Pasillas M., Karlsson G.. The institutional

embeddedness of local inter – firm networks: a leverage for business creation[J]. Entrepreneurship & Regional Development, 2002, 14(4): 297 –315.

[100]Jung H. J. , Lee J. J. . The quest for originality: A new typology of knowledge search and breakthrough inventions[J]. Academy of Management Journal, 2016, 59(5): 1725 –1753.

[101]Kaisa H. , Paavo R. , Tiina J. . Exploring open search strategies and their impact on innovation performance[J]. International Journal of Innovation Management, 2011, 15(3):525 –541.

[102]Kang, K. H. , Kang, J. . How do firms source external knowledge for innovation? Analysing effects of different knowledge sourcing methods[J]. International Journal of Innovation Management, 2009, 13(1) : 1 – 17.

[103]Katila R. , Ahuja G. . Something old, something new: A longitudinal study of search behavior and new product introduction[J]. Academy of Management Journal, 2002, 45(6) : 1183 – 1 194.

[104]Katila R. . New product search over time: Past ideas in their prim e? [J]. Academy of Management Journal, 2002, 45(5) : 995 –1010.

[105]Katila R. , Chen E. L. . Effect s of search timing on innovation: The value of not being in sync with rivals[J]. Administrative Science Quarterly, 2008, 53(4) : 593 – 625.

[106]Katz R. , Allen T. J. . Project performance and the locus of influence in the R&D matrix[J]. Academy of Management journal, 1985, 28(1): 67 –87.

[107]Kehler C. , Sofka W. , Grimpe C. S. electivity in search strategies for innovation: From incremental to radical, from manufacturing to services[EB/OL]. http: / / ssrn. com/ abstract = 1504065, 2009.

[108]Keupp M. M. , Gassmann O. . Determinants and archetype users of open innovation[J]. R&D Management, 2009, 39(4),3 331 –341.

[109]Khanagha S. , Volberda H. , Oshri I. . Customer co – creation and exploration of emerging technologies: the mediating role of managerial attention and

initiatives[J]. Long Range Planning, 2017, 50(2): 221 -242.

[110]Kim M.. Geographic scope, isolating mechanisms and value appropriation [J]. Strategic Management Journal, 2016, 37(4): 695 -713.

[111]Kim D. J., Kogut B.. Technological platforms and diversification[J]. Organization Science, 1996, 7(3): 283 -301.

[112]Kim C., Park J. H.. The global research - and - development network and Its effect on innovation[J]. Journal of International Marketing, 2010, 18(4):43 -57.

[113]Köhler C., Sofka W., Grimpe C.. Selective search, sectoral patterns, and the impact on product innovation performance[J]. Research Policy, 2012, 41(8): 1344 -1356.

[114]Koka B. R., Prescott J. E.. Designing alliance networks: the influence of network position, environmental change, and strategy on firm performance[J]. Strategic Management Journal, 2008, 29(6): 639 -661.

[115]Kong H. H., Kim T. H., Chung D. I.. Purification and characterization of a secretory serine proteinase of Acanthamoeba healyi isolated from GAE [J]. Journal of Parasitology, 2000, 86(1): 12 -17.

[116]Kraatz M. S.. Learning by association? Interorganizational networks and adaptation to environmental change[J]. Academy of management journal, 1998, 41(6): 621 -643.

[117]Kyriakopoulos K., Moorman C.. Tradeoffs in marketing exploitation and exploration strategies: The overlooked role of market orientation[J]. International Journal of Research in Marketing,2004,21(3):219 -240

[118]Lampert C. M., Semadeni M.. Search Breadth And The Cost Of Search[C]//Academy Of Management Proceedings. Academy Of Management, 2010, 2010(1): 1 -6.

[119]Lavie D.. Alliance portfolios and firm performance: A study of value creation and appropriation in the US software industry[J]. Strategic Management

Journal, 2007, 28(12): 1187 -1212.

[120]Lavie D. , Kang J. , Rosenkopf L. . The performance effects of balancing exploration and exploitation within and across alliance domains[R]. Academy of Management Best Paper Proceedings, Chicago, 2009.

[121] Lavie D. , Kang J. , Rosenkopf L. . Balance within and across domains: The performance implications of exploration and exploitation in alliances [J]. Organization Science, 2011, 22(6): 1517 -1538.

[122]Lavie D. , Rosenkopf L. . Balancing exploration and exploitation in alliance formation[J]. Academy of Management Journal, 2006, 49(4): 797 -818.

[123]Laursen K. , Salter A. . Searching high and low: What types of firms u se universities as a source of innovation ? [J] . Research Policy, 2004, 33 (8) : 1 201 - 1215.

[124]Laursen K. , Salter A. . Open for innovation: The role of openness in explaining innovation performance among U K manufacturing frms[J]. Strategic Management Journal, 2006, 27(2) : 131 - 150.

[125]Laursen K. . Keep searching and you'll find: what do we know about variety creation through firms' search activities for innovation? [J]. Industrial and Corporate Change, 2012, 21(5): 1181 -1220.

[126]Laursen K. ,Salter A. J. . The paradox of openness: Appropriability, external search and collaboration[J]. Research Policy,2014,43(5):867 -878.

[127]Lee S. , Park G. , Yoon B. , Park J. . Open innovation in SMEs - an intermediated network model[J]. Research Policy, 2010,39(2),290 -300.

[128] Leiponen A. , Helfat C. E. . Innovation objectives, knowledge sources, and the benefits of breadth[J]. Strategic Management Journal, 2010, 31(2): 224 -236.

[129]Levinthal D. A. , March J. G. . The myopia of learning[J]. Strategic management journal, 1993, 14(S2): 95 -112.

[130]Li Q. , Maggitti P. G. , Smith K. G. , et al. . Top management atten-

tion to innovation: The role of search selection and intensity in new product introductions[J]. Academy of Management Journal, 2013, 56(3): 893 -916.

[131]Li Y., Vanhaverbeke W., and Schoenmakers W.. Exploration and exploitation in innovation: Reframing the interpretation[J]. Creativity and Innovation Management, 2008, 17(2): 107 - 126.

[132]Li - Ying J., Wang Yuandi, Ning Lutao. How do dynamic capabilities transform external technologies into firms' renewed technological resources? - A mediation model [J]. Asia Pacific Journal of Management, 2016, 33 (4): 1009 - 1036.

[133]Li - Ying J., Wang Yuandi, Salomo S.. An inquiry on dimensions of external technology search and their influence on technological innovations: evidence from Chinese firms [J]. R&D Management, 2014, 44(1): 53 -74.

[134]Lichtenthaler U., Ernst H.. Opening up the innovation process: the role of technology aggressiveness[J]. R&D Management, 2009, 39(1): 38 -54.

[135]Lichtenthaler U.. Open innovation: Past research, current debates, and future directions[J]. Academy of Management Perspectives, 2011, 25(1), 75 -93.

[136]Lin Z. J., Yang H., Demirkan I.. The performance consequences of ambidexterity in strategic alliance formations: Empirical in vestigation and computational theorizing[J]. Management Science, 2007, 53(10): 1645 - 1658.

[137]Lowe J., Taylor P.. R&D and technology purchase through licence agreements: complementary strategies and complementary assets[J]. R&D Management, 1998, 28(4): 263 -278.

[138]Ma R., Huang Y. C., Shenkar O.. Social networks and opportunity recognition: A cultural comparison between Taiwan and the United States[J]. Strategic Management Journal, 2011, 32(11): 1183 -1205.

[139]Malerba F., Nelson R., Orsenigo L., et al.. Innovation and the evolution of industries: History friendly models[J]. Cambridge Un. Press, Cam-

bridge, 2015.

[140] March J. G.. Exploration and exploitation in organizational learning [J]. Organization science, 1991, 2(1): 71 -87.

[141] Martinez M. G., Zouaghi F., Garcia M. S.. Capturing value from alliance portfolio diversity: the mediating role of R&D human capital in high and low tech industries [J]. Technovation, 2017,59: 55 -67.

[142] Martín - de Castro G.. Knowledge management and innovation in knowledge - based and high - tech industrial markets: The role of openness and absorptive capacity[J]. Industrial Marketing Management,2015,47:143 -146.

[143] McEvily B., Marcus A.. Embedded ties and the acquisition of competitive capabilities[J]. Strategic management journal,2005,26(11):1033 -1055.

[144] Miller D. J., Fern M. J., Cardinal L. B.. The use of knowledge for technological innovation within diversified firms [J]. Academy of Management Journal, 2007, 50(2): 307 -325.

[145] Miles M. B., Huberman A. M.. Drawing valid meaning from qualitative data: Toward a shared craft[J]. Educational researcher, 1984: 20 -30.

[146] Mitsuhashi H., Greve H. R.. A matching theory of alliance formation and organizational success: Complementarity and compatibility[J]. Academy of Management Journal, 2009, 52(5): 975 -995.

[147] Molina - Morales F. X., Martínez - Fernández M. T.. Too much love in the neighborhood can hurt: how an excess of intensity and trust in relationships may produce negative effects on firms[J]. Strategic Management Journal, 2009, 30(9): 1013 -1023.

[148] Moran P.. Structural vs. relational embeddedness: Social capital and managerial performance [J]. Strategic management journal, 2005, 26 (12): 1129 -1151.

[149] Mom T. J. M., Van Den Bosch F. A. J., Volberda H. W.. Investigating Managers' Exploration and Exploitation Activities: The Influence of Top - Down,

Bottom – Up, and Horizontal Knowledge Inflows[J]. Journal of Management Studies, 2007, 44(6): 910 –931.

[150]Mukherjee D., Lahiri S., Ash S. R., et al.. Search motives, local embeddedness, and knowledge outcomes in offshoring[J]. Journal of Business Research, 2017.

[151]Nahapiet J., Ghoshal S.. Social capital, intellectual capital, and the organizational advantage[J]. Academy of management review, 1998, 23(2): 242 –266.

[152] Nelson R., Winter S.. An evolutionary theory of economic change [M]. Cambridge, M A: Harvard University Press, 1982.

[153]Nigam A., Huising R., Golder, B.. Explaining the selection of routines for change during organizational search [J]. Administrative Science Quarterly, 2016, 61(4): 551 –583.

[154] Nooteboom B., Van Haverbeke W., Duysters G., et al.. Optimal cognitive distance and absorptive capacity[J]. Research policy, 2007, 36(7): 1016 –1034.

[155] Olsen A. Ø., Sofka W., Grimpe C.. Solving environmental problems: Knowledge and coordination in collaborative search[J]. Long Range Planning, 2016.

[156]Operti E., Carnabuci G.. Public knowledge, private gain: the effect of spillover networks on firms' innovative performance [J]. Journal of Management, 2014, 40(4): 1042 –1074.

[157]O'Reilly C. A., Tushman M. L.. The ambidextrous organization[J]. Harvard business review, 2004, 82(4): 74 –83.

[158]Paruchuri S., Awate S.. Organizational knowledge networks and local search: the role of intra – organizational inventor networks [J]. Strategic Management Journal, 2017, 38(3):657 –675.

[159]Phene A., Fladmoe – Lindquist K., and Marsh L.. Break through in-

novations in the US biotechnology industry:The effects of technological space and geographic origin[J]. Strategic Management Journal,2006,27(4):369 - 388.

[160]Piezunka H. , Dahlander L. . Distant search, narrow attention: how crowding alters organizations' filtering of suggestions in crowd sourcing [J]. Academy of Management Journal,2015, 58(3): 856 –880.

[161]Polanyi K. . The great transformation: The political and economic origins of our time[M]. Beacon Press, 1944.

[162]Roper S. , Love J. H. , Bonner K. . Firms' knowledge search and local knowledge externalities in innovation performance [J]. Research Policy, 2017, 46(1): 43 –56.

[163]Posen H. E. , Levinthal D. A. . Chasing a moving target: Exploitation and exploration in dynamic environments[J]. Management Science, 2012, 58(3): 587 –601.

[164]Powell W. W. , Koput K. W. , Smith – Doerr L. . Interorganizational collaboration and the locus of innovation: Networks of learning in biotechnology [J]. Administrative science quarterly, 1996: 116 –145.

[165]Prange Christiane,Schlegelmilch Bodo B. . The Role of Ambidexterity in Marketing Strategy Implementation: Resolving the Exploration – Exploitation Dilemma. [J]. Business Research, 2009, 2(2):215 –240

[166]Raisch S. ,Birkinshaw J. . Organizational ambidexterity:Antecedents, outcomes, and moderators[J]. Journal of management,2008,34(3):375 –409.

[167]Randhawa K. , Wilden R. , Hohberger J. . A bibliometric review of open innovation: setting a research agenda [J]. Journal of Product Innovation Management, 2016, 33(6): 750 –772.

[168] Ritala P. , Huizingh E. , Almpanopoulou A. , et al. . Tensions in R&D networks: Implications for knowledge search and integration[J]. Technological Forecasting and Social Change, 2017, 120: 311 –322.

[169]Roper S. , Hewitt – Dundas N. . Knowledge stocks, knowledge flows

and innovation: Evidence from matched patents and innovation panel data [J]. Research Policy, 2015, 44 (7):1327 - 1340.

[170] Rosenkopf L., Nerkar A.. Beyond local search: Boundary spanning, exploration, and impact in the optical disc industry [J]. Strategic Management Journal, 2001, 22(4): 287 - 306.

[171] Rothaermel F. T., Alexandre M. T.. Ambidexterity in technology sourcing: The moderating role of absorptive capacity [J] Organization Science, 2009, 20(4): 759 - 780.

[172] Rothaermel F. T., Deeds D. L.. Exploration and exploitation alliances in biotechnology: a system of new product development [J]. Strategic management journal, 2004, 25(3): 201 - 221.

[173] Rowley T., Behrens D., Krackhardt D.. Redundant governance structures: An analysis of structural and relational embeddedness in the steel and semiconductor industries [J]. Strategic management journal, 2000, 21(3): 369 - 386.

[174] Salge T. O., Bohne T. M., Farchi T., Piening E. P.. Harnessing the value of open innovation: the moderating role of innovation management [J]. International Journal of Innovation Management. 2012, 160(3), 1 - 26.

[175] Scandura A.. University - industry collaboration and firms' R&D [J]. Research Policy, 2016, 45(9): 1907 - 1922.

[176] Schilke O.. On the contingent value of dynamic capabilities for competitive advantage: the nonlinear moderating effect of environmental dynamism [J]. Strategic Management Journal, 2014, 35(2): 179 - 203.

[177] Schoenmakers W., Duysters G.. The technological origins of radical inventions [J]. Research Policy, 2010, 39(8): 1051 - 1059.

[178] Sørensen J. B., Stuart T. E.. Aging, obsolescence, and organizational innovation [J]. Administrative science quarterly, 2000, 45(1): 81 - 112.

[179] Shavelson R. J., Towne L.. Scientific research in education. Committee on scientific principles for education research [J]. Center for Educa-

tion. Division of Behavioral and Social Sciences and Education. National Research Council. Washington, DC: National Academy Press. Retrieved August, 2002, 16: 2003.

[180]Sidhu J. S. , Commandeur H. R. , Volberda H. W. . The multifaceted nature of exploration and exploitation: Value of supply, demand, and spatial search f or innovation[J]. Organizational Science, 2007, 18(1) : 20 - 38.

[181]Sidhu S. , Volberda W. , and Commandeur R. . Exploring exploration orientation and its determinants: Some empirical evidence[J]. Journal of Management Studies, 2004, 41(6) : 913 - 932.

[182]Sigmund S. , Semrau T. , Wegner D. . Networking Ability and the Financial Performance of New Ventures: Moderating Effects of Venture Size, Institutional Environment, and Their Interaction[J]. Journal of Small Business Management, 2015, 53(1): 266 - 283.

[183]Simsek Z. . Organizational Ambidexterity: Towards a Multilevel Understanding[J]. Journal of Management Studies, 2009, 46(4): 597 - 624

[184]Slater S. F. , Narver J. C. . Research notes and communications customer - led and market - oriented: Let's not confuse the two[J]. Strategic Management Journal, 1998, 19(10): 1001 - 1006.

[185]Smith W. K. , Tushman M. L. . Managing strategic contradictions: A top management model for managing innovation streams[J]. Organization science, 2005, 16(5): 522 - 536.

[186]Sofka W. , Grimpe C. . Specialized search and innovation performance - Evidence across Europe[J]. R& D Management, 2010, 40(3) : 310 - 323.

[187]Song H. , Baillargeon R. , Fisher C. . Can infants attribute to an agent a disposition to perform a particular action? [J]. Cognition, 2005, 98(2): B45 - B55.

[188]Stan M. , Puranam P. . Organizational adaptation to interdependence shifts: The role of integrator structures[J]. Strategic Management Journal, 2017,

38(5): 1041 - 1061.

[189] Stettner U., Lavie D.. Ambidexterity under scrutiny: Exploration and exploitation via internal organization, alliances, and acquisitions [J]. Strategic management journal, 2014, 35(13): 1903 - 1929.

[190] Stieglitz N., Knudsen T., Becker M. C.. Adaptation and inertia in dynamic environments. Strategic Management Journal, 2016, 37(9): 1854 - 1864.

[191] Subramaniam M., Youndt M. A.. The influence of intellectual capital on the types of innovative capabilities [J]. Academy of Management Journal, 2005, 48(3): 450 - 463.

[192] Tatarynowicz A., Sytch M., Gulati R.. Environmental demands and the emergence of social structure: technological dynamism and interorganizational network forms [J]. Administrative Science Quarterly, 2016, 61(1): 52 - 86.

[193] Teece D. J.. Competition, cooperation, and innovation: Organizational arrangements for regimes of rapid technological progress[J]. Journal of Economic Behavior & Organization, 1992, 18(1): 1 - 25.

[194] Terjesen S., Patel P. C.. In search of process innovations: The role of search depth, search breadth, and the industry environment[J]. Journal of Management, 2017, 43(5): 1421 - 1446.

[195] Tippmann E., Scott P. S., Mangematin V.. Stimulating knowledge search routines and architecture competences: The role of organizational context and middle management[J]. Long Range Planning, 2014, 47(4): 206 - 223.

[196] Tiwana A.. Do bridging ties complement strong ties? An empirical examination of alliance ambidexterity [J]. Strategic Management Journal, 2008, 29(3): 251 - 272.

[197] Todorova G., Durisin B.. Absorptive capacity: valuing a reconceptualization[J]. Academy of management review, 2007, 32(3): 774 - 786.

[198] Tortoriello M., Krackhardt D.. Activating cross - boundary knowledge: The role of Simmelian ties in the generation of innovations[J]. Academy of

Management Journal, 2010, 53(1): 167 – 181.

[199]Tsai C. C. L.. On the discounted distribution functions of the surplus process perturbed by diffusion[J]. Insurance: Mathematics and Economics, 2001, 28(3): 401 –419.

[200]Tushman M. L., O' Reilly III C. A.. Managing evolutionary and revolutionary change[J]. California Management Review, 1996, 38(4): 8 –28.

[201]Tushman M., Smith W. K., Wood R. C., et al.. Organizational designs and innovation streams[J]. Industrial and Corporate Change, 2010, 19(5): 1331 –1366.

[202]Uzzi B.. The sources and consequences of embeddedness for the economic performance of organizations: The network effect[J]. American sociological review, 1996: 674 –698.

[203]Uzzi B.. Social structure and competition in interfirm networks: The paradox of embeddedness[J]. Administrative science quarterly, 1997: 35 –67.

[204]Van de Vrande V.. Balancing your technology – sourcing portfolio: How sourcing mode diversity enhances innovative performance[J]. Strategic Management Journal, 2013, 34(5): 610 –621.

[205]Van Den Bosch F. A. J., Volberda H. W., De Boer M.. Coevolution of firm absorptive capacity and knowledge environment: Organizational forms and combinative capabilities[J]. Organization science, 1999, 10(5): 551 –568.

[206]Van Wijk R.,Jansen J. J. P.,Lyles M. A.. Inter – and intra – organizational knowledge transfer: a meta – analytic review and assessment of its antecedents and consequences[J]. Journal of Management Studies,2008,45(4):830 –853.

[207]Vanhaverbeke W.,Duysters G.,Noorderhaven N.. External technology sourcing through alliances or acquisitions: An analysis of the application – specific integrated circuits industry[J]. Organization Science,2002,13(6):714 –733.

[208]Vanhaverbeke W., Gilsing V., Duysters G.. Exploration and exploitation in technology – based alliance networks[C]. ECIS Working Paper, 2005.

[209] Vega - Jurado J. , Gutiérrez - Gracia A. , Fernández - de - Lucio I. . Does external knowledge sourcing matter for innovation? Evidence from the Spanish manufacturing industry[J]. Industrial and corporate change, 2009, 18(4): 637 -670.

[210] Venkatraman N. , Lee C. H. , Iyer B. . Strategic ambidexterity and sales growth: A longitudinal test in the software sector[R]. Working Paper, Boston U niversity, 2007.

[211] Vera D. , Crossan M. . Strategic leadership and organizational learning [J]. Academy of management review, 2004, 29(2): 222 -240.

[212] Vissa B. , Chacar A. S. . Leveraging ties: The contingent value of entrepreneurial teams´external advice networks on indian software venture performance[J]. Strategic Management Journal, 2009,30: 1179 -1191.

[213] Vorhies Douglas, Orr Linda, Bush Victoria. Improving customer - focused marketing capabilities and firm financial performance via marketing exploration and exploitation. [J]. Journal of the Academy of Marketing Science, 2011, 39(5):736 -756

[214] Voss Glenn B. , Voss Zannie Giraud. Strategic Ambidexterity in Small and Medium - Sized Enterprises: Implementing Exploration and Exploitation in Product and Market Domains[J]. Organization Science, 2011, 22 (6):1517 -1538

[215] Vuori T. , Huy Q. N. . Distributed attention and shared emotions in the innovation process: how Nokia lost the smartphone battle [J]. Administrative Science Quarterly, 2016, 61(1): 9 -51.

[216] Walsh J. P. , Lee Y. , Nagaoka S. . Openness and innovation in the US: collaboration form, idea generation and implementation [J]. Research Policy, 2016, 45(8): 1660 -1671.

[217] Wang S. , Guidice R. , Zhou Y. , et al. . It's more complicated than we think: The implications of social capital on innovation[J]. Asia Pacific Journal of Management, 2017, 34(3): 649 -674.

[218] Wang Tang, Chen Yan. Capability stretching in product innovation [J]. Journal of Management, 2008, 44(2): 784 – 810.

[219] Wang Tang, Libaers D. . Nonmimetic knowledge and innovation performance: empirical evidence from developing countries. Journal of Product Innovation Management, 2016, 33(5): 570 – 588.

[220] Wei Jiang, Zhou Minfei, Greeven M. , Qu Hongyan. Economic governance, dual networks and innovative learning in five Chinese industrial clusters [J]. Asia Pacific Journal of Management, 2016, 33(4): 1 – 38.

[221] West J. , Bogers M. . Leveraging external sources of innovation: a review of research on open innovation [J]. Journal of Product Innovation Management, 2014, 31(4): 814 – 831.

[222] West R. , Gabrilovich E. , Murphy K. , et al. . Knowledge base completion via search – based question answering[C]//Proceedings of the 23rd international conference on World wide web. ACM, 2014: 515 – 526.

[223] Wiklund J. , Shepherd D. . Research notes and commentaries: knowledge – based resources, entrepreneurial orientation, and the performance of small and medium – sized businesses[J]. Strategic management journal, 2003, 24(13): 1307 – 1314.

[224] White H. C. . Where do markets come from[J]. Advances in Strategic Management, 1981, 17(2): 323 – 350.

[225] Wu Aiqi, Wang C. , Li Shengxiao. Geographical knowledge search, internal R&D intensity and product innovation of clustering firms in Zhejiang, China [J]. Regional Science, 2015, 94(3): 553 – 572.

[226] Wu Aiqi, Wei Jiang. Effects of geographic search on product innovation in industrial cluster firms in China [J]. Management and Organization Review, 2013, 9(3): 465 – 487.

[227] Wu J. F. , Shanley M. T. . Knowledge stock, exploration, and innovation: Research on the United States electrom edical device industry[J] . Journal

of Business Research, 2009, 62(5) : 474 - 483.

[228]Xie Z. , Hall J. , McCarthy I P. , et al. . Standardization efforts: The relationship between knowledge dimensions, search processes and innovation outcomes[J]. Technovation, 2016, 48: 69 -78.

[229]Yamakawa Y. , Yang H. , Lin Z. J. . Exploration versus exploitation in alliance portfolio: Performance implications of organizational, strategic, and environmental fit[J]. Research Policy, 2011, 40(2): 287 -296.

[230] Yin R. . Case study research: Design and methods. Beverly Hills [M]. 1994.

[231]Yin R. K. . Case study research design and methods third edition[J]. Applied social research methods series, 2003, 5.

[232]Zaheer A. , Bell G. G. . Benefiting from network position: firm capabilities, structural holes, and performance[J]. Strategic management journal, 2005, 26(9): 809 -825.

[233]Zhao J. , Govindan R. . Understanding packet delivery performance in dense wireless sensor networks[C]//Proceedings of the 1st international conference on Embedded networked sensor systems. ACM, 2003: 1 -13.

[234]Zhang J. , Baden - Fuller C. . The influence of technological knowledge base and organizational structure on technology collaboration[J]. Journal of Management Studies, 2010, 47(4): 679 -704.

[235]Zhang J. J. , Baden - Fuller C. , Pool J K. . Resolving the tensions between monitoring, resourcing and strategizing: Structures and processes in high technology venture boards[J]. Long Range Planning, 2011, 44(2): 95 -117.

[236]Zhang Y. , Li H. . Innovation search of new ventures in a technology cluster: the role of ties with service intermediaries[J]. Strategic Management Journal, 2010, 31(1): 88 -109.

[237]Zukin S. , DiMaggio P. J. . Structure of capital[J]. Cambridge, UK: Cambridge University Press, 1990, 1(3): 5.

后　记

四季轮回，时光交替，转眼之间又是一年春天，本书完成之时已经是我告别南开园的第三年了，蓦然回首，自硕士起近六年的硕博学习时光美好而充实的求学，至今仍历历在目，南开大学的“公能精神”也必将伴随我今后的成长。本书是在我博士学位论文的基础上整理完善而成，伴随着本书从写作到最终出版的过程，我经历了一场挑战自我的蜕变，这份书稿背后不仅是个人的努力与心血，更是老师、亲人、朋友和同学的默默支持和鼓励，对于他们的帮助我心中充满了满满的谢意和感激。

回顾本书的写作过程，在这里首先要感谢导师许晖教授所给予的悉心培养和深切关怀，许老师严谨博学、求实创新的治学态度使我在思维方式和科研能力的培养方面受益颇多，许老师对于我来说正如一座灯塔，启迪了我对学术研究的认识，为我开启了通向科研的大门。许老师循循善诱的教导，温文尔雅的风范感染着我，为我们营造的团队合作氛围和过程管理方法，指导我们不断发现问题，总结经验和不足，帮助我们克服了学习和研究中的障碍，对于我今后的学习和研究都是受用不尽的。回首博士学习生涯中跟随导师老师调研企业、案例研讨、参加学术会议，能够深切感受到许老师对团队和博士生的培养塑造是全方位且系统全面的，在此谨向许老师致以诚挚的谢意！

感谢南开大学，感谢商学院浓厚的学习氛围和舒适的学习环境，在这里以及得益于这里，我的博士学习阶段能够得到多位专家学者的指导，感谢美国密苏里大学邹绍明教授和加拿大布鲁克林大学周连喜教授一直以来给予的帮助和指导，感谢天津财经大学的罗永泰教授和彭正银教授、南开大学的张金成教授和王迎军教授对博士论文给予的中肯建议；感谢学富五车、才华横溢的老师们，感谢张玉利教授、杨俊教授、吴晓云教授、任兵教授在课程学习给予的教诲，他们在课堂上的激情洋溢，课堂下的谆谆教诲给予我无尽的收获，他们严谨细致、一丝不苟的作风将一直是我工作、学习中的榜样。老师们孜孜不倦的教诲和指导使我的知识水平和思维方式都得到了很大的提高，他们的言传身教不但使我积累了丰富的学术知识，而且使我感悟了许多终生受用的思考问题的方式和人生的哲理。在这里，我想表达对他们深深的敬意和感激之情！

在此还要感谢团队各位同门给予的支持和帮助，感谢纪春礼、李巍、王睿智、许守任师兄，郭净、李文师姐以及同年入学的冯永春，感谢你们在科研和学习中给予的帮助和指导，感谢王琳、张娜、张海军、邓伟升、单宇、薛子超、罗泳泳、彭倩等师弟师妹的支持，感谢朱晓红、刘振、何一清、李茜、熊莎、占小凤、郑莹等所有在南开结识的同学们和朋友们对本书写作的默默帮助和鼓励。

2015 年底博士毕业后我开始了在青岛理工大学的工作生涯，从一名博士生成长为一位高校教师，我努力适应角色的变化和生活工作的转轨，尽力平衡科研和教学的关系，力图实现学生培养和自我成长共同发展。在此，我要感谢学校和学院的各位领导和同事给予的帮助和关怀，使我可以顺利完成本书的后续修改和完善工作。

感谢我的家人和朋友多年来对我的理解、支持、帮助和鼓励，正是因为他们，我才有了追求进步的勇气和信心。感谢我的父母一直以来为我和弟弟提供良好的学习环境，他们让我们毫无后顾之忧，潜心于专业和兴趣，对于我们的选择给予支持，帮助我们迈向成长和成熟。感谢我的爱人云乐鑫，感谢南开让我们遇到彼此，感谢你陪伴我走过博士生的学习和生活，在博士攻读期间你在科研上给予我帮助，精神上予以扶持，感谢你的包容、认可和鼓励，使我可以成长为一个更好的自己。

对于所引用的专家学者的观点、研究成果及其他数据资料，在此表示感谢。此外，还要感谢出版社的编辑老师，感谢你们的辛勤劳动、敬业精神和认真负责的态度，使得本书可以顺利出版。

最后，感谢所有曾经帮助和支持我的人们，我会带着对你们的感激继续努力，在学术和科研领域不断追求和探索！

范雅楠

2018 年春于青岛